古代歷史文化研究輯刊

初 編

王明蓀 主編

第 13 冊

宋代監當官體系之研究

雷家聖 著

國家圖書館出版品預行編目資料

宋代監當官體系之研究／雷家聖 著 — 初版 — 台北縣永和市：
花木蘭文化出版社，2009〔民98〕
目 4+242 面；19×26 公分
（古代歷史文化研究輯刊 初編：第 13 冊）
ISBN：978-986-6449-41-3（精裝）
1. 官制　2. 財政制度　3. 宋代
573.415　　　　　　　　　　　　　　　　98002379

ISBN - 978-986-6449-41-3
9 789866 449413

古代歷史文化研究輯刊
初　編　第十三冊　　　　　　ISBN：978-986-6449-41-3

宋代監當官體系之研究

作　　者　雷家聖
主　　編　王明蓀
總 編 輯　杜潔祥
出　　版　花木蘭文化出版社
發 行 所　花木蘭文化出版社
發 行 人　高小娟
聯絡地址　台北縣永和市中正路五九五號七樓之三
　　　　　電話：02-2923-1455／傳真：02-2923-1452
網　　址　http://www.huamulan.tw 信箱 sut81518@ms59.hinet.net
印　　刷　普羅文化出版廣告事業
初　　版　2009 年 3 月
定　　價　初編 20 冊（精裝）新台幣 31,000 元　　　　版權所有‧請勿翻印

宋代監當官體系之研究

雷家聖 著

作者簡介

雷家聖，民國 59 年 5 月生，國立中興大學學士、碩士，國立台灣師範大學博士。現為國立台灣大學歷史學系兼任助理教授，開設歷史系專業課程「宋代政治史」及通識課程「現代化與近代中國變遷」、「從貨幣看中國歷史」。主要研究領域為宋代政治與制度，另外對中國歷代貨幣史、中國近代史也有相當深入的接觸。除了碩士論文〈北宋前期文官考銓制度之研究〉（1999）、博士論文〈宋代監當官體系之研究〉（2004）外，另曾出版學術專書《力挽狂瀾：戊戌政變新探》（2004），以及發表學術論文、書評十餘篇。

提　要

　　所謂「監當官」，係指宋代中央或地方政府之中的基層官僚體系，主要負責財賦收支的管理、官營商業的經營、以及其他專門性事務的監督，在宋代的財賦收入與支出的過程中，扮演著重要的角色。本書介紹了地方官府的各類監當官，如監酒、監鹽、監茶、庫務、監稅、監鎮等；以及中央政府內，負責製造管理軍器、為皇室提供食衣住行娛樂所需、為中央政府提供各種服務的各類監當官。此外，本書並討論宋朝對監當官的考核與任用方式。

　　由於宋代尚屬於「前資本主義」的傳統農業社會，缺乏大商人與商幫，因此監當官體系在全國性財賦流通的過程中，發揮了轉運各地財賦、促進經濟流動的重要作用，這是宋代商業日益繁榮的重要因素之一。不過，到了南宋時期，由於國家的軍費開支龐大，監當官（尤其是徵收商稅的監稅官）就扮演了為國家聚斂錢財的角色。尤其，在儒家思想主導的中國社會，監當官這類「言利之臣」，雖然在政府的運轉當中扮演了不可或缺的角色，卻經常受到士大夫的鄙夷與輕視。

本論文榮獲

93年度中國歷史學會

「李安史學研究基金」獎金

特此誌謝

目

次

緒　論

一

　　中國歷代的政治制度中，宋代的政治制度可謂最爲複雜多變。宋代的政治制度，上承唐代三省六部的體制而來。唐代的政治制度，在中央是以中書省負責出納王命，門下省負責審核封駁，尚書省下轄吏、戶、禮、兵、刑、工六部，負責執行政令；在地方上，唐代則採取道、州、縣三級制。唐代的典章制度，不可謂不完備。不過，唐代後期以後，中央與地方的政治體制都遭到了破壞。在中央，由宦官所擔任的樞密使，成爲唐朝後期實質的權力核心，即使是宰相也經常受到樞密使的牽制與掣肘；地方上，由於藩鎮割據，使得中央政令無法貫徹於地方。歷經了唐末五代的動亂，宋朝建立之後，在制度上一方面沿襲了唐代到五代不斷變化的政治體制，一方面也加以改革，從而產生了宋代獨特的政治體制。

　　宋初政治制度的變革，在中央方面，將宰相與樞密使並立，使之「對持文武二柄」，〔註 1〕形成了宰相主民事、樞密使主軍事的文武分權制度；甚至在財政權方面，宋代的三司（鹽鐵、戶部、度支）也有相當的自主權，而非宰相所能專斷。因此，近人嘗謂宋初政治制度的特色，即是「相權的分割」。〔註 2〕在地方上，宋代實施路、府州軍監、縣三級制，也與唐代有所差別。因此，宋代的政治制度，一方面繼承了唐代以來不斷變化的政治制度，一方面

〔註 1〕　馬端臨《文獻通考》（台北：台灣商務印書館影印，1987）卷 58〈職官考十二〉，頁 523 下。

〔註 2〕　錢穆《中國歷代政治得失》（台北：東大圖書公司，1989 年 7 版）頁 72～73。

也根據現實的需要而有所調整與創新，使得宋代的政治制度非常複雜多變。

雖然宋代的政治制度是如此的複雜多變，但是近人對宋代政治制度的研究，成果也十分豐碩，使得我們對於宋代政治制度的認識，能夠越來越清晰。舉例言之，在中央政治制度方面，周道濟〈宋代宰相名稱與實權之研究〉（收入《宋史研究集》第 3 輯，台北：宋史座談會，1966 年 4 月）、遲景德〈宋元豐改制前之宰相機關與三司〉（收入《宋史研究集》第 7 輯，1974 年 9 月）、遲景德〈宋代宰樞分立制度之演變〉（收入《宋史研究集》第 15 輯，1984 年 3 月）、遲景德〈北宋宰相的名稱與官階〉（收入《宋史研究集》第 16 輯，1985 年）等論文，討論了北宋前期宰相與樞密使對持文武大柄的制度，以及神宗元豐年間的制度改革，企圖將宋代的中央政治制度恢復爲唐代的三省六部體制。此外，梁天錫《宋樞密院制度》（台北：黎明文化公司，1981）則對樞密院的制度與沿革作了詳細的介紹，葛紹歐〈北宋之三司使〉（《食貨》復刊第 8 卷第 3、4 期，1978 年 6 月）則介紹了掌管財政事務的鹽鐵、戶部、度支三司。

在地方制度方面，聶崇岐〈宋代府州軍監之分析〉（收入氏著《宋史叢考》，台北：華世出版社，1986 年台 1 版）、李昌憲《宋代安撫使考》（濟南：齊魯書社，1997）、謝興周《宋代轉運使研究》（香港：新亞研究所博士論文，1992）等等論文與專書也有詳細的研究。

在各類專門制度方面，鄧小南《宋代文官選任制度諸層面》（石家莊：河北教育出版社，1993）、苗書梅《宋代官員選任和管理制度》（開封：河南大學出版社，1996）對宋代官員的任免與銓選有詳細的討論；葛紹歐《北宋的監察制度》（台北：台灣師範大學碩士論文，1973 年 6 月）、賈玉英《宋代監察制度》（開封：河南大學出版社，1996）、刁忠民《宋代台諫制度研究》（成都：巴蜀書社，1999）對宋代的御史制度也有相當多的討論；羅球慶〈北宋兵制研究〉（《新亞學報》3 卷 1 期，1957）、林瑞翰〈宋代兵制初探〉（收入《宋史研究集》第 12 輯，1980 年 2 月）、王曾瑜《宋朝兵制初探》（北京：中華書局，1983）對宋朝的軍事制度也有詳細的分析。其他關於宋朝制度細節部份的專書與論文，其數量更是不勝屢舉。

雖然如上所述，近代學者對宋代政治制度的研究已經相當豐富，但是仍有一些地方尚待發掘。例如宋代的「監當官」，近代學者對其進行的研究並不多見。但是，宋代的監當官卻對宋代的財政收入乃至政府機器的運作，有著非常重要的影響。因此，本文即以宋代的監當官，作爲研究與探討的對象。

二

　　何謂監當官？監當官又簡稱爲「監官」，近代學者宋晞在〈宋代的商稅網〉（收入氏著《宋史研究論叢》第一輯，台北：中國文化研究所，1979 年 7 月再版）一文中，曾談到宋代負責徵收商稅的監官。該文指出：宋代在京師設都商稅院，府、州、軍設都商稅務，縣、鎭、關、市則設場或務，以徵收商稅，故商稅場務遍於天下。南宋時北方淪陷，南宋政府爲支應龐大的財政開支，一方面增加原有場務收入的定額，一方面添設場務。不過，對於一些收入過少、擾民過甚的場務，南宋也會加以裁併。此外，主管各地場務的監當官，也經常有苛擾商旅、剝削百姓的情事出現。監當官苛擾商旅、剝削百姓的原因，一方面在於稅吏待遇微薄，不得不剝削商旅百姓以增加收入；另一方面，則是由於官方以課利收入多寡，決定監官稅吏考績的優劣，導致官吏剝求百姓以希圖恩賞。商人在面對這種貪污剝削的行爲時，則採取附搭官船、兵船以逃避徵稅，或者賄賂稅吏，以避免商稅場務的苛擾。

　　此外，宋晞在〈北宋商稅在國計中的地位與監稅官〉（收入氏著《宋史研究論叢》第一輯）一文中，也指出田賦、專賣收入、商稅，是宋代財政收入的三大來源。由於商稅對國家財政的十分重要，宋眞宗景德二年時曾規定：諸州商稅年額及三萬貫以上者，選親民官監臨。不過宋代士大夫卻認爲擔任監稅官是有損身份的，往往不肯爲之。朝廷也常常派遣貶降的官吏去地方監督商稅。

　　以上所介紹的兩篇文章之中，所討論者只是「商稅」與「監稅官」，其實監稅官只是龐大的監當官體系中的一部份，商稅也只不過是監當官所負責的許多事務中的一項而已。日本學者幸徹〈北宋時代の官營場務における監當官について〉（《東方學》第 27 輯，昭和 39 年 2 月）一文，對主管官營場務的監當官有了較爲全面的描述，指出宋代監當官主管的各種場務，包括了徵收商稅，以及酒麴、鹽、茶、礬等項目的專賣事務。北宋時期所設的場務總數超過了五千所。在一些大城市（如州城、縣城）中，經常分別設置了各種場務；但是在小規模的市集（鎭以下）中，各類場務則經常併置，由一個監當官主管。該文並舉例指出，所謂「監酒稅」的監當官，即是將監酒與監稅兩務合一，而由一個監當官管理。例如：

> 監舒州石溪鎭酒稅奉職楊茂盛，貸死，除名，柳州編管。坐百姓乘
> 馬過務，搜得稅物，笞之致死也。〔註3〕

〔註 3〕 幸徹〈北宋時代の官營場務における監當官について〉收於《東方學》第 27

「監酒稅」可以「搜得稅物」可見「監酒稅」監管酒務與商稅。又如幸徹根據蘇轍《欒城集》卷24〈東軒記〉的描述：

> 余既以罪謫監筠州鹽酒稅，……晝則坐市區鬻鹽、沽酒、稅豚魚。
> 與市人爭尋尺以自効。〔註4〕

由「鬻鹽、沽酒、稅豚魚」，可以看出「監鹽酒稅」的職權包含了鹽、酒、商稅三者。此一分析解釋，是幸徹精緻而獨到之處。

　　幸徹在另一篇文章〈北宋時代の盛時に於ける監當官の配置狀態について〉（《東洋史研究》第23卷第2號，昭和39年9月）一文中，則根據宋晞在〈宋代的商稅網〉（按：應爲〈北宋商稅在國計中的地位與監稅官〉，幸氏引用有誤。）一文中所引「宋眞宗景德二年規定諸州商稅年額及三萬貫以上者，選親民官監臨」一事，認爲宋晞的看法是：宋代只有在三萬貫以上的場務設置專職的監當官，由京朝官監臨；三萬貫以下的場務則以州縣官兼領，而不設置監當官，因而得出了宋代監當官的數目非常有限的結論。幸徹並指出：宋晞之所以會做出這樣的解釋，是因爲《燕翼詒謀錄》、《宋史‧食貨志》、《文獻通考》等書記載模糊不清，而宋晞加以擴大解釋所致。

　　幸徹則認爲：宋代的監當官的設置是十分普遍的，不但課利收入三萬貫以上的場務由高級文官（京朝官）或高級武官（諸司使副）監臨，收入一萬貫以上到三萬貫的場務也經常以下級京官或中下級武官（三班使臣）負責，收入不及一萬貫的場務，由官品更低的下級三班使臣或幕職州縣官擔任，只有收入不滿千貫的小場務，才由地方官兼管或由百姓買撲。幸徹估計：宋代各級城市（府城、州城、縣城、鎮）的數目約二千個，設置監當官的城市若以八成計算，即有一千六百處；加上一些大都市中設置的場務較多，常設置了二至四名監當官，因此如果以平均一個城市設置1.5名監當官的數目來計算的話，北宋時期應該設置了兩千五百名監當官。若再加上由百姓買撲或由地方官兼管者，則北宋時期官營的鹽、酒麴、商稅等場務數目應該超過了五千所以上。因此幸徹得到的結論是：宋代監當官的設置是十分廣泛而且密集的。

　　幸徹對宋晞的批評，其實也有不盡恰當之處。宋晞在〈北宋商稅在國計中的地位與監稅官〉一文中，是說「眞宗以後，更規定稅額高的地區，特別

　　　輯，頁86。引用李燾《續資治通鑑長編》（清光緒浙江書局本，上海古籍出版
　　　社影印，1985年）卷348～10a，元豐七年八月癸巳。
〔註4〕同上，頁87。

選派親民官去監臨。」〔註5〕並未做進一步的擴大解釋，說三萬貫以下的場務
就不設置監當官，而完全由地方官兼管。幸徹對宋晞的批評，基本上是將宋
晞的文字加以斷章取義再擴大解釋，得到了「宋晞認爲宋代監當官的設置非
常有限」的論點。然後幸徹再對此一論點加以批判，否定了「宋代監當官的
設置非常有限」的看法，而提出「宋代監當官的設置非常密集」的新論點。
這是幸徹這篇文章較大的缺點。

　　幸徹的貢獻，在於指出宋代的監當官不僅以文官中官品較高的京朝官擔
任而已，高級武官（諸司使副）、下級文官（幕職州縣官）、下級武官（三班
使臣）等也經常被派任爲監當官，因此監當官的設置相當密集。不過，幸徹
所估計的數字，只是一個簡單的推算而已。因此幸徹雖然根據《宋會要輯稿‧
食貨門》對鹽、酒麴、商稅的統計，得到北宋時期設置場務五千餘處的結論，
但是幸徹在推算監當官的數目時，卻只得到二千五百人的數字，兩者差異太
大。幸徹可能也瞭解這兩個數字的差異太大，因此該文中也提到收入不滿千
貫的場務，常由百姓買撲或由地方官兼管。不過，幸徹在計算時，已將北宋
二千個大小城市以八成計算，其扣除者應該就是「不滿千貫而由百姓買撲或
由地方官兼管」的小場務，在這種情形之下，場務的統計數字與監當官的推
算數字卻還是有將近一倍的差異，這的確是幸徹難以自圓其說的。

　　幸徹在〈北宋時代に於ける監當官の地位〉（《東洋史學》第26輯，1963
年10月）一文中，亦僅以鹽、酒、稅務的監當官爲主進行討論。幸徹認爲北
宋初年設置監當官，是與「杯酒釋兵權」一樣，具有削弱藩鎮、集權中央的
用意。此外，監當官的設置還有防止掌管財賦的三司過於專權的用意，故用
朝廷正式的官員取代三司吏人管理地方上的場務。

　　幸徹並指出：太祖時的監當官爲臨時性質，所用者多爲京朝官或高級武
臣，地位較高。太宗後期之後，三班使臣、幕職州縣官紛紛擔任監當官，使
得監當官的人數大增，但監當官的地位亦日漸低落。

　　總之，幸徹所論及的監當官，與宋晞只討論監稅官相比，範圍更爲擴大，
包括了監商稅、監茶、監酒、監鹽、監礬等。不過，幸徹所討論的範圍還是
不能涵蓋所有的監當官。宋人謝維新《古今合璧事類備要》後集卷八十一「監
當門」中，對監當官的記載非常詳細。該書引《四朝志》云：

〔註5〕宋晞〈北宋商稅在國計中的地位與監稅官〉，收入氏著《宋史研究論叢》第一
　　　　輯（台北：中國文化研究所，1979年7月再版），頁69。

《國朝哲宗正史職官志》：監當官掌場務、庫藏、出納之事。其征榷
場務，歲有定額，以登耗爲殿最賞罰。凡課利所入，逐日具數申於
州。〔註6〕

可見監當官的職掌，並不限於官營場務而已。根據《古今合璧事類備要》所
列，宋代的監當官包括監州糧料院、監鑄錢監、監倉、監鹽、監酒、監鎮、
監作院（製造兵器）、監交引（交子務等）、庫務、監門、監茶、監場（坑冶，
例如銀場）、監稅等。可見宋代的監當官，除了從事鹽、酒、茶、礬的專賣與
徵收商稅之外，還包括了鑄造錢幣、鑄造兵器、坑冶等官營生產事業，以及
監門、庫務等監督管理事務，甚至監鎮除了徵收一鎮（縣以下的交易中心）
的商稅之外，還兼有該鎮的司法權。由此可見，宋代的監當官，其負責的事
項是十分多樣的。

不過，《古今合璧事類備要》一書雖然列舉了許多主管事務各有不同的監
當官，但該書仍有不足之處。那就是只偏重於地方的監當官，而未討論在宋
代的中央政府之內，從事類似事務的官員。尤其在中央政府之內，由於是天
子腳下、京城重地，有許多特殊的事務是地方所沒有的，而這些特殊的事項
也是由監當官所負責掌理。舉例言之，按馬端臨《文獻通考》的記載：

天駟左右四監，監官各一人。

左右天廄坊，監官各一人。

牧養上下監，監官各一人，並以三班使臣充。

藥蜜庫，監官二人，以京朝官充，掌受糖蜜藥物以供馬醫之用。

車營致遠務，監官三人，以京朝官、諸司使副充，掌養飼驢牛以駕
車乘。

駝坊，監官二人，以三班使臣充，掌牧養橐駝。

皮剝所，監官二人，以三班使臣充，掌割剝馬牛諸畜之死者。〔註7〕

以上所列，是隸屬於中央太僕寺之下，負責飼養牛馬橐駝等牲畜的監當官機
構。這些監當機構在地方政府之中，即無法見到。

苗書梅〈宋代監當官初探〉（1996年昆明宋史研究會年會宣讀論文；又刊
載於程民生、龔留柱主編《歷史文化論叢》，開封：河南人民出版社，2000年

〔註6〕謝維新《古今合璧事類備要》（明嘉靖丙辰刻本，台北：新興書局影印，1971）
後集卷八十一「監當門」，頁1a。

〔註7〕馬端臨《文獻通考》卷56〈職官十〉，頁506上。

3 月），是對宋代監當官進行研究的最新成果。該文指出：所謂「監當官」，是具體負責基層工業、商業部門事務的官僚群體的統稱。宋初以京朝官監地方稅收，有收藩鎮利權的作用，有利於中央的集權。但眞宗以後，恩蔭補官制度的廣泛推行，使得監當官的設置日益普遍，並且多以官位低下的選人（幕職州縣官）、以及武職中的三班使臣（下級武官）充當監當官，造成監當官素質的日益低落。

苗文並指出，由於監當官的課績是以鹽、酒、商稅收入的多寡爲殿最，故監當官爲求成績，經常不擇手段以增加稅收。此外，朝廷爲增加財政收入，亦經常增設稅務，使得稅網繁密。這些情形，反而阻礙了商業的發展。

苗文對監當官的討論，已涉及監當官的設置、選任、職責與流弊各個層面。但是由於此文係「初探」性質，對監當官的設置、選任、職責與流弊等各方面，仍有進一步深入探討的空間。且苗文中所列舉的監當官，多偏重地方上的監當官，對監當官類別的介紹仍以《古今合璧事類備要》所列舉者爲主，而對中央的監當官著墨較少，還可作後續的補充。

實際上，隸屬中央的監當官，與地方監當官差異甚大，組織、成員等方面與地方監當機構大不相同。隸屬中央的監當機構，雖然與地方監當官所從事事務的性質相近，但是由於位在中央，地位特別重要，因此在監官之上，常由官品更高的官員來「提舉」、「提點」、「提轄」。舉例言之，宋代在地方設置「作院」，負責製造軍器，由監當官管理。而在中央則有「軍器所」。據《文獻通考》記載：

> 軍器所，提點官二員，提轄、監造官各二員，幹辦、受給、監門官各一員。掌鳩工聚材，製造戎器之政令。舊就軍器監置，別差提舉官，以內侍領之。〔註8〕

可見在中央的軍器所，其編制及成員與地方的作院相差甚大。又如「文思院」，據《文獻通考》載：

> 文思院，提轄官一員，監官三員，監門官一員，掌金銀犀玉工巧及綵繒裝鈿之飾。〔註9〕

這是在監當官之上設置提轄官的例子。由此可見，在中央的監當官機構，不但較地方更爲複雜，其組織上的變化也更多。像這類「提點」、「提舉」、「提

〔註 8〕馬端臨《文獻通考》卷 52〈職官六〉，頁 482 中。
〔註 9〕馬端臨《文獻通考》卷 52〈職官六〉，頁 482 中。

「轄」官，雖然其層級高於監當官，但是也應該與監當官合併討論。

三

本文名爲「宋代監當官體系之研究」，而所謂「監當官體系」，係指宋代在中央與地方從事生產製造、專門性事務的監督管理、以及從事商業經營活動的基層官僚體系。而討論的範圍，則應包含在中央與地方設置的各類監當機構，以及這些機構的主管官員——監當官。

先由監當機構言之，監當機構包含的範圍，除了設有專職監當官主管其事務的監當機構之外，一些因爲規模較小，而由地方官兼管或由百姓買撲的小型場務也應視爲監當機構，因爲這些小型場務的職務性質與一般的監當機構並無不同，故亦應與一般的監當機構合併討論。

再討論監當官，所謂監當官，簡稱監官，又有監臨、釐務等別稱。與負責行政事務的「親民官」（如知府、知州、通判、知縣）相對，監當官是監當機構的主管，負責管理監當機構。而中央監當機構中常見「提點」、「提轄」、「提舉」等官，是在監當官之上增設的監督管理者。這些「提點」、「提轄」、「提舉」等官由於與監當機構關係密切，故討論監當官時亦當合併討論。

以上所述，爲本文所指「監當官體系」所包含的的範圍。此一監當官體系，由於涉及了官方的生產、專賣、稅收各方面，使得監當官對宋代的財政收入而言，有著非常大的貢獻與影響。尤其宋代的冗官、冗兵、冗費，導致財政問題日益嚴重，因此監當官，以及監當官所管理的官營場務，對朝廷重要性也日益增加。監當官對於宋代財政關係最大者，應該是徵收商稅以及負責酒麴、鹽、茶、礬等專賣事務的監當官。前面提到，宋晞認爲宋代財政的三個主要收入來源，即是田賦、專賣與商稅。其中監當官所掌管者，即有專賣與商稅兩項。由此可見監當官對宋代財政收入的重要性。

除了財政收入之外，監當官在財政開支上也扮演了重要的角色。地方上，作院負責鑄造兵器，州糧料院負責管理地方官的俸祿廩給（詳見本文第二章）；在中央，監當官的工作更包括了宮室的營造、牲畜的畜養、皇室與官府日常用品的製造等等（詳見本文第三章）。這些事務在宋朝的財政開支中，也佔了非常重要的部份。宋代的商業經濟日趨繁榮，與之前的唐代相比，的確是有了長足的進步。日本學者宮澤知之在〈北宋的財政與貨幣經濟〉一文中，引用北宋張方平的言論：「凡公私錢幣之發斂，其則不遠。百官群吏三軍之俸

給、夏秋糴買穀帛、坑冶場監本價，此所以發之者也。屋廬正稅、茶鹽酒稅
之課，此所以斂之者也。」〔註10〕宮澤氏據此認爲北宋後期大量鑄造貨幣，
利用和糴、和買、發放俸祿等方式將貨幣發放於社會，但又利用徵收兩稅、
專賣、徵收商稅等方式將錢幣回收，存入官庫，因此社會上的貨幣流通量並
未大幅增加。高聰明在《宋代貨幣與貨幣流通研究》一書中，也認爲宋代的
財政收支當中，兵餉、和糴、和買是貨幣支出的主要項目；〔註11〕而貨幣回
收的管道則是以二稅、茶鹽酒課和商稅收入爲主。〔註12〕可見宮澤知之與高
聰明二位學者都認爲宋代政府在社會經濟流通的過程中，扮演了重要的角
色；同時也肯定監當官所掌管的場務（商稅與專賣），在宋代財政收入中的重
要性。不過，筆者也要指出，在宋代的財政管理中，「左藏庫」負有管理中央
財賦出納的重要責任，而左藏庫的管理者，即是監當官，可見左藏庫也屬於
監當官體系之中。此外，皇室的宮室營造、皇室與官府日常用品的製造、軍
器的生產等等，也都屬於監當官體系的業務範圍。因此，宋代的監當官體系
對於宋代的財政收入與支出的管理上，是基層的執行者。對宋代全國的財賦
流通與經濟發展，監當官體系扮演了不可或缺的角色。因此，對監當官體系
進行全面而深入的研究，的確有其必要性。

四

　　前人的研究成果方面，除了前面所引宋晞、幸徹、苗書梅等人的研究成
果外，漆俠《宋代經濟史》上下兩冊（上海：上海人民出版社，1987～1988
年）、梁太濟、包偉民《宋史食貨志補正》（杭州：杭州大學出版社，1994年）、
汪聖鐸《兩宋財政史》兩冊（北京：中華書局，1995年）等書，從宏觀的角
度，全面性的探討宋代的財政與經濟，對研究者有相當大的幫助。

　　此外，對於監當機構所掌管的各項事務，以往學者較偏重於茶、鹽、酒
的專賣、鑄錢、商稅等方面，並已有相當多的研究成果，茲舉其犖犖大者：

　　對於茶的專賣方面，如日本學者曾我部靜雄〈宋代榷茶開始年代考〉（收

〔註10〕宮澤知之〈北宋的財政與貨幣經濟〉（收入《日本中青年學者論中國史‧宋元
　　　　明清卷》，上海古籍出版社，1995），頁102。引用張方平《張方平集》（標點
　　　　本，鄭州：中州古籍出版社，2000年10月）卷26，〈論率錢募役事〉，頁416。
〔註11〕高聰明《宋代貨幣與貨幣流通研究》（保定：河北大學出版社，2000年1月），
　　　　頁284。
〔註12〕高聰明《宋代貨幣與貨幣流通研究》，頁295。

於《史林》第 17 期，1932 年 1 月）、加藤繁〈宋の茶專賣と官鬻法〉（收於氏著《中國經濟史考證》）、河上光一〈宋初の茶業、茶法〉（收於《東方學》第 6 期，1953 年）、佐伯富〈宋初の茶專賣制度〉（收於《京大文學部 50 週年紀念論集》，1956 年）、佐伯富〈宋代林特の茶法改革〉（收於《東方學》第 17 期，1958 年）、佐伯富〈宋仁宗朝の茶法について〉（收於《岡山史學》第 10 期，1961 年）、梅原郁〈宋代茶法の考察について〉（收於《史林》第 55 期，1972 年 1 月）、朱重聖《北宋茶之生產與經營》（台北：台灣學生書局，民國 74 年）。而大陸學者黃純豔《宋代茶法研究》（昆明：雲南大學出版社，2002 年）一書，則爲關於宋代茶法較新的研究成果。

鹽的專賣方面，大陸學者戴裔煊《宋代鈔鹽制度研究》（台北：華世出版社重印，民國 71 年）一書，對於鹽的專賣及其變遷，有深入的描述。日本學者的研究成果，如佐伯富〈鹽と中國社會〉（收於《東亞人文學報》第 3 期，1943 年 1 月）、吉田寅〈論北宋華北の榷鹽〉（收於《東洋史學論集》第 3 期，1954 年）、河原由郎〈北宋時期河北路鹽政の一點考察について〉（收於《史學雜誌》第 72 期，1963 年 9 月）、河原由郎〈北宋淮南路禁榷下の鹽法〉（收於《法制史研究》第 12 期，1962 年）。而大陸學者郭正忠《宋代鹽業經濟史》（北京：人民出版社，1990 年），則爲對宋代鹽的專賣方面較新的研究成果。

關於酒的專賣方面，大陸學者李華瑞，撰有《宋代酒的生產和征榷》（保定：河北大學出版社，1995 年）一書，對於酒的專賣有十分詳盡的探討。日本學者的研究成果，則有武田金作〈論宋代の榷酤〉（收於《史學雜誌》第 45 期，1934 年 5～6 月）、古林森廣〈宋代開封の酒專賣制と造酒業〉（收於《明石工專研究紀要》第 16 期，1974 年）、古林森廣〈宋代酒の販賣機構〉（收於《明石工專研究紀要》第 17 期，1975 年）等等。

商稅的研究方面，除前述台灣學者宋晞的研究之外，其他研究成果如日本學者加藤繁〈宋代商稅考〉（收於氏著《中國經濟史考證》）、梅原郁〈宋代商稅制度補說〉（收於《東洋史研究》第 18 卷第 4 號，1960 年 3 月）、曾我部靜雄〈宋代商稅雜考〉（收於《集刊東洋學》第 6 期，1961 年）、小川策之介〈北宋初期の商稅〉（收於《福岡大學大學院論集》第 7 期，1975 年 1 月）、大崎富士夫〈論宋代の稅務〉（收於《史學研究》第 5 期，1951 年）等等。

對宋代貨幣的研究方面，日本學者的研究成果，包括加藤繁《唐宋時代金銀之研究》以及《中國貨幣史研究》（東京：東洋文庫，平成 3 年 12 月）

兩書，以及〈交子の起源について〉（收於《史學》第 9 期，1930 年 2 月）、〈陝西交子考〉（收於氏著《中國經濟史考證》）等論文，此外還有曾我部靜雄〈宋代の錢荒〉（收於《文化》第 3 期，1936 年 3 月）、曾我部靜雄〈南宋の紙幣〉（收於《社會經濟史學》第 7 期，1937 年 7～8 月）、荒木敏一〈宋代の銅禁〉（收於《東洋史研究》第 4 卷第 1 號，1938 年 10 月）、中島敏〈北宋徽宗朝の夾錫錢〉（收於《東洋研究》第 40 期，1975 年）。大陸學者的研究成果方面，則有劉森《宋金紙幣史》（北京：中國金融出版社，1993 年）、劉森《中國鐵錢》（北京：中華書局，1996 年）、以及車迎新主編《宋代貨幣研究》（北京：中國金融出版社，1995 年）等書。

　　雖然近代學者對於茶、鹽、酒的專賣以及商稅、錢幣的研究，已經如此之多，但是本文則偏重於監當場務的職掌、功能與影響，因此，本文討論的焦點也與以往的研究成果有所不同。

五

　　本文之研究，在方法上首重史料之發掘，故筆者首先廣泛蒐集相關史料，加以歸納分析。馬端臨《文獻通考》、李燾《續資治通鑑長編》、清代徐松所輯《宋會要輯稿》，都有相當大的參考價值。另外，近年大陸四川大學古籍整理研究所所編的《全宋文》，蒐羅了宋代相當多的文獻文集，而且對其文字異同加以考訂，對筆者蒐集資料而言十分便利。

　　在研究理論方面，本文為補史料不足之處，並有助於建立完整的觀念與歷史的解釋，行政學的理論與方法也需加以利用。劉子健先生曾說：「行政的研究需要史學與行政學的配合，現代行政學是結合政治學、社會學、人類學這些基本社會學而應用到公共機構與團體這範圍的一種專科；有些地方和中國以往儒家的理論與史家看法合，而有許多地方是比較古今中外，更廣泛而又更深入的分析，把中國史學與行政學配合起來，彼此都有新的啓發。」〔註13〕此外，由於本文討論的對象為到宋代的基層財經官僚，因此財政學、經濟學的理論與方法也需有所涉獵，如本文第六章提到的「全國性的財賦流通」即為一例。

六

　　以上簡單地說明了本文的研究動機前人研究成果與本文的研究方法。下

〔註13〕劉子健〈試論宋代行政難題〉，收於氏著《兩宋史研究彙編》（台北：聯經出版公司，民國 76 年 11 月），頁 95。

面介紹本文各章節的主要內容：

本文除「緒論」與「結論」外，共分六章如下：

第一章「監當官的源起」：唐代已有「監當」之詞，但僅爲一般的「管理事務」之意；宋代的「監當官」則成爲一專有名詞，有削弱藩鎮利權的作用。

第二章「宋代地方的監當機構」：分爲下列五節：一、生產製造機構（錢監、坑冶、作院等），二、倉儲出納管理機構（監倉、庫務、糧料院），三、地方稅務機構（監稅、監鎮、監茶、監鹽、監渡），四、官營商業機構（監酒、市舶務、榷貨務、市易務等），五、其他專門性事務的管理機構（監堰、牧監、館驛等）。

第三章「宋代中央的監當機構」：分爲下列五節：一、軍器製造與管理機構，二、服務皇室及中央官署之監當機構，三、倉儲出納管理機構，四、稅務與官營商業機構，五、其他專門性事務之監督管理機構。

第四章「決策與監督：監當官體系的上級管理者」：分下列兩節：一、監當政策的決策機構：包括樞密院、北宋前期的三司，以及元豐改制後的戶部等。二、監督監當機構的上級官司：包括中央的諸寺監，地方上的發運使、轉運使、提點刑獄、提舉常平、提舉鹽事司以及州縣官府等，皆可監督監當官。由於監當機構是基層的官僚組織，因此監當官並沒有決定政策的權力，只是政策的執行者，並且要受到上級的層層監督。

第五章「宋代監當官的任用與考核」：介紹「監當官」與「監當資序」的區別，以及對監當官的任用與考核。宋代對監當官的任用，其特色在於常以「貶降者」擔任監當官。而對監當官的獎懲方面，則常以「課利」多寡作爲考量的依據。

第六章「監當官體系和宋代政經社會的關係」：分爲五節：一、監當官對北宋經濟發展的貢獻。二、探討在王安石變法時期對監當機構的新政策及其得失。三、蔡京專權時期的監當官體系，討論蔡京專政時期，種種與監當官相關的政策及其弊端。四、南宋時期監當官體系的變遷：探討在南宋時期政府對監當官體系的管理所出現的弊端，以及因此而產生的不良影響；以及在南宋政治體制之下監當官體系的變遷。五、宋代監當官的社會形象，在強調「義利之辨」的儒家社會中，監當官則是在現實政治中，執行「魚肉百姓」的「必要之惡」。監當官的作用雖然十分重要，但卻又備受輕視。

希望透過以上各章節的探討，能夠使我們對宋代監當官的制度，以及監當官對當時經濟發展所產生的影響，得到更深入而清晰的認識。

第一章　監當官的源起

第一節　「監當」釋義

　　「監當」二字，應該作何解釋？所謂「監」者，許慎《說文解字》謂：「監，臨下也。」〔註1〕亦即有監督、監視下屬之意。所謂「當」者，《左傳》謂：「慶封當國。」〔註2〕《史記・秦始皇本紀》謂：「百姓當家，則力農工。」〔註3〕可見「當」字有「主其事」、「管理」之意。「監當」二字並用，簡單來說，亦即監督管理之意。

　　「監當」一詞最早出現，見於魏收《魏書》。據《魏書》卷七十二（列傳六十）〈陽尼傳〉所附之陽固傳：

　　　（陽固）從大將軍宋王劉昶征義陽、板府，法曹行參軍，假陵江。

　　　將軍昶嚴暴，治軍甚急，三軍戰慄，無敢言者。固啟諫并面陳事宜，

　　　昶大怒，欲斬之，使監當攻道。〔註4〕

這是「監當」一詞最早在史籍中出現。這裡的「監當」便有監督、主其事之意。唐代也有使用「監當」一詞的例子。據《舊唐書・職官三》記內侍省掖

〔註1〕許慎撰，段玉裁注《說文解字注》（經韻樓藏本，台北：藝文印書館影印，1979年6月5版）第八篇上，頁47b。

〔註2〕杜預《春秋經傳集解》（相臺岳氏本，台北：新興書局印行，1979年8月）卷18，頁20b。

〔註3〕司馬遷《史記》（百衲本，台北：台灣商務印書館影印）卷6〈秦始皇本紀〉，頁23a。

〔註4〕魏收《魏書》（百衲本，台北：台灣商務印書館影印）卷72〈陽尼傳〉，頁3b。

庭局，有「監作四人」，同時並說明「監作，掌監當雜作。」〔註5〕此處的「監當」二字也是監督、管理之意。《舊五代史》也有「監當」一詞的例子。據《舊五代史》卷八十一〈晉書‧少帝紀一〉所記：

> 詔天地宗廟社稷及諸祠祭等，訪聞所司承管，多不精潔，宜令三司預支一年禮料物色，於太廟置庫收貯。差宗正丞主掌，委監察使監當。〔註6〕

這裡的「監當」，也是監督、管理之意。

與「監當」一詞意義相近者，則有「勾當」一詞，其意義是處理、管理之意。「勾當」一詞，在隋唐五代時期使用的場合，較「監當」一詞爲多。例如唐德宗〈罷邕府金坑敕〉說道：

> 邕州所奉金坑，誠爲潤國。……其金坑宜委康澤差擇清強官專勾當。〔註7〕

又如王涯〈請開採銅鐵奏〉說道：

> 當使應管諸州府坑冶，伏准建中元年九月七日敕：山澤之利，今歸於管，坑冶所出，并委鹽鐵使勾當者。〔註8〕

又如陸贄，在〈論嶺南請於安南置市舶中使狀〉中，說道：

> 嶺南節度經略使奏：近日舶船多往安南市易。進奉事大，實懼闕供。臣今欲差判官就安南收市，望定一中使與臣使司同勾當，庶免隱欺。〔註9〕

五代時期，「勾當」一詞也被使用。例如《舊五代史》卷八十一〈晉書‧少帝紀一〉記載：

> 詔州郡稅鹽，過稅斤七錢，住稅斤十錢，州府鹽院並省司差人勾當。〔註10〕

〔註5〕劉煦監修《舊唐書》(百衲本，台北：台灣商務印書館影印) 卷44〈職官三〉，頁6a。

〔註6〕薛居正等修《舊五代史》(百衲本，台北：台灣商務印書館影印) 卷81〈晉書‧少帝紀一〉，頁7b～8a。

〔註7〕唐德宗〈罷邕府金坑敕〉，見《全唐文》(上海古籍出版社縮印本，1990年) 卷54，頁250中。

〔註8〕王涯〈請開採銅鐵奏〉，收入《全唐文》卷四四八，頁2027中。

〔註9〕陸贄〈論嶺南請於安南置市舶中使狀〉，收入《全唐文》卷四七三，頁2138中。

〔註10〕薛居正等修《舊五代史》卷81〈晉書‧少帝紀一〉，頁7b。

這裏所指的「勾當」，都有處理、管理之意。此外，「勾當」不但做動詞使用，成爲唐代常見的詞彙，而且也運用於一些職官名稱中。唐代中期以後，對一些臨時派遣的職位，也使用「勾當」一詞。例如「勾當租庸地稅使」、「勾當租庸使」、「勾當戶口色役使」等。〔註11〕

宋代以後，「勾當」一詞也持續使用著，宋代的差遣名稱中，也常見「勾當三班院公事」、「勾當軍器監公事」、「勾當馬軍糧料院公事」、「勾當步軍糧料院公事」、「勾當翰林院公事」、「經略安撫司勾當公事」等。又有「管勾」一詞，例如「管勾經略安撫司公事」，爲擔任安撫使差遣之資淺者。〔註12〕不過，到了南宋，由於宋高宗趙構的「構」字與管勾、勾當的「勾」字諧音，故「管勾」、「勾當」皆避諱，而改用「主管」、「幹辦」等詞彙。如「主管經略安撫司公事」、「經略安撫司幹辦公事」等。元代「勾當官」一詞又重新使用，不過，元代所謂的「勾當官」，專指中書省、樞密院、御史臺、六部、諸寺監、行省等衙門內七、八、九品的掾史與令史，是一種負責文書事務的幕職官。〔註13〕此一部份非本文範圍所及，故不贅述。

在宋代，與「監當」、「勾當」意義相近者，尙有「提舉」、「提點」、「提領」、「提轄」等詞，用於差遣的稱謂之中，這些詞彙的意義也都與「監督、管理」相近。例如「提舉皇城司」、「提舉諸司庫務」、「提舉常平廣惠倉」、「提舉常平茶鹽公事」、「提點三司公事」、「提點開封府界公事」、「提點中太一宮」、「提點坑冶鑄錢公事」、「提領實錄院」、「提領左藏封樁庫」、「提轄文思院」、「提轄左藏東、西庫」等。

既然「監當」與「勾當」、「管勾」、「提舉」、「提點」、「提領」、「提轄」等詞彙，其意義大同小異。但是「監當官」在宋代又有何特殊的意義呢？監

〔註11〕《文獻通考》卷61〈職官十五〉，頁556上-中。
〔註12〕「管勾（主管）經略安撫司公事」與「經略安撫司勾當（幹辦）公事」不同，「管勾（主管）經略安撫司公事」是主官，地位與安撫使相同。「經略安撫司勾當（幹辦）公事」則爲安撫使之下的屬官、幕僚。
〔註13〕關於元代的「勾當官」，參見牧野修二《元代勾當官體系の研究》（東京：大明堂，昭和五十四年。）該書認爲「勾當官」之掾史、令史，係由流外的胥吏逐步晉升而來。這些胥吏包括路、府、州、縣、錄事司之內的「司吏」，中央與地方各衙門中負責文書發送、保管工作的「典吏」，以及御史台、行御史台之察院、各省提刑按察司（至元二十八年改爲肅政廉訪司）之內官品爲正從九品的「書吏」。而縣內的司吏，又是由「貼書」、「書佐」等見習吏員升轉而來。形成貼書、書佐→司吏→典吏、書吏→令史、掾史的勾當官體系。

當官特殊之處，第一，宋代所謂的監當官，爲負責財賦收支、生產製造、官營商業與其他專門性事務的差遣，因此監當官對於宋代的財政收入、器物生產、消費支出以及基層事務管理各方面，都負有相當重要的責任。其次，監當官已被視爲差遣資格（即「資序」，詳見本文第五章第一節）之一，亦即理論上未擔任「監當官」這一階層的差遣者，便不能擔任更高的差遣，如知縣、通判、知州等。因此「監當」一詞，在宋代已經被定名化，也就是專指負責財政收入、器物生產、消費支出以及基層事務管理的官員之通稱。與「勾當」、「提舉」等僅作爲普通動詞（即一般的「管理」、「主其事」之意）者，意義上已有所分別。而宋代各種類型的監當官，在宋代官僚體系中形成了一個監當官體系，負責財政收入、器物生產、消費支出以及基層行政管理等事務，對於整個宋代政府的維持與運作，以及宋代的經濟發展與財賦循環，都扮演著相當重要的角色。這是「監當官」體系在宋代的特色所在。

從以上的說明中，我們可以看到：「監當」一詞，在南北朝時開始出現，唐、五代時期開始流傳使用，但是僅作爲一般的動詞（即「監督管理」之意）而已，並未在官僚體系中被賦予任何特殊的含意。一直到宋代，「監當官」一詞才被限定爲負責財政收入、器物生產、消費支出以及行政管理的基層事務官僚體系。而在宋代官吏的任用資格（資序）之中，「監當官」理論上成爲文武官吏在升遷時必須經歷的一個階段，文官要升任知縣、通判之前，武官要升任巡檢、都監之前，理論上都必須先擔任過監當官，有了監當官的資歷，才能夠更進一步向上升遷。因此，「監當官」這一基層官僚體系，在宋代是整個官僚體系中不可或缺的一環。這是我們在對宋代監當官體系進行進一步研究時，必須要先了解的。

第二節　宋代以前官營場務的管理者

一、唐代中央的官營場務機構

在進入討論宋代的監當官體系之前，我們必須先對唐代的政治制度有所認識。因爲宋代的政治體制，大致沿襲唐五代的政治體制變化而來，所以弄清楚唐五代政治體制的沿革流變，可以讓我們更清楚的了解宋代的政治體制。

唐代政治體制的特色，是所謂「三省六部制」。其中，中書省負責制法出令，門下省負責審核封駁，尚書省下設吏、戶、禮、兵、刑、工六部，負責執行的

工作。嚴耕望先生在〈論唐代尚書省之職權與地位〉一文中，討論六部與九寺諸監之職權所異何在？嚴先生指出：凡事屬中央性質者，小部分蓋亦重要部分，由六部自己執行，如吏部兵部之銓選、禮部之貢舉是也；大部分則由寺監等事務機關執行之，尚書六部只處於頒令節制之地位，如財計、兵政、刑獄、繕作是最顯著。故尚書省上承君相，下行中外百司，爲全國行政之總樞紐，爲製頒政令、節制百司之機關，非實地執行之機關也。〔註14〕也就是說，六部負責全國性政策之制定，而九寺諸監則爲實際的執行機構。在我們討論宋代的監當機構之前，我們先要了解唐代政府機構之中，哪些機構的職權與宋代監當機構的職權相近？因此，我們有必要探討唐代中央負責出納、庫藏、製作、營造、飼養、供奉、園囿等機構，其職掌、編制與隸屬關係。

　　據《大唐六典》、《舊唐書‧職官志》等書的記載，唐代中央關於出納、庫藏、製作、營造、飼養、供奉、園囿等機構，其性質與宋代中央監當機構相當者，大多隸屬於九寺諸監的管轄之下。包括下列各機構：

　　隸屬於光祿寺者，有太官署、珍羞署、良醞署、掌醢署。

　　隸屬於衛尉寺者，有武庫令、武器署、守宮署。

　　隸屬於太僕寺者：乘黃署、典廐署、典牧署、車府署、諸牧監（凡馬五千匹以上爲上牧監，馬三千匹以上爲中牧監，馬一千匹以上爲下牧監）、沙苑監。

　　隸屬於司農寺者：上林署、太倉署、鉤盾署、導官署、太原、永豐、龍門諸倉、司竹監、溫泉監、京都苑總監、京都苑四面監、諸屯監、九成宮總監。

　　隸屬於太府寺者：兩京諸市署（京師有東西兩市，東都有南北兩市）、平準署、左藏署、右藏署、常平署。

　　隸屬於少府監者：中尚署、左尚署、右尚署、織染署、掌冶署、諸冶監。

　　隸屬於軍器監者：甲坊署、弩坊署。

　　隸屬於將作監者：左校署、右校署、中校署、甄官署、百工、就谷、庫谷、斜谷、太陰、伊陽等監。

　　隸屬於都水監者：舟檝署、河渠署、諸津。

　　本文前一節中曾經提到，宋代的監當官體系爲負責財政收入、器物生產、

〔註14〕嚴耕望〈論唐代尚書省之職權與地位〉，收入氏著：《唐史研究叢稿》（香港：新亞研究所出版，1969 年），頁 4～5。

消費支出以及行政管理的基層事務官僚體系，其執掌則包括了出納、庫藏、製作、營造、飼養、供奉、園囿等各個方面。現將唐代九寺諸監之下關於出納、庫藏、製作、營造、飼養、供奉、園囿等機構，其性質與宋代中央監當機構相當者，將其執掌與編制做成表1－1：

表1－1：唐代出納、庫藏、製作、營造、飼養、供奉、園囿機構

機　構	執　　掌	編　　　制
太官署	掌供膳食之事	令二人（從七品下）、丞四人（從七品下）、府四人、史八人、監膳十人（從九品下）、主膳十五人、供膳二千四百人、掌固四人。
珍羞署	掌庶羞之事	令一人（正八品下）、丞二人（正九品下）、府三人、史六人、典書八人、錫匠五人、掌固四人。
良醞署	掌供奉邦國祭祀五齊三酒之事。	令二人（正八品下）、丞二人（正九品下）、府三人、史六人、監事二人（從九品下）、掌醞三十人、酒匠十三人、奉觶一百二十人、掌固四人。
掌醢署	掌供醯醢之屬，而辨其名物。（醯：醋也。醢：肉醬也。）	令一人（正八品下）、丞二人（正九品下）、府二人、史四人、主醢十人。
武庫令	掌藏邦國之兵仗器械，辨其名數，以備國用。	令兩京各一人（從六品下）、丞二人（從八品下）、府二人、史六人、監事一人（正九品上）、典事二人、掌固五人。
武器署	掌在外戎器，辨其名物，會其出入。	令一人（正八品下）、丞二人（從九品下）、府二人、史六人、監事一人（從九品下）、典事二人、掌固四人。
守官署	掌邦國供帳之屬，辨其名物，會其出入。	令一人（正八品下）、丞二人（正九品下）、府二人、史四人、掌設六人、幕一千六百人。
乘黃署	掌天子車輅，辨其名數與馴馭之法。	令一人（從七品下）、丞一人（從八品下）、府一人、史二人、典事八人、駕士一百四十人、羊車小吏十四人、掌固六人。
典廐署	掌繫飼馬牛、給養雜畜之事。	令二人（從八品下）、丞四人（從七品下）、府二人、史六人、主乘六人（正九品下）、典事八人、執馭一百人、駕士八百人、掌固六人。
典牧署	掌牧雜畜、造酥酪脯給納之事。	令二人（正八品下）、丞四人（正九品下）、府四人、史八人、監事八人、典事十六人（從九品下）、主酪五十人。
車府署	掌王公以下車輅，辨其名數及訓馭之法。	令一人（正八品下）、丞二人（正九品下）、府一人、史二人、典事四人、掌固六人。
上牧監（馬五千匹以上）	掌群牧孳課之事。	監一人（從五品下）、副監二人（正六品下）、丞二人（正八品上）、主簿一人（正八品下）、錄事一人、府三人、史六人、典事八人、掌固四人。

中牧監（馬三千匹以上）	掌群牧孳課之事。	監一人（正六品下）、副監一人（從六品下）、丞一人（從八品下）、主簿一人（從九品下）、錄事一人、府二人、史四人、典事四人、掌固四人。
下牧監（馬一千匹以上）	掌群牧孳課之事。	監一人（從六品下）、副監一人（正七品下）、丞二人（正九品下）、主簿一人（從九品下）。
沙苑監	掌牧養隴右諸牧牛羊，以供其宴會祭祀及尚食所用。	監一人（從六品下）、副監一人（正七品下）、丞一人（正九品下）、主簿二人（從九品下）、錄事一人、府三人、史六人、典事四人、掌固二人。
上林署	掌苑囿園池之事。	令二人（從七品下）、丞四人（從八品下）、府七人、史十四人、監事十九人、典事二十四人、掌固五人。
太倉署	掌九穀廩藏	令三人（從七品下）、丞二人（從八品下）、府十人、史二十人、監事十人（從九品下）。
鉤盾署	掌供邦國薪芻之事。	令二人（正八品上）、丞四人（正九品上）、府七人、史十四人、監事十人（從九品下）、典事十九人、掌固五人。
導官署	掌導擇米麥之事。	令二人（正八品上）、丞四人（正九品上）、府八人、史十六人、監事十人（從九品上）。
太原、永豐、龍門諸倉	掌倉窖儲積之事。	每倉監一人（正九品下）、丞二人（從八品上）、錄事一人、典事六人、府二人、史四人、掌固四人。
司竹監	掌植養園竹。	監一人（正七品下）、副監一人（正八品下）、丞二人（從八品上）、錄事一人、府二人、史四人、典事三十人、掌固四人。
溫泉監	掌湯池官禁之事。	監一人（正七品下）、丞二人（從八品上）、錄事一人、府二人、史二人、掌固四人。
京都苑總監	掌宮苑內館園池之事。	監各一人（從五品下）、副監一人（從六品下）、丞二人（從七品下）、主簿一人（從九品上）、錄事各三人、府八人、史十六人、亭長四人、掌固六人。
京都苑四面監	掌所管面苑內宮館園池與其種植修葺之事。	監各一人（從六品下）、副監一人（從七品下）、丞二人（正八品下）、錄事一人、府三人、史三人、典事六人、掌固四人。
諸屯監	各掌其屯稼穡。	監一人（從七品下）、丞二人（從八品下）。
九成宮總監	掌檢校宮樹、供進鍊餌之事。	監一人（從五品下）、副監一人（從六品下）、丞一人（從七品下）、主簿一人（從九品下）、錄事一人、府三人、史五人。
兩京諸市署（京師有東西兩市，東都有南北兩市）	掌百族交易之事。	令一人（從六品上）、丞各二人（正八品上）、錄事一人、府三人、史七人、典事三人、掌固一人。
平準署	掌供官市交易之事。	令二人（從七品下）、丞四人（從八品下）、錄事一人、府六人、史十三人、監事二人（從九品下）、典事二人、價人十人、掌固十人。

左藏署	掌邦國庫藏。	令三人（從七品下）、丞五人（從八品下）、府九人、史十八人、監事九人（從九品下）、典事一人、掌固八人。
右藏署	掌國寶貨。	令二人（正八品上）、丞三人（正九品上）、府五人、史十人、監事四人（從九品下）、典事七人、掌固十人。
常平署	掌倉儲之事。	令一人（從七品下）、丞二人（從八品下）、府四人、史八人、監事五人（從九品下）、典事五人、掌固六人。
中尚署	掌供郊祀之圭璧器玩之物，中宮服飾雕文錯綵之制，皆供之。	令一人（從六品下）、丞四人（從八品下）、府九人、史十八人、監作四人、典事四人、掌固四人。
左尚署	掌供天子之五輅、五副、七輦、三輿、十有二車、大小方圓華蓋一百五十有六、諸翟尾扇及小繖翰，辯其名數而頒其制度。	令一人（正七品下）、丞五人（從七品下）、監作六人（從九品下）、典事十八人、掌固四人。
右尚署	供天子十有二閑馬之鞍轡及五品三部之帳，備其材革而修其制度。	令一人（正七品下）、丞四人（從八品下）、監作六人（從九品下）、典事十三人、掌固十人。
織染署	掌供天子、太子、群臣之冠冕，辨其制度而供其職。	令一人（正八品上）、丞二人（正九品上）、監作六人（從九品下）、典事十一人、掌固五人。
掌冶署	掌鎔鑄銅鐵器物。	令一人（正八品上）、丞一人（從九品上）、監作四人（從九品下）。
諸冶監	掌冶鑄銅鐵之事。	監一人（正七品下）、丞二人（從八品下）、錄事一人、府一人、史二人、監作四人（從九品下）、典事二人、掌固四人。
甲坊署	製造甲冑	令一人（正八品下）、丞一人（正九品下）、府二人、史五人、監作二人（從九品下）、典事二人。
弩坊署	製造弓弩	令一人（正八品下）、丞一人（正九品下）、府二人、史五人、監作二人（從九品下）、典事二人。
左校署	掌供營構梓匠。	令二人（從八品下）、丞四人（正九品下）、府六人、史十二人、監作十人（從九品下）。
右校署	掌供板築塗泥丹艧之事。	令二人（從八品下）、丞三人（正九品下）、府五人、史十八人、監作十人（從九品下）、典事十四人。
中校署	掌供舟車兵仗廄牧雜作器用之事。	令一人（從八品下）、丞三人（正九品下）、府三人、史六人、監事四人（從九品下）、典事八人、掌固二人。
甄官署	掌供琢石陶土之事。	令一人（從八品下）、丞二人（正九品下）、府五人、史十人、監作四人（從九品下）、典事十八人。

百工、就谷、庫谷、斜谷、太陰、伊陽等監	掌採伐材木。	監各一人（從七品下）、丞一人（正八品下）、府各一人、史三人、典事各二十一人、錄事各一人、監事四人（從九品下）。
舟檝署	掌公私舟船運漕之事	令一人（正八品下）、丞二人（正九品下）。
河渠署	掌修補堤堰、漁釣之事	令一人（正八品下）、丞一人（正九品上）、府三人、史六人、河堤謁者六人、典事三人、掌固四人、長上漁師十人、短番漁師一百二十人、明資漁師一百二十人。
諸　津	各掌其津濟渡舟梁之事	令一人（正九品上）、丞一人（從九品下）。

資料來源：劉煦等修《舊唐書・職官三》，《大唐六典》卷 15～23。

　　從表 1-1 的記載中，我們可以看出：唐代中央的這些負責出納、庫藏、製作、營造、飼養、供奉、園囿等事務的機構，其主管官員為令或監，副主管官員為丞或副監，其他流內的官員包括監作、監事，流外的吏人包括典事、錄事、掌固、府、史等。這些都是在各個場務機構之中專門任職的官吏。

　　不過，以上所記的職官機構與編制，在唐代後期之後有了相當大的變化。玄宗以後，許多機構的職務逐漸被新興的「諸司使」所取代。《職官分紀》說道：

> 唐制，百官職皆九寺三監分典。開元中，始置諸使，其後漸增。由是寺監之物多歸諸使。朝廷每有制詔，則云諸司諸使以該之，多內侍省官或將軍兼充。〔註15〕

晚近學者趙雨樂在《唐宋變革期之軍政制度——官僚機構與等級之編成》一書中指出：自玄宗時期開始，內諸司使有顯著的發展，這與帝王由舊日西內太極宮移住於東內大明宮有密切的關係。為了提高君主的權力，大明宮之行政、娛樂等事務皆委宦官，形成了各種內諸司使的名目。〔註16〕也就是說，以往諸寺監屬下的各個機構，是以服務居住於太極宮的皇帝為目的；當皇帝遷居於大明宮後，原有的各種機構無法滿足皇帝的需求，因此一些新興的「諸司使」隨之誕生。根據趙雨樂先生的研究，唐代中期以後新興的「諸司使」包括了下列幾類：

　　負責宮廷守衛者，有「飛龍使」、「小馬坊使」、「軍器使」、「弓箭庫使」。

〔註15〕孫逢吉《職官分紀》（文淵閣四庫全書本，北京：中華書局影印，1988 年 2 月）卷 44〈橫行東西班大小使臣〉，頁 1a。
〔註16〕趙雨樂《唐宋變革期之軍政制度——官僚機構與等級之編成》（台北：文史哲出版社，1994 年 4 月），頁 49。

負責詔令及禮儀者，有「樞密使」、「宣徽使」、「閤門使」、「客省使」、「鴻臚禮賓使」。

負責軍器、裝飾、染織等宮廷雜作的諸作坊，有「中尚使」、「五作坊使」、「內作坊使」、「內八作使」、「文思院使」。

管理宮廷地域園林者，有「內園使」、「栽接使」、「宮苑使」。

掌管宮廷財寶者，有「大盈庫使」、「瓊林使」、「豐德庫使」。

掌管帝王飲食者，有「進食使」、「尚食使」、「御食使」、「御廚使」。

掌技術以待詔者，有「翰林學士使」、「醫官使」。

掌太子、諸王子起居者，有「少陽院使」、「十王宅使」。

掌俳優、雜技、聲樂者，有「雲韶使」、「教坊使」、「梨園使」。〔註17〕

以上諸使，除少數特例之外（如樞密使在唐代後期權侔宰相，宋初與宰相對持文武大柄；翰林學士則負責出納王命，有「內相」之稱），大多數的諸司使與諸寺監所屬的機構一起，負責提供宮廷的食、衣、住、行、娛樂、及其他相關事務的管理。

五代時期，諸司使又經過了一番調整。據王溥《五代會要》所載，後梁時期的諸司使，包括了崇政院使（原樞密使）、租庸使、宣徽院使、客省使、天驥使（原小馬坊使）、飛龍使、莊宅使、大和庫使、豐德庫使、儀鸞使、乾文院使（原文思院使）、五坊使、如京使、尚食使、司膳使（原御食使）、洛苑使、教坊使、東上閤門使、西上閤門使、內園栽接使、弓箭庫使、大內皇城使、武備庫使、引進使、左藏庫使、西京大內皇城使、閑廄使、宮苑使、翰林使。〔註18〕

諸司使的名稱經過唐末五代的合併、增省，其首長（諸司使、副使）逐漸由武官擔任，成為武官的加銜，用以區別階級（見本文第五章第一節及表5－1）。而其機構則在宋初演變為中央的監當機構，這些機構亦包括製造軍器與皇室百官用品者、為皇室及百官提供服務者，由各種監官、提舉官、提點官負責管理。（見本文第三章）諸司使、副使並不負責實際職事，僅作為武臣的「寄祿官」之用；實際職事由另外設置的監官負責。也就是說，宋初將唐五代以來舊有的職官名稱，作為「寄祿官」，用以寄祿寓階，不負責實際的工

〔註17〕趙雨樂《唐宋變革期之軍政制度——官僚機構與等級之編成》，頁50～77。

〔註18〕王溥《五代會要》（台北：九思出版社，民國67年11月台一版）卷24〈諸使雜錄〉，頁388。

作；而實際的工作則由「差遣」決定。例如「左藏庫使」在宋代並不負責管理左藏庫，而只是武官的一階；左藏庫在宋代另有監官管理。這是在此要特別加以說明的。

此外，唐代對許多中央場務機構的監督管理，又常由其他官吏兼管。例如中央的太倉、左藏庫，即由殿中侍御史兼管。據李固言〈監倉御史五日一入倉奏〉所記：

> 監太倉殿中侍御史一人，監左藏庫殿中侍御史一人，台中舊例，取殿中侍御史從上第一人充監太倉使，第二人充監左藏庫使，又各領制獄。伏緣推事皆有程限，所監遂不專精，往往空行文牒，不到倉庫，動經累月，莫審盈虛。遂使錢穀之司，狡吏得計，至於出入多有隱欺。〔註19〕

可見太倉、左藏庫既已設置專官管理，又由殿中侍御史監管，在殿中侍御史因公務繁忙，無暇對太倉、左藏庫進行有效監督管理的情形下，造成倉庫官吏欺隱舞弊的情形。故李固言主張殿中侍御史應該「五日一入倉」。

這種以中央官吏監管官營場務的作法，則與宋代監當官的情形相近。宋代的監當官，本身亦有「寄祿官」（以中央三省六部諸寺監的官職爲名），但其實際的監當職務則由「差遣」決定。（詳見本文第五章第一節）不過，宋代的監當官是專任官，寄祿官僅代表官階高低，並不負有實際的職責。這一點與唐代中央官吏兼管官營場務的情形不同。

二、唐代地方的官營場務機構

相對於中央場務機構都有專門的官員負責，唐代在地方上的官營坑冶場務則多未設置專官管理。例如錢監之鑄錢，據《舊唐書・職官志三》的記載：

> 諸鑄錢監，以所在州府都督、刺史判之。副監一人，上佐判之。丞一人，判司判之。監事一人，或參軍、或縣尉知之。錄事、府、史，士人爲之。〔註20〕

可見鑄錢監的主管官吏皆由地方官府的官吏兼任。唐貞元十五年（799）中書門下的上奏也說道：

〔註19〕李固言〈監倉御史五日一入倉奏〉，收入《唐文拾遺》（上海古籍出版社縮印本，1990 年）卷二十九，頁 147 下。

〔註20〕劉昫等修《舊唐書》卷 44〈職官三〉，頁 19a。

伏准群官所議鑄錢，或請收市人間銅物，令州郡鑄錢。當開元以前，未置鹽鐵使，亦令州郡勾當鑄造。〔註21〕

可見唐代鑄錢的錢監，是由州郡等地方官府「勾當」，朝廷並未設置專官管理。

又如邊境的諸互市監與沿海市舶司之中掌管外國船舶貿易者，《舊唐書‧職官志三》記載：

諸互市監各一人（從六品下）、丞一人（正八品下）。諸（互）市監掌諸蕃交易馬駝驢牛之事。〔註22〕

並未說明是否爲地方官員兼任。但是唐高宗時規定：

南中有諸國舶，宜令所司，每年四月以前，預支應須市物，委本道長史，舶到十日內，依數交付價值，市了任百姓交易。其官市物送少府監，簡擇進內。〔註23〕

可見負責市舶官市貿易者，是「本道長史」，亦即由長史兼管，並非專設一官掌管交易之事。

此外，唐代中期以後，各地藩鎮與地方政府經常設置所謂茶店、鹽店、酒店等，爲茶、鹽、酒的專賣機構。據程異〈請勒停置茶鹽店奏〉的說明：

應諸道州府，先請置茶鹽店收稅。伏準今年正月一日敕文，其諸道州府，因用兵以來，或應有權置職名，及擅加科配，事非常制，一切禁斷者。伏以榷稅茶鹽，本資財賦，贍濟軍鎮，蓋是從權，兵罷自合便停，事久實爲重斂。其諸道先所置店，及收諸色錢物等，雖非擅加，且異常制，伏請準敕文勒停。〔註24〕

可見這些茶店、鹽店，是由藩鎮及地方官府「權置職名，擅加科配」。其收入也用於「贍濟軍鎮」，進入了藩鎮的手中。這些茶店、鹽店當然不是唐朝的正式職官。此外，裴休也上奏：

諸道節度觀察使置店停上茶商，每斤收搨地錢，並稅經過商人，頗乖法理，今請釐革橫稅，以通舟船，商旅既安，課利自厚。〔註25〕

但是，雖然有程異奏請「勒停置茶鹽店」，裴休請求「釐革橫稅」，但是這種地方官府設置的專賣機構卻似乎未曾消失。唐宣宗時即下詔：

〔註21〕闕名〈請收市銅物鑄錢奏〉，收入《全唐文》卷九六四，頁 4442 上。
〔註22〕劉昫等修《舊唐書》卷 44〈職官三〉，頁 19a。
〔註23〕唐高宗〈定夷舶市物例敕〉，收於《唐文拾遺》卷一，頁 4 中。
〔註24〕程異〈請勒停置茶鹽店奏〉，收入《全唐文》卷四五五，頁 2059 上。
〔註25〕裴休〈請革橫稅私販奏〉，收入《全唐文》卷七四三，頁 3406 中。

> 揚州等八道州府置榷麴，並置官店酤酒，代百姓納榷酒錢，並充資
> 助軍用，各有權許。限揚州、陳許、汴州、襄州、河東五處榷麴，
> 浙西、浙東、鄂岳三處置官店酤酒。〔註26〕

可見在唐代晚期宣宗時期，酒店之類的地方官府設置的專賣機構，仍然持續
存在，且其收入仍被藩鎮「並充資助軍用」，宣宗對這種情形，也只能無奈的
加以承認。

第三節　宋初監當官體系的成立

一、監當官設置的原因之一：收藩鎮之利權

唐代後期之後，藩鎮割據的局面形成。各地的藩鎮「率令部曲主場院，
厚斂以自利。其屬三司者，補大吏以臨之，輸額之外輒入己。」〔註27〕舉例
言之，唐人庾敬休曾上奏言：

> 伏以劍南道稅茶，舊例委度支巡院句當榷稅，當司於上都招商人便
> 換。大和元年，户部侍郎崔元略與西川節度使商量，取其穩便，遂
> 奏請稅茶事，使司自勾當，每年出錢四萬貫送省。近年以來，都不
> 依元奏，並三道諸色錢物，州府多逗留不送，皆不稟奉。〔註28〕

宋太祖即位，面對藩鎮割據、中央勢弱的局面，採取了「杯酒釋兵權」
的策略，逐步地將藩鎮手中的權力收歸中央。

地方監當官的設置，即為太祖「收藩鎮利權」的方法。近代學者幸徹、
宋晞、苗書梅皆已言之。現再略述如下。據《文獻通考》所記：

> 李重進平。以宣徽北院使李處新知揚州，樞密直學士杜韡監州稅。
>
> 止齋陳氏曰：以朝臣監州稅始於此，蓋收方鎮利權之漸。〔註29〕

按：李重進之亂在建隆元年（960）九月，當年十一月，李重進即兵敗自焚而
死。〔註30〕而以朝臣監州稅，應為李重進之亂的善後措施之一，故其時間應
當在建隆元年年底左右。太祖在乾德三年（965）三月，又有進一步的動作：

〔註26〕唐宣宗〈寬私酤禁敕〉，收入《全唐文》卷八十一，頁368中。
〔註27〕李燾《續資治通鑑長編》卷6～8a，乾德三年三月。此為李燾追記唐代後期政
　　　　治形勢之語。
〔註28〕庾敬休〈制置除陌等錢奏〉，收於《唐文拾遺》卷二十九，頁146中。
〔註29〕《文獻通考》卷14〈征榷一〉，頁145中。
〔註30〕《宋史》（標點本，北京：中華書局，1985年新一版）卷1〈太祖紀一〉，頁7。

是月申命諸州：度支經費外，凡金帛以助軍實，悉送都下，無得占
留。時方鎮闕守帥，稍命文臣權知，所在場院間遣京朝官廷臣監臨，
又置轉運使爲之條禁，文簿漸爲精密，由是利歸公上，而外權削矣。
〔註31〕

此舉一方面將地方財賦移往中央，一方面又命京朝官監臨地方上的場院，控制
了地方未來的重要利益收入，故稱之「利歸公上而外權削」，洵非虛語。太祖在
開寶三年（970）六月，又規定：「禁諸州長吏親隨人掌廂鎮局務。」〔註32〕地
方監當機構既不准由地方官自行以親信充任，於是中央政府任命的監當官逐漸
成爲官營場務的管理者。

二、監當官設置的原因之二：避免三司專擅財政權

宋太祖、太宗時期，除了強調中央集權，將藩鎮手中的各種權力收歸中
央之外，也積極的防止權力過分集中於一個部門之手，而不斷地將權力分割，
使其權力相互制衡。例如，太祖初即位，即以「樞密院與中書對持文武二柄，
號爲二府。」〔註33〕宋神宗曾說明此一作法的目的：「祖宗不以兵柄歸有司，
故專命官統之，互相維制。」〔註34〕太祖既將軍政大權交付樞密院，但是到
了太宗雍熙四年（987）七月，又增設「三班院」，〔註35〕掌三班使臣（下級
武官）的考課與銓選。可見太宗仍不願軍政大權過度集中於一個部門之手，
故另設三班院以分樞密院之權。

又如吏部的流內銓，原本掌握官吏考核與銓選之權，但是宋太宗爲了防
止吏部的權力過大，遂增設了「審官院」，以分吏部事權。

吏部以外，刑部也有類似的情形。國家的刑獄事務，有刑部、大理寺司
其事。但是太宗在淳化二年（991）八月己卯，又設置「審刑院」，〔註36〕分
刑部、大理寺之權。

太祖、太宗爲了防止權力過於集中一個部門，除了增設新機構以分割原
有機構的事權之外，太祖、太宗還有另一個辦法，就是直接干涉各部門內的

〔註31〕《續資治通鑑長編》卷6～8b，乾德三年三月末。
〔註32〕《宋史》卷2〈太祖紀二〉，頁31。
〔註33〕《文獻通考》卷58〈職官十二〉，頁523上。
〔註34〕《文獻通考》卷58〈職官十二〉，頁523中。
〔註35〕《宋史》卷5〈太宗紀二〉，頁81。
〔註36〕《宋史》卷5〈太宗紀二〉，頁88。

人事。例如，由於流外的吏人、吏胥常由各部門直接任用，且長期在該部門任職，較容易出現任用私人、相互包庇等情形。因此，太祖改以正式的官員來取代吏人，由於這些官員皆由朝廷選拔任用，且經常調任他處，故較不容易有包庇欺隱的事情發生。在監當官的任用上，太祖在即位之初，即採取了這種辦法。據《宋會要輯稿》的記載：

> 太祖建隆元年五月，命殿中侍御史王伸、監察御史王祜、戶部郎中沈義倫、殿中丞王仁郁、太常博士夏侯澄、太子左贊善大夫陳泛、左龍武將軍韓令升、左千牛衛將軍時贊，分掌在京倉庾。先是，京畿近輔租調委輸，吏緣為姦，民多咨怨，至是始擇庭臣總之。〔註37〕

用京朝官監倉以約束奸吏，殆始於此。又如：

> （開寶六年二月辛丑）以著作佐郎陸光範為在京糧料使，太僕寺丞趙巨川為西京糧料使。國初承舊制，用三司大將領糧料之職，於是改任京官。〔註38〕

這是用京朝官取代「三司大將」，管理糧料院之始。宋太宗也採取了這種方式。例如，根據《續資治通鑑長編》的記載：

> 宣徽北院使判三司王仁贍，掌邦計幾十年，恣下吏為姦。……（太宗）謂宰相趙普等曰：「仁贍縱吏為姦，諸州場院皆隱沒官錢以千萬計，朕初即位，悉令罷去，分命使臣掌其事。」〔註39〕

這是太宗用三班使臣取代吏人管理諸州場院的例子。日本學者幸徹即據此例指出：為了防止三司的專權，配置天子直屬的正式官員，使其監督場務，是很好的辦法。〔註40〕

三、監當官的逐步設置

宋太祖、太宗時期，一方面將藩鎮手中的利權收歸中央，一方面又為了防止中央機構過於專擅，用正式的文武官員取代吏人。監當官的任用，正好可以符合這兩個目的。因此，在宋太祖、太宗時期，不斷地派遣文武官員擔任監當官。例如，《宋會要輯稿》記載：

> 太祖建隆二年，令右監門衛將軍魏仁滌等，以監酒麴市征額外有羨

〔註37〕《宋會要輯稿・食貨》62～2a，「京諸倉」。
〔註38〕《續資治通鑑長編》卷14～1b～2a，開寶六年二月辛丑。
〔註39〕《續資治通鑑長編》卷23～1b～2a，太平興國七年二月辛未。
〔註40〕幸徹〈北宋時代に於ける監當官の地位〉，收於《東洋史學》第26輯，頁55。

利，並令遷秩。〔註41〕

似已有監酒稅（酒務與商稅）的監當官，但是否普遍設置未可知。至太宗太平興國二年（977）十月，「京西轉運使程能言：『陳、滑、蔡、潁、隨、郢、均、鄧、金、房州、信陽軍，未行榷酤，今請並置酒務。』」〔註42〕可見監當官之「監酒」在逐漸推廣施行中。

又如太祖建隆三年（962）正月，「以監察御史劉湛爲膳部郎中。湛奉詔榷茶於蘄春，歲入增倍，遷拜越級非舊典也。」〔註43〕是以京朝官之監察御史「監茶」之例。

太宗時期，監當官設置的數量大量地增加。據《續資治通鑑長編》記載：

> （至道二年閏七月庚午）有司言：諸州關鹽務官五十餘員。詔尚書左丞李至等八十四人，於州縣幕職官中舉廉恪吏幹者各一人以補之。〔註44〕

所謂的「鹽務官」，即爲監當官的別稱。可見太宗大量的任用幕職州縣官擔任監當官。當時的官員王化基即說：「臣於十年前任揚州職官時，見朝廷添置監臨事務及朝官使臣等，有逾本州（官員人數）數倍。」〔註45〕日本學者幸徹認爲：太祖時期監當官爲「臨時差遣」的性格較強，但是到了太宗太平興國年間之後，由於監當官的大量增置，使得其配置逐漸成爲定制。〔註46〕雍熙三年（986），朝廷正式規定：「監當使臣、京朝官並三年替，仍委知州、通判提舉之，遂爲定員。」〔註47〕監當官的制度自此正式確立。

從本章的討論中，我們可以了解：唐代中央負責出納、庫藏、製作、營造、飼養、供奉、園囿等事務的機構，原由九寺諸監所管轄，但是唐代後期興起的諸司使，逐漸取代了這些出納、庫藏、製作、營造、飼養、供奉、園囿等事務機構的職權。而地方上的錢監、市舶等機構則多由地方官兼管，甚至藩鎮也私自設置一些酒店、茶店、鹽店，藉以取利。宋初之後，將中央的

〔註41〕《宋會要輯稿・職官》59～1a，「考課」。
〔註42〕《宋會要輯稿・食貨》20～3a，「酒麴雜錄」。
〔註43〕《續資治通鑑長編》卷3～2a，建隆三年正月丁亥。
〔註44〕《續資治通鑑長編》卷40～6b，至道二年閏七月庚午。又宋代的語彙中，監當官別稱監臨、鹽務官。
〔註45〕《續資治通鑑長編》卷32～12a，淳化二年九月庚子。所言「十年前」爲太宗太平興國年間。
〔註46〕幸徹〈北宋時代に於ける監當官の地位〉，收於《東洋史學》第26輯，頁61。
〔註47〕《文獻通考》卷14〈征榷考一〉，頁145中。

諸司使、副使作為武臣的寄祿官，不負責實際的職事；諸司實際的職掌則改由監當官來充任。在地方上，宋太祖一方面從藩鎮手中收回利權，將地方的監當場務交由京朝官來管理；另一方面則將三司吏人所管理的監當機構，也改由朝廷任命的官員來掌管。這種作法一方面代表著削弱藩鎮權力，集權於中央；一方面也避免中央機構的過於專擅。由此可見，宋初中央與地方監當官體系的設置，是帶有強烈的「集權於中央」的政治目的。

第二章　宋代地方的監當機構

　　監當官是各個監當機構的主管，若要了解監當官在宋代官僚體系中扮演何種角色，則我們必須討論各類監當機構的職掌與影響。在討論各類監當機構時，一些機構由於規模較小，是由其他官吏兼管或由百姓承買者，這些機構由於其職務與性質皆與設置監當官的監當機構相同，因此本文亦合併討論之。

　　宋人謝維新《古今合璧事類備要》一書所列舉的監當官，包括了州糧料院、鑄錢監、監倉、監鹽、監酒、監鎮、作院、交引、庫務、監門、監茶、監場、監稅等。我們一般所熟知的各種監當官，大體上也以這些監當官為主。而這些監當官大多數都是地方上的監當官。因此，本章先由地方上的監當機構開始進行討論。

　　本章將宋代地方上的監當機構分為五類：一為生產製造機構，二為倉儲出納管理機構，三為監督地方各類稅收之機構，四為官營商業機構，五為其他專門性事務的監督管理機構。以下分為五節，分別討論這五類地方監當機構。

第一節　生產製造機構

　　本節主要討論宋代地方上各類負責生產與製造工作的監當機構，這些地方監當機構包括了各地的鑄錢監、坑冶、作院及其他監當機構。以下即分別列舉論述之：

一、錢　監

　　宋代鑄造錢幣的機構，稱為鑄錢監（或稱錢監）。每個錢監各有不同的名

稱。錢監的管理者，「諸州鑄錢監監官各一人。」〔註1〕可知主其事者爲一監當官。北宋時，鑄錢監陸續設置，且各錢監每年鑄錢多少，都有額數的規定。神宗時，全國有銅、鐵錢監共二十六監。元豐年間畢仲衍〈中書備對〉一文所記之錢監與鑄錢年額如下：

銅錢逐監錢數：西京阜財監（二十萬貫）、衛州黎陽監（二十萬貫）、永興軍錢監（二十萬貫）、華州錢監（二十萬貫）、陝府錢監（二十萬貫）、絳州垣曲監（二十六萬貫）、舒州同安監（一十萬貫）、睦州神泉監（一十萬貫）、興國軍富民監（二十萬貫）、衡州熙寧監（二十萬貫）、鄂州寶泉監（一十萬貫）、江州廣寧監（三十四萬貫）、池州永豐監（四十四萬五千貫）、饒州永平監（六十一萬五千貫）、建州豐國監（二十萬貫）、韶州永通監（八十萬貫）、惠州阜民監（七十萬貫）。以上銅錢監共十七監。

鐵錢逐監錢數：虢州在城、朱陽兩監（各十二萬五千貫）、商州阜民、洛南兩監（各十二萬五千貫），以上四監鑄折二鐵錢。通遠軍威遠鎮、岷州滔山鎮兩監（共二十五萬貫）、嘉州豐遠監（二萬五千貫）、邛州惠民監（七萬三千二百三十四貫）、興州濟眾監（四萬一千貫）。以上鐵錢監共九監。〔註2〕

二十六監所鑄之錢，共計銅錢五百六萬貫，鐵錢八十八萬九千二百三十四貫。〔註3〕其中，江、池、饒、建四州錢監所鑄之錢，除每年二十萬貫用於信州鉛山買銀，其餘上供京師，繳納至左藏庫、內藏庫。韶、惠二州所鑄之錢用於惠州買銅之外，有剩餘亦上供京師內藏庫。其餘各州錢監所鑄之錢應副本路之用。〔註4〕可見鑄錢監所鑄造的錢幣，大多送至京師左藏庫、內藏庫收儲或供地方各路開支之用，對於滿足中央與地方上的財政需求，有相當大的貢獻。

錢幣的鑄造區分銅鐵錢，且銅鐵錢各有流通行使的區域，是宋代錢幣制度的特色。宋初行使鐵錢的地區，主要是在四川，其他各路則專行銅錢。仁

〔註1〕《宋史》卷165〈職官五‧少府監〉，頁3918。

〔註2〕畢仲衍〈中書備對〉一文，《文獻通考‧錢幣二》與《宋會要輯稿‧食貨》皆曾引用。但內容互有差異。西京阜財監，《通考》作「兩京」。興國軍富民監錢數，《通考》作「二萬貫」。岷州滔山鎮，《通考》作「洛山鎮」。《宋會要輯稿‧食貨》11～8a-b 缺睦州神泉監。又威遠鎮、滔山鎮兩監錢數，《輯稿》作「共二十萬貫」。《通考》、《宋會要輯稿‧食貨》11～8a-b 同缺嘉州、邛州、興州錢監名，據《宋會要輯稿‧食貨》11～2b 補之。

〔註3〕《文獻通考》卷9〈錢幣二〉，頁95下。

〔註4〕《宋會要輯稿‧食貨》11～8a-b。

宗時，由於宋夏之間的戰爭延續不止，使得宋朝的財政開支越來越大。據《文獻通考》載：

> 時軍興，陝西移用不足。……陝西都轉運使張奎、知永興軍范雍，
> 請鑄大銅錢，與小錢兼行，大錢一當小錢十。奎等又請因晉州積鐵，
> 鑄小錢。及奎徙河東，又鑄大鐵錢於晉、澤二州，亦以一當十，以
> 助關中軍費。〔註5〕

由這一段文字中，我們可以看出：張奎、范雍在陝西始鑄大銅錢。而河東晉州始鑄小平鐵錢。張奎調赴河東以後，又在河東晉、澤二州鑄「大鐵錢」。因此，陝西與河東，成為銅、鐵錢並行的地區。

南宋時，由於半壁江山已失，因此鑄錢監的數目大為減少。當時江湖閩廣諸路只有銅錢監十監，其監名與年額錢數如下：江州廣寧監（二十四萬貫）、池州永豐監（三十四萬五千貫）、饒州永平監（四十六萬五千貫）、建州豐國監（三十四萬四百貫），以上四監總計一百三十四萬餘緡，用於上供。衡州咸寧監（二十萬貫）、舒州同安監（十萬貫）、嚴州神泉監（十五萬貫）、鄂州寶泉監（十萬貫）、韶州永通監（八十三萬貫）、梧州元豐監（十八萬貫），以上六監錢共一百五十六萬緡，供各路支用。〔註6〕

至於南宋時鐵錢的鑄造數量較銅錢更大，而且南宋時期也陸續增設了許多鐵錢監。尤其孝宗乾道二年（1166）八月下詔：「兩淮行鐵錢，銅錢毋過江北。」〔註7〕鐵錢的使用範圍更為廣泛。不過，宋代相關史料如《宋史》、《文獻通考》、《宋會要輯稿》的記載都不完整。近人劉森先生《中國鐵錢》一書與王曾瑜先生〈南宋的新鐵錢區及淮會與湖會〉一文，對於南宋鐵錢監的沿革作了相當詳細的考訂。茲根據兩者的研究，將南宋鐵錢監設置、裁廢的概況，列於表 2－1，由於南宋各鐵錢監時興時廢，因此表中只列出最初設置的時間與最後被裁撤的時間。

表2－1：南宋鐵錢監設置、廢除沿革表

名　　稱	始　置　時　間	裁　廢　時　間	資　料　來　源
利州紹興監	紹興十五年置		《建炎以來繫年要錄》卷154

〔註5〕馬端臨《文獻通考》卷9〈錢幣二〉，頁94中。
〔註6〕《宋會要輯稿·食貨》11～1a-b。
〔註7〕《宋史》卷33〈孝宗紀一〉，頁635。

施州廣積監	（紹興二十五年已有）		同上，卷 169
南平軍廣惠監	（紹興二十五年已有）	紹熙末年廢	同上，卷 169《輿地紀勝》卷 180
邛州惠民監	紹興二十三年復置		《古今合璧事類備要》外集，卷 65
和州鑄錢監	乾道四年置	（不久即廢除）	《宋史·孝宗紀》
舒州同安監	乾道六年由銅錢監改置	嘉定七年廢	《宋史·孝宗紀》《文獻通考·錢幣》
蘄州蘄春監	乾道六年置		《宋史·孝宗紀》
黃州齊安監	乾道六年置	（淳熙中廢）	《宋史·孝宗紀》
江州廣寧監	乾道六年由銅錢監改置	（淳熙中廢）	《宋史·孝宗紀》
臨江軍豐餘監	乾道六年置	（淳熙中廢）	《宋史·孝宗紀》
撫州裕國監	乾道六年置	（淳熙中廢）	《宋史·孝宗紀》
興國軍富民監	乾道六年置	嘉定中併入漢陽監	《宋史·孝宗紀》《宋史·食貨志》
舒州宿城監	（乾道中）	淳熙十年併入同安監	《宋史·食貨志》
鄂州漢陽監	（紹熙元年置）		
光州定城監	（紹熙二年置）	紹熙三年廢	《宋史·光宗紀》
嘉定監	嘉定年間置		

資料來源：劉森《中國鐵錢》（北京：中華書局，1996 年 6 月）第五章「宋代的鐵錢（下）」；王曾瑜〈南宋的新鐵錢區及淮會與湖會〉，收於車迎新主編《宋代貨幣研究》（北京：中國金融出版社，1995 年 10 月），頁 5～9。

　　鑄錢監對宋代的主要貢獻，在於各鑄錢監鑄造銅鐵錢，不但直接提供貨幣現錢以滿足政府的開支，更影響了全國貨幣經濟的交易秩序。宋代將全國貨幣區分為銅錢區與鐵錢區，鑄錢監即負責鑄造各區所需的銅錢或鐵錢。由於鑄錢監的鑄造效率高，銅錢與鐵錢鑄造的數量相當龐大，基本上滿足了銅錢區與鐵錢區的貨幣需求。（雖然仍有美中不足之處，宋代仍不時有「錢荒」之慮，且四川等地因鐵錢攜帶不便而創行「交子」。）使得銅錢區與鐵錢區的範圍大致維持穩定的情形，少有變化。（北宋時期，僅因宋夏戰爭使鐵錢的使用擴張到陝西、河東二路。南宋時則因防止銅錢外洩，在宋金邊界地域皆設置鐵錢區。）錢幣鑄造規模的擴大，使得在宋代社會之中有充足的貨幣供給，促進了宋代經濟的發展與商業的繁榮。

　　由於錢幣的鑄造過程繁複辛勞，宋代對於在錢監之中服役的工匠也有若干規定。真宗景德四年（1007）四月，下詔：「自今五月二日至八月一日，鑄

錢止收半工。每歲量支錢，以備醫藥。」〔註8〕意即夏季暑日時將工作量減半，以減輕工匠的負擔。同年十二月又規定：「諸處錢監鑄匠，每旬停作一日，願作者聽之。」〔註9〕採取了十天休假一天的工作制度。

二、坑　冶

　　所謂「坑冶」，指的是金、銀、銅、鐵、鉛、錫、水銀、硃砂等礦產的開採。北宋時的坑冶場務數目，據馬端臨《文獻通考·征榷五》所記：

> 金銀銅鐵鉛錫之冶，總二百七十一。金產登、萊、商、饒、汀、南恩六州，冶十一。銀產登、虢、秦、鳳、商、隴、越、衢、饒、信、虔、郴、衡、漳、汀、泉、福、建、南劍、英、韶、連、春二十三州，南安、建昌、邵武三軍，桂陽監，冶八十四。銅產饒、信、虔、建、漳、汀、泉、南劍、韶、英、梓十一州，邵武軍，冶四十六。鐵產登、萊、徐、兗、鳳翔、陝、儀、虢、邢、磁、虔、吉、袁、信、澧、汀、泉、建、南劍、英、韶、渠、合、資二十四州，興國、邵武二軍，冶七十七。鉛產越、衢、信、汀、南劍、英、韶、連、春九州，邵武軍，冶三十。錫產商、虢、虔、道、潮、賀、循七州，冶十六。又有丹砂產商、宜二州，冶二。水銀產秦、鳳、商、階四州，冶五。皆置吏主之。〔註10〕

實際上，坑冶的數目，是會隨著舊礦坑的廢棄停閉與新礦坑的開採發掘而有所變動。

　　對於金、銀、銅、鐵、鉛、錫、水銀、硃砂等坑冶，朝廷會設置監官以主其事。例如崇寧四年（1105），「湖北望溪金場，以歲收金千兩，乃置監官。」〔註11〕宣和元年（1119），「復置相州安陽縣銅冶村監官，……常平司謂銅冶村近在河北，得利多，故有是命。」〔註12〕這些坑冶監官，其主要的任務就是要取山澤之利，以增加國家的財政收入。爲了確保坑冶的收入數目，宋朝對各類坑冶的產量都訂出了「祖額」，金坑冶的祖額全國總計爲七千五百九十七

〔註8〕　《續資治通鑑長編》卷65～9b，景德四年四月己卯。

〔註9〕　《續資治通鑑長編》卷67～16b，景德四年十二月戊申。

〔註10〕　馬端臨《文獻通考》卷18〈征榷五〉，頁179中-下。另外，《宋史》卷185〈食貨下七·坑冶〉的坑冶數字則爲：「凡金銀銅鐵鉛錫監冶場務二百有一。」（頁4523）。今據《通考》。

〔註11〕　《宋史》卷185〈食貨下七·坑冶〉，頁4527。

〔註12〕　《宋史》卷185〈食貨下七·坑冶〉，頁4530。

兩；銀坑冶祖額總計爲四十一萬一千四百二十兩；銅坑冶祖額總計爲一千七十一萬一千四百六十六斤；鐵坑冶祖額總計爲五百四十八萬二千七百七十斤；鉛坑冶祖額總計爲八百三十二萬六千七百三十七斤；錫坑冶祖額總計爲一百九十六萬三千四十斤；水銀祖額總計爲四千九百三十七斤；硃砂祖額總計爲一千八百七十八斤一十三兩七錢六分。〔註13〕而實際上，監官爲了獲得恩賞，坑冶的生產量往往高於祖額。以神宗元豐元年（1078）爲例，當年全國的金產量爲一萬七百一十兩；銀產量爲二十一萬五千三百八十五兩；銅產量爲一千四百六十萬五千九百六十九斤；鐵產量爲五百五十萬一千九十七斤；鉛產量爲九百一十九萬七千三百三十五斤；錫產量爲二百三十二萬一千八百九十八斤；水銀產量爲三千三百五十六斤；硃砂產量爲三千六百四十六斤一十四兩四錢。〔註14〕除了銀產量僅約祖額的一半，水銀產量也較祖額爲低，可能是礦產耗竭的問題之外，其他坑冶大多高於祖額。

除了金、銀、銅、鐵、鉛、錫、水銀、硃砂之外，礬的開採也設置監官管理。礬分爲白礬與綠礬。白礬產於晉州、無爲軍；綠礬產於隰州、池州、淮南、信州鉛山場、韶州岑水場、無爲軍崑山場等地。〔註15〕礬係由國家開採及販賣，民間私販要治罪。太祖建隆三年三月時，監晉州催礬務、右諫議大夫劉熙古言：「幽州界有小盆礬，民多私販，望令禁止。」結果太祖下詔：「自今犯者嚴斷，募人告捉，給賞有差。」〔註16〕

雖然坑冶的監官，主要的任務就是開採山澤之利，以增加國家的財政收入。「然大率山澤之利有限，或暴發輒竭，或採取歲久，所得不償其費，而歲課不足。有司必責主者取盈。」〔註17〕可見坑冶監當官受到上級的壓力，必須達到「盈利」的目的。結果，坑冶監官在上級的壓力之下，採取的應對措施就是「令民承買」。由百姓撲買坑冶的開採權，而由官方抽成。《文獻通考》謂：「坑冶，國朝舊有之，官置場監；或民承買，以分數中賣於官。」〔註18〕神宗元豐七年（1084）時，當時坑冶「凡一百三十六所」，〔註19〕坑冶數目從

〔註13〕《宋會要輯稿・食貨》33～7～18。

〔註14〕《宋會要輯稿・食貨》33～7～18。又見於馬端臨《文獻通考》卷18〈征榷五〉，頁180上。

〔註15〕《宋會要輯稿・食貨》34～1a。

〔註16〕《宋會要輯稿・食貨》34～1a-b。

〔註17〕馬端臨《文獻通考》卷18〈征榷五〉，頁179下。

〔註18〕馬端臨《文獻通考》卷18〈征榷五〉，頁180中。

〔註19〕馬端臨《文獻通考》卷18〈征榷五〉，頁180上。

二百七十一驟減至一百三十六，即可能是許多坑冶都改為民間承買，以減低官府的開採成本。舉例言之，徽宗政和六年（1116），「詔承買坑冶歲計課息錢十分蠲一，以頻年無買者，欲優假之故也。」〔註20〕宣和元年，「石泉軍江溪砂磧麩金許民隨金脈淘採，立課額，或以分數取之。」〔註21〕但令民承買也有弊端，「承買者，立額重，或舊有今無而額不為損。」〔註22〕也就是說，百姓撲買坑冶，不但要繳納於官府的課額甚重，甚至當坑冶產量減少時，官方課額也未相對減少，使得撲買的百姓難以負擔。

坑冶場務所造成的另一個問題是影響差役的調配。在王安石變法推行免役法之前，宋代的差役（或稱職役），係按百姓戶等高下之不同而編派服役。一般來說，上等戶的差役較重，中下等戶則可免役。但是在設有坑冶場務的地區，則另設置「冶戶」，由上等戶來擔任服役。據包拯於慶曆八年（1048）上於仁宗的〈請罷同州韓城縣鐵冶務人戶奏〉一文中稱：「同州韓城縣鐵冶務，自來定占七百餘戶，內二百餘戶厚有物力，比見充里正人戶，并各高強，只以冶戶為名，經今五十餘年，影占州縣諸般差役。……冶務全占卻上等力役，及致下等人戶差役頻併，供應不前。」〔註23〕也就是說，上等戶都被調派去充當冶戶，而原來較繁重的差役（如衙前、里正）就只能由下等戶來充任，造成下等戶沈重的負擔。這是坑冶場務影響百姓生活的一例。

南宋初建，由於軍需孔急，因此大量增設坑冶場務，高宗紹興三十二年（1162）時，金銀銅鐵鉛錫的坑冶場務共有一千一百七十處，〔註24〕當時南宋的疆域比北宋減少了一半，但是在這半壁江山之上，坑冶場務數目卻是北宋的五倍左右（據前引《文獻通考·征榷五》的記載，北宋時期的金、銀、銅、鐵、鉛、錫、水銀、硃砂的坑冶共有271處），坑冶的濫設可見一斑。這些濫設的坑冶，是因為南宋高宗時期突然發現了許多新礦藏嗎？筆者認為恐怕不是。較為合理的推測，應該是當時由於軍費需求浩大，所以朝廷與地方官府大設坑冶採礦。許多本來沒有礦藏的地方，被官府指定開礦，然後官府將坑冶強迫令百姓承買。結果百姓傾舉家之資，買無用之地，而朝廷藉此以

〔註20〕　馬端臨《文獻通考》卷18〈征榷五〉，頁180中。

〔註21〕　馬端臨《文獻通考》卷18〈征榷五〉，頁180中。

〔註22〕　馬端臨《文獻通考》卷18〈征榷五〉，頁180中。

〔註23〕　包拯〈請罷同州韓城縣鐵冶務人戶奏〉，收於《全宋文》（成都：巴蜀書社）第13冊，頁391。

〔註24〕　《宋會要輯稿·食貨》34～36a。

聚斂財賦。這應該是對南宋初坑冶數目暴增的現象，較為合理的解釋。〔註25〕

　　到了孝宗乾道二年，許多濫設的坑冶場務紛紛遭到裁廢。湖南、廣東、江東、江西等路的金冶原有二百六十七處，廢者一百四十二。湖南、廣東、福建、浙江、廣西、江東、江西等路的銀冶原有一百七十四處，廢者八十四。潼川、湖南、利州、廣東、浙東、廣西、江東、江西、福建等路的銅冶原有一百零九處，廢者四十五；銅產舊額七百零五萬七千二百六十斤，乾道時歲入僅剩二十六萬三千一百六十斤。淮西、夔州、成都、利州、廣東、福建、浙東、廣西、江東、江西等路的鐵冶，原有六百三十八處，廢者二百五十一；鐵產量由舊額每年二百一十六萬二千一百四十斤，減少為八十八萬三百斤。淮西、湖南、廣東、福建、浙東、江西等路的鉛冶，原有五十二處，廢者十五處；鉛產量由舊額三百二十一萬三千六百二十斤，驟減為一十九萬一千二百四十斤。湖南、廣東、江西等路的錫冶原有一百一十八處，廢者四十四處；錫產量由舊額七十六萬一千二百斤，驟減為二萬零四百五十斤。〔註26〕總計各類坑冶數目，乾道二年時只剩下了 777 處。仍為北宋 271 處的三倍左右。但是，各類坑冶的實際產量與北宋元豐元年的產量相較，南宋卻遠遠不如北宋。銅產量由一千四百六十萬五千九百六十九斤減少為二十六萬三千一百六十斤；鐵產量由五百五十萬一千九十七斤減少為八十八萬零三百斤；鉛產量由九百一十九萬七千三百三十五斤減少為十九萬一千二百四十斤；錫產量由二百三十二萬一千八百九十八斤減少為二萬零四百五十斤。可見南宋坑冶的產量低落。由於坑冶產量低落，朝廷設監置官自行開採，不合成本效益，因此更傾向由百姓承買。對此現象，馬端臨評論道：

> 夫以天地之間，顯畀坑冶，而屬吏貪殘，積成蠹弊。諸處檢踏官吏，
> 大為民害。有力之家，悉務辭遜。遂至坑源廢絕，礦條湮閉。間有
> 出備工本為官開浚元佃之家，方施工用財，未享其利，而譴徒誣脅，
> 甚至黥配估籍，冤無所訴。此坑冶所以失陷也。〔註27〕

〔註25〕筆者之所以做這樣的推測，是因為明代也有類似的情事發生。明萬曆年間，
　　　　神宗皇帝曾派遣宦官充任礦使、稅使，至全國各地開礦以取利。礦使、稅使
　　　　所到之處，假開礦之名以勒索錢財，官吏百姓飽受其剝削，甚至因此而引其
　　　　民變、兵變。參考谷應泰《明史紀事本末》（台北：三民書局，民國 45 年初
　　　　版）卷 65〈礦稅之弊〉。
〔註26〕《宋會要輯稿‧食貨》34～36a-b。
〔註27〕馬端臨《文獻通考》卷 18〈征榷五〉，頁 181 上。

可見撲買坑冶的百姓，結果敗家喪身者，所在多有。因此有力之家不願撲買坑冶，使得坑冶的開採受到了甚大的影響，最後造成「坑源廢絕，礦條湮閉」的局面。

三、作　院

宋代在許多地方上的府、州、軍之中，設有「作院」。作院負責製造兵器。例如，南宋人李心傳在《建炎以來朝野雜記》之中曾經記載了四川的作院：

> 自休兵後，有旨：成都、潼川、遂寧府、嘉、邛、資、渠州七作院，日造甲。興元府、興、閬、城州、九安軍、仙人關六作院，日造神臂弓、甲、皮甦。器械山積，今並屬總領所，謂之有軍庫焉。弓弩多至數十萬，箭數百萬隻。〔註 28〕

可見作院的工作是在製造軍器。宋代作院所生產的兵器，似常有品質上的問題。北宋時，胡瑗曾擔任某處作院的監官，到官三日，問老吏製作之利害。吏告之曰：「器不精良，由百工皆督其課程，趣赴期會，每苟簡於事，備數而已。今欲革此弊，莫若使工各盡其能、竭其力，每事必求精緻，仍不使之懈惰，然後計其成而定以日力名數可也。」〔註 29〕可見當時各州作院的工匠，經常為了在期限內達到生產數量的要求，因此無法對軍器的品質細求精緻。李覯也批評地方作院生產的軍器品質不良，難以應敵。李覯說道：

> 惟今郡國之貢兵器果何如哉？聚工而作，卒歲後已，未嘗試也。連輿而出，方舟而上，無不受也。簡閱不明，則精粗不別。精粗不別，則制作必濫。制作濫，則工不必巧，材不必美，況天時乎？況地氣乎？加以師興之際，卒然求取，斬木以爲弩，伐竹以爲箭，或取非其時，或產非其地，備數而止，行濫固多。暴之日則焦，濡之雨則朽，以之應敵，不知其可。矧新甲之制，出於一切，次紙爲札，索麻爲縷，費則省矣，久將奈何？凡此之類，皆有識之所聞見也。至於郡國兵庫，或久不啓。戰守之具，未嘗修飾。事至而慮，亦非智者所能也。〔註 30〕

〔註 28〕李心傳《建炎以來朝野雜記》（光緒七年函海叢書本，台北：宏業書局影印，民國 61 年）甲集，卷 18〈四川作院〉，頁 37a。

〔註 29〕《古今合璧事類備要》卷 81，〈總監當・作院〉，頁 4a。

〔註 30〕李覯《李覯集》（台北：漢京文化，民國 72 年）卷 17，〈強兵策第五〉，頁 159。

從李覯的的批評之中，我們可以了解，宋代的兵器大多由地方的作院所生產，而其生產經常是重量不重質。因此，宋代養兵雖多而軍隊戰力不強，武器的窳陋是重要的原因之一。

四、其 他

　　除了錢監、坑冶與作院之外，宋代在地方上還有其他從事生產製造工作的監當機構。例如「造船場」即派有監當官來管理。據苗書梅〈墓誌銘在宋代官制研究中的價值──以北宋元豐改制以前的監當官為例〉一文指出：北宋時期，官府在虔、吉、撫、明、溫、臺、楚、鼎、嘉、潭、福、泉、漳、婺、蘇、潤、鳳翔府等州府設有造船場，太宗時期每年各地的造船額有 3337 艘，真宗末年減至 2900 餘艘。苗書梅並從《全宋文》中的記載中找出了「監楚州船場」的例子。〔註31〕

　　造船場之外，宋代亦設有「採石場」，苗書梅也據《全宋文》中的例子，指出宋代在採石場亦設有監當官，例如北宋時的李樞即曾「監鄭州賈盲山採石場」。〔註32〕可見宋代地方監當機構中負責生產製造者，包括了錢監、坑冶、作院以及船場、採石場等等，其設置的種類與數量當為不少。這些生產製造機構，為宋代官府創造了許多財富，並生產了許多官府所需的物資器用。這是地方生產製造機構的重要貢獻。

第二節　倉儲出納管理機構

一、監 倉

　　宋代在地方各級政府皆設有倉庫，以儲藏百姓繳納的稅糧。太宗時有「惠民倉」，淳化五年（994）十月時，「令諸州惠民倉故穀遇糶，稍貴即減價糶與貧民，人不過一斛。」〔註33〕可見惠民倉有糶糴米糧、平抑物價的作用。真

〔註31〕參見苗書梅〈墓誌銘在宋代官制研究中的價值〉，此文為「宋代墓誌史料的文本分析與實證運用國際學術研討會」（台北：東吳大學，2003 年 10 月 18、19 日）發表之論文，頁 3。引用《全宋文》第 33 冊，王安石〈右侍禁周君墓誌銘〉，頁 187。

〔註32〕參見苗書梅〈墓誌銘在宋代官制研究中的價值〉，頁 3。引用《全宋文》第 31 冊，蘇頌〈皇城使李公神道碑銘〉，頁 413～415。

〔註33〕《宋會要輯稿・食貨》53～19a-b。

宗景德三年（1006）正月，依官員奏請在諸路設置「常平倉」：

> 於京東西、河北、河東、陝西、淮南、江南、兩浙各置「常平倉」，
> 惟沿邊州郡則不置。以逐州戶口多少，量留上供錢一二萬貫，小州或
> 三二十貫，赴司農寺係帳，三司不問出入，委轉運司并本州選幕職州
> 縣官清幹者一員專掌其事。每歲夏加錢收糴，遇貴減價出糶。凡收糴
> 比市價量增三五文，出糶減價亦如之，所減仍不得過本錢。以三年爲
> 界，所收錢穀羨利止委本寺專掌，三司及轉運司不得支撥。〔註34〕

大中祥符六年（1013），並以開封、祥符兩縣常平倉併爲「在京常平倉」。〔註35〕
天禧四年（1020）八月，又詔：「益梓利夔州、荊湖南北、廣南東西路並置常平
倉。」〔註36〕至此全國各地皆廣泛設置常平倉。

　　常平倉的功用，在於糴糶米糧，以平抑米價。亦即發生災荒時，須以平
價出米，以免商人哄抬米價。天禧元年（1017）二月規定：「災傷州軍常平倉
斛斗減價出糶，止以元糴價爲準。」〔註37〕而常平倉所收米糧的多寡，眞宗
天禧二年（1018）有所規定：「諸州常平倉斛斗，其不滿萬戶處，許糴萬碩；
萬戶已上不滿二萬戶，糴二萬碩；二萬戶以上不滿三萬戶，糴三萬碩；三萬
戶以上不滿四萬戶，糴四萬碩；四萬戶以上糴五萬碩。」〔註38〕

　　常平倉爲各州的倉儲，至於各州之下的縣，則有「義倉」的設置。太祖
建隆年間曾下詔：「宜令諸州於所屬縣各置義倉。自今官中所收二稅，每碩（石）
別輸一斗，貯之以備凶歉，給與民人。」〔註39〕但推行似未普遍。仁宗慶曆
元年（1041）九月，依判三司戶部勾院王琪之議，下詔「天下立義倉」。其方
法爲：「自第五等戶以上，於夏秋正稅外，別納一斗，隨常賦以入。」〔註40〕
可見義倉的制度與常平倉不同，常平倉是各州「量留上供錢」，也就是從一般
的夏秋兩稅中截留；義倉則是「夏秋正稅外，別納一斗」，變成一種額外的附
加稅。然而當時實施五等戶制，「第五等戶以上」應爲「第三等戶以上」之誤。
仁宗於慶曆二年（1042）正月的詔令中亦謂：「天下新置義倉，止令上三等戶

〔註34〕《宋會要輯稿・食貨》53～6a。
〔註35〕《宋會要輯稿・食貨》53～6b。
〔註36〕《宋會要輯稿・食貨》53～7a。
〔註37〕《宋會要輯稿・食貨》53～6b。
〔註38〕《宋會要輯稿・食貨》53～6b～7a。
〔註39〕《宋會要輯稿・食貨》53～19a。時間作「建隆四年三月」，然建隆年號無四
　　　　年，記載有誤。
〔註40〕《宋會要輯稿・食貨》62～18b。

輸之。」〔註41〕神宗元豐時，「義倉之法，今率之以二石而輸一斗，至為輕矣。」〔註42〕交納的數額（兩石輸一斗）較太祖時的規定（每石輸一斗）減半。

常平倉、義倉之外，又有「廣惠倉」。仁宗嘉祐四年（1059）二月曾有詔：「三京諸路州軍自今年終，應係戶絕納官田土未出賣者，並撥隸廣惠倉。」又詔：「以天下廣惠倉隸司農寺，逐州選幕職、曹官各一員專監。每歲十月，別差官檢視老弱疾病不能自給之人，籍定姓名。自次月一日給米一升，幼者半之，三日一給，至明年二月。尚有餘，即量諸縣大小而均給之。」〔註43〕可見廣惠倉的收入來源，是戶絕而沒入官府的官田（可能是僱民佃耕）。而廣惠倉設置的目的是為了救濟老弱疾病之人，並且各州派有官吏專監。廣惠倉收儲米糧的數量也有規定：「十萬戶已上留一萬碩，七萬戶八千碩，五萬戶六千碩，三萬戶四千碩，二萬戶三千碩，萬戶二千碩，不滿萬戶一千碩。有餘則許糶之。」〔註44〕

對於常平等倉的管理，仁宗景祐元年（1034）七月依臣僚建議：「司農寺、轉運司選差幕職州縣官或京朝官，兼監常平倉。」〔註45〕可見常平倉的監官大多為地方官所兼管，設置專職監官者可能並不多見。由於倉庫為朝廷財富之所聚，故太宗時即要求：「諸路轉運使及諸州長吏，專切督察知倉官吏等，依時省視倉粟，勿致毀敗。」〔註46〕常平倉中的米糧，「若經兩年即支作軍糧，以新者給還。」〔註47〕使倉中儲米得以經常出陳米而納新米。對於倉中所貯錢物，仁宗天聖七年（1029）九月曾規定：諸處倉場所收頭子錢，一半納官，「其餘並於倉場內置櫃封鎖，凡有支破，監官與知州、通判同上文曆，其縣鎮逐旋具支破數目申州，候納罷日磨勘具帳申奏。」〔註48〕動支使用也有嚴格規定。

但是宋代常平倉的管理也出現許多弊端。如「外處官吏人不能平準物價，但務多積以為勞效」。〔註49〕慶曆六年（1046）時，更發現四川常平倉

〔註41〕《宋會要輯稿・食貨》62～20b。
〔註42〕《宋會要輯稿・食貨》62～22a。
〔註43〕《宋會要輯稿・食貨》53～34a。
〔註44〕《宋會要輯稿・食貨》53～34a。
〔註45〕《宋會要輯稿・食貨》53～7a-b。
〔註46〕李燾《續資治通鑑長編》卷26～3b，雍熙二年七月庚申。
〔註47〕《宋會要輯稿・食貨》53～6b。
〔註48〕《宋會要輯稿・食貨》54～4a。
〔註49〕《宋會要輯稿・食貨》53～7a。仁宗天聖二年十一月，都官員外郎劉厚載言。

強迫向百姓收買糴米，「州縣收糴，多是約攔入場，或分配人戶，遂致物價踴貴，人民艱食。遂令司農寺下益梓利三路州軍罷常平倉。」〔註50〕常平倉所儲存的錢糧也經常為各級官府所挪用，仁宗於嘉祐四年七月曾下詔：「天下常平倉多所移用，而不足以支凶年。其令內藏庫與三司共支錢一百萬下諸路助糴糶之。」〔註51〕

　　另一方面，常平倉的米糧，原本是地方官府取上供錢（百姓所納兩稅）之一部分作為糴米本錢，後來官府會計時，將糴米錢從兩稅中獨立出來，單獨成為一種稅目：「常平錢」。百姓卻是在兩稅之外，另外繳納常平錢，變相增加了百姓的負擔。例如熙寧九年（1076）十二月，詔「開封府諸縣人戶見欠今年秋科常平錢斛并緩急錢米，除官戶外，並與展限至來年，隨秋科送納。」〔註52〕百姓所納，除米糧之外亦可納錢。南宋高宗紹興二年時依臣僚奏請：「常平租課願納價錢者聽，此紹聖成法也。」〔註53〕可見在北宋哲宗紹聖時期，常平錢不但已經「賦稅化」，而且可以將米糧折納現錢。大失太宗設惠民倉、真宗初設常平倉時「糴糶米糧，平抑米價」的用意。

　　此外，在沿邊州軍，並不設置常平倉，而是設置「折中倉」或「折博倉」。太宗端拱二年（989）設置「折中倉」，當時係「許商人輸粟，優其價，令執券抵江淮，給其茶鹽。……尋以歲旱中止。」至淳化二年，又改置「折博倉」。〔註54〕這是利用茶鹽的貿易權，利誘商人輸粟實邊。商人所輸之米糧，即於折中倉或折博倉中儲存，以備軍需之用。

二、庫　務

　　地方各路府州所徵收之兩稅及其他課利錢，除上供於中央之外，大部分存留於各府州之「軍資庫」與「公使庫」。公使庫見本章第四節官營商業機構。這裡先討論軍資庫。

　　軍資庫為地方官府收貯錢財的財庫，設有監軍資庫官主其事。但是動支軍資庫中的錢財，則是地方官（如知府、知州）的權力。馬端臨《文獻通考》亦謂：「（財賦）其留州郡者，軍資庫、公使庫係省錢物，長吏得以擅收支之

〔註50〕《宋會要輯稿・食貨》53～7b。
〔註51〕《宋會要輯稿・食貨》53～8a。
〔註52〕《宋會要輯稿・食貨》53～11b。
〔註53〕《宋會要輯稿・食貨》53～22b。
〔註54〕《宋會要輯稿・食貨》53～36a。

柄。」〔註55〕可見地方長吏（知府、知州等）有權動用軍資庫中的錢財。但是，軍資庫錢財的動用必須受到上級的監督。軍資庫中的錢財的支用情形，各地方官吏需要呈報中央的三司或戶部，並且受到各路轉運使的考核與監督。南宋李心傳即說：「諸州軍資庫者，歲用省計也。」〔註56〕由於軍資庫的錢財須經由三司（戶部）與轉運使的「省計」，因此軍資庫又有「省庫」之名。例如太祖開寶四年（971）正月規定：地方路府州縣買撲場院所徵收之緡錢，必須交由「省庫」收儲。「自今所收課利錢，旋赴『省庫』送納。不得積留，擅將出放。違者當除籍及決杖配隸。告者賞之。」〔註57〕

南宋時期，各地的軍資庫仍然是地方政府財賦的聚積之處。高宗建炎三年（1129）九月下詔：「諸路漕司差官根刷到諸路物錢，見於別庫寄收，并以後州縣起到錢物，並須管依法於軍資庫椿收。如違，及不經勘旁支給，官竄嶺南，人吏決配。並不以官降原免。」〔註58〕紹興十二年（1142）又有臣僚請求：「州縣諸司所入一金以上，盡入軍資庫收掌。要使取之於民者，悉歸於官；官之用悉應於法，則雖不加賦而用自足。」〔註59〕可見軍資庫為地方財賦積聚之處。學者汪聖鐸先生在《兩宋財政史》一書中曾指出：地方官府的各種用度開支，如州郡官吏軍兵的俸祿、購買土貢品之支費、贍學支費、宗室養贍支費、造軍器支費、造漕船支費等，皆由軍資庫支出。〔註60〕除軍資庫之外，南宋時轉運使亦在各府州擇要處設置「大軍庫」，〔註61〕以提供軍隊開支所需。

三、糧料院

宋代在京師設有諸司、諸軍糧料院，負責中央文武官員俸祿的發放。而在地方官府，各州亦設置有糧料院，負責發放各州官員的俸祿。

各州的糧料院，亦以監當官管理之。例如趙抃曾經監潭州糧料院，「出納不限時日，概量平，人便之。」〔註62〕對於州糧料院監當官的選任，也有資格上的限制。例如仁宗天聖二年（1024）八月規定：「今後勾當真、楚、泗州

〔註55〕馬端臨《文獻通考》卷 19〈征榷六〉，頁 191 上。
〔註56〕李心傳《建炎以來朝野雜記》甲集，卷 17〈諸州軍資庫〉，頁 17a。
〔註57〕《宋會要輯稿・食貨》52～34b。
〔註58〕《宋會要輯稿・食貨》52～32a-b。
〔註59〕《宋會要輯稿・食貨》52～32b。
〔註60〕參見汪聖鐸《兩宋財政史》（北京：中華書局，1995 年），頁 533～534。
〔註61〕《宋會要輯稿・食貨》52～8a～9b。
〔註62〕《古今合璧事類備要》卷 81〈總監當・州糧料院〉，頁 1b。

糧料院，須是選差曾經歷任、諳會錢穀京朝官充。」〔註63〕也就是要以有財政管理、會計經驗的監當官來擔任。

南宋時，設置淮東、淮西、湖廣、四川四總領所，在總領所之下設有「分差糧料院」。在淮東鎮江府設置「分差鎮江府諸軍司糧料院」，淮西建康府設置「分差建康府諸軍糧料院」，在荊湖的鄂州設置「鄂州戶部糧料院」，在四川分設「總領四川財賦軍馬錢糧所幹辦行在分差戶部利州糧料院」、「總領四川財賦軍馬錢糧所幹辦行在分差戶部魚關糧料院」，分隸各總領所，負責總領所轄下文武官吏軍士俸祿的發放。各分差糧料院皆設置監官，由於責任重大，孝宗淳熙二年（1175）二月戶部申明：「（分差糧料院監官）差注通判資序人以上人。」〔註64〕也就是說，分差糧料院的監官必須具備擔任通判的資格。

第三節　地方稅務機構

一、監　稅

指監收商稅的監當官。「凡州縣皆置務，關鎮亦或有之，大則專置官監臨，小則令佐兼領，諸州仍令都監、監押同掌。行者齎貨，謂之『過稅』，每千錢算二十。居者市鬻，謂之『住稅』，每千錢算三十，大約如此。然無定制，其名物各隨地宜而不一焉。」〔註65〕太宗淳化五年（994）五月，曾下詔：

> 國家算及商賈，以抑末游，既以防民，克助經費。而當職之吏，恣為煩苛，規餘羨以市恩寵，細碎必取，掊克斯甚，交易不行，異夫通商惠工之旨也。自今除商旅貨幣外，其販夫販婦細碎交易，並不得收其算。當算之物，令有司件析，頒行天下，揭於板榜，置官宇之屋壁，以遵守焉。國朝之制，錢帛、什器、香藥、寶貨、羊豕、民間典賣莊田、店宅、馬牛驢騾橐駝及商人販茶，皆算。有敢藏匿物貨，為官司所捕獲，沒其三分之一，仍以其半與捕者。〔註66〕

一方面約束稅務監當官，不得向百姓商人苛取商稅，收稅之物必須條列張貼

〔註63〕《宋會要輯稿・職官》5〜66a。
〔註64〕《宋會要輯稿・職官》27〜59b〜60a。
〔註65〕《宋史》卷186〈食貨下八・商稅〉，頁4541。
〔註66〕《宋會要輯稿・食貨》17〜13a-b。

於官廳牆壁之上，使商民共知；另一方面也規定對於逃漏稅的商人，要沒其貨物三分之一。

北宋時期的商稅場務，各州收入的多寡皆訂有歲額。按歲額多寡來區分，神宗熙寧十年（1077）以前諸州（府、軍、監）商稅收入與場務數字如下表2－2所示：

表2－2：北宋熙寧十年以前天下諸州商稅歲額

等　級	各　地　場　務　數	小　計
四十萬貫以上	東京、成都（二十一務）、興元（三務）。	共計 24 務，東京不計
二十萬貫以上	蜀（九務）、彭（八務）、永康（五務）、梓（二務）、遂（二務）。	共計 26 務
十萬貫以上	開封（二十三務）、壽（八務）、杭（十二務）、眉（二務）、綿（二務）、漢（二務）、嘉（八務）、邛（十九務）、簡（四務）、果（一務）、戎（三務）、瀘（六務）、合（一務）、懷安（三務）、利（三務）、閬（一務）、劍（七務）、三泉縣（二務）、夔（二務）。	共計 109 務
五萬貫以上	西京（二十六務）、北京（十四務）、徐（七務）、鄆（十二務）、邵（三務）、穎（十一務）、滄（二十二務）、博（十四務）、棣（十一務）、秦（六務）、德（十三務）、京兆（十二務）、楚（八務）、眞（五務）、廬（六務）、成（五務）、揚（七務）、蘄（八務）、無爲（八務）、資（一務）、高郵（八務）、蘇（五務）、普（一務）、昌（三十八務）、洋（八務）、興（二務）、大寧監（一務）、達（一務）、施（五務）、涪（六務）。	共計 274 務
五萬貫以下	南京（九務）、青（十務）、齊（十務）、沂（五務）、兗（九務）、淮陽（二務）、濟（六務）、單（五務）、濮（八務）、襄（八務）、鄧（七務）、許（十務）、蔡（十六務）、陳（六務）、滑（一務）、澶（十務）、瀛（七務）、濱（六務）、恩（六務）、鳳（四務）、永靜軍（九務）、眞定（十五務）、河中（十一務）、陝（六務）、并（九務）、延（十六務）、鳳翔（十五務）、亳（十一務）、舒（十九務）、宿（九務）、光（七務）、黃（九務）、湖（十務）、婺（八務）、秀（七務）、信（八務）、洪（十一務）、吉（七務）、潭（七務）、榮（一務）、雅（十一務）、廣安（三務）、富順監（一務）、巴（五務）、蓬（一務）、雲安（二務）、福（十二務）、黔（七務）、忠（二務）、萬（六務）、渝（三務）。	共計 393 務
三萬貫以下者	密（六務）、登（四務）、萊（四務）、濰（三務）、曹（四務）、淄（十一務）、鄆（二務）、唐（五務）、孟（七務）、汝（十務）、鄭（九務）、冀（七務）、雄（一務）、相（七務）、邢（七務）、定（十七務）、懷（八務）、衛（八務）、洺（九務）、深（五務）、磁（十一務）、趙（六務）、保（一務）、永寧（一務）、華（八務）、通利（三務）、同（十一務）、耀（九務）、邠（四務）、解（五務）、慶（十一務）、商（四務）、寧（六務）、環（六務）、澤（五務）、隴（八務）、渭（十八務）、階（二務）、德順（一	共計 591 務

	務）、乾（八務）、通遠（一務）、潞（六務）、晉（六務）、絳（六務）、汾（五務）、海（四務）、泰（七務）、泗（七務）、滁（四務）、和（六務）、濠（四務）、漣水（二務）、越（九務）、潤（六務）、明（五務）、常（五務）、溫（六務）、臺（八務）、處（七務）、衢（八務）、睦（六務）、江寧（五務）、宣（九務）、歙（六務）、江（六務）、池（十一務）、饒（六務）、太平（八務）、南康（七務）、虔（六務）、廣德（二務）、袁（九務）、興國（二務）、臨江（五務）、衡（一務）、江陵（十四務）、鄂（八務）、安（五務）、岳（十一務）、黎（一務）、漢陽（三務）、荊門（二務）、文（六務）、龍（二務）、集（七務）、璧（一務）、南劍（十一務）、開（一務）、建（七務）、泉（九務）、汀（八務）、漳（十務）、廣（十四務）、昌化（三務）、潮（五務）。	
一萬貫以下者	隨（三務）、金（十七務）、均（三務）、信陽（二務）、莫（三務）、霸（三務）、乾寧（一務）、信安（一務）、鹿（五務）、虢（四務）、坊（四務）、岷（三務）、原（六務）、儀（四務）、府（二務）、代（十九務）、隰（九務）、忻（一務）、石（六務）、遼（五務）、威勝（五務）、平定（四務）、南安（三務）、建昌（二務）、通（二務）、桂陽（二務）、鼎（四務）、澧（四務）、陵井監（四務）、峽（五務）、梁山（一務）、邵武（三務）、康（十六務）、南雄（六務）、英（八務）。	共計 170 務
五千貫以下者	廣濟（一務）、房（一務）、保安（一務）、安肅（一務）、丹（四務）、廣信（一務）、順安（二務）、保安（三十務）、鎮戎（六務）、熙（一務）、慶成（二務）、鹿（一務）、憲（一務）、嵐（三務）、慈（二務）、寧化（一務）、火山（一務）、岢嵐（一務）、保德（一務）、撫（二務）、大通監（二務）、江陰（三務）、筠（三務）、永（三務）、郴（一務）、邵（三務）、全（二務）、歸（一務）、辰（一務）、沅（四務）、復（二務）、茂（一務）、南平（三務）、興化（八務）、循（四務）、韶（三務）、連（四務）、賀（二十一務）、封（三務）、端（一務）、新（一務）、南恩（一務）、惠（四務）、梅（二務）、春（九務）、桂（十四務）、容（五務）、邕（一務）、象（七務）、融（一務）、昭（十二務）、梧（一務）、藤（一務）、龔（一務）、潯（三務）、貴（十一務）、柳（九務）、宜（五務）、賓（四務）、橫（三務）、化（五務）、高（六務）、雷（二務）、白（一務）、欽（一務）、鬱林（一務）、萬安（一務）、珠崖（一務）、廉（五務）、瓊（一務）、蒙（一務）、竇（二務）、南儀（一務）。	共計 259 務
	總計：商稅場務共 1846 處	

資料來源：馬端臨《文獻通考・征榷考一》，頁 145 下～146 中。

　　商稅場務設置之廣，商稅收入之多，由上表可以概見。其中四川各州看起來似乎商稅收入的歲額甚高，但是「四蜀所納皆鐵錢，十纔及銅錢之一，則數目雖多，而所取亦未為甚重。」〔註 67〕這是在分析上表時應注意的。此

〔註67〕《文獻通考》卷 14〈征榷一〉，頁 146 下。

外，據大陸學者陳高華〈北宋商稅補缺〉（收於《中國史研究》1987年第4期）一文，則指出北宋前期官設稅務有1857處，熙寧十年增至2011處。〔註68〕實際上，隨著北宋經濟的發展，商稅場務也隨之不斷增設，故商稅場務的數字是經常變動的。

同時，各務的商稅歲額也會不斷調整。徽宗崇寧五年（1106）有詔：「令戶部取索天下稅務自今日以前五年內所收稅錢並名件歷，差官看詳參酌稅物名件、稅錢多寡，立為中制，頒下諸路，造為板榜，十年一易，永遠遵守。外輒增名額及多收稅錢，並以違制論。」〔註69〕可見各場務的歲額數目是由戶部所規定的。

為了防止商人逃漏稅，稅務監官必須對商人的貨物進行檢查。仁宗天聖元年（1023）七月，規定陝西鳳翔府的監稅官對經過當地的川陝綱運貨物，每十擔許抽檢一、兩擔，「如有影帶匹帛，即盡底點檢勘罪。」〔註70〕天聖元年十月又規定沿江、沿河州軍商稅務，「應綱運經過，畫時點檢發遣，不得住滯。」〔註71〕這是為了防止檢查時間過長，影響商人的權益，故命令監當官對商人貨物的檢查要訂下時限。

對於已納商稅的貨品，監當官則加蓋印記，或在「引杖」上刻上記號，以為證明。仁宗時，「內出蜀羅一端，為印朱所漬者數重。因詔天下稅務，毋輒污壞商人物帛。」〔註72〕這是監稅官於抽稅後在布帛上加蓋印記之例。南宋時，《慶元條法事類》卷三十六〈商稅‧廄庫敕〉規定：「諸客販茶貨經由稅場，監官不躬親檢察者，杖一百。」要求監當官對商旅貨物親自檢查。「諸客販解鹽往通商州縣，經過稅務不將『引杖』批鑿者，杖六十，許人告。」〔註73〕可見監當官有檢查商旅、抽取商稅的責任，商人則有繳納商稅的義務，違犯者皆要受罰。

雖然如此，商人為了逃漏稅，詭計百出，如何識破就要看監當官的本事了。薛向擔任監當官時，「有商胡齎銀二篋，出樞密使王德用書，云以與其弟。向適監稅，疑之曰：『大臣寄家問而誘胡人者？』鞫之，果妄。」〔註74〕

〔註68〕陳高華〈北宋商稅補缺〉收於《中國史研究》1987年第4期。
〔註69〕《宋會要輯稿‧食貨》17～28b。
〔註70〕《宋會要輯稿‧食貨》17～18b。
〔註71〕《宋會要輯稿‧食貨》17～19a。
〔註72〕《宋史》卷186〈食貨下八‧商稅〉，頁4543。
〔註73〕《慶元條法事類》（北京：中國書店，1990年）卷三十六，頁13b。
〔註74〕《宋史》卷328〈薛向傳〉，頁10585。

　　由於商業的發達而導致地方日益繁榮，則朝廷會選擇繁榮富庶之地，設置監稅官，以增加收入。而對於一些收入太少的稅務，朝廷也會下令裁減。例如，南宋高宗紹興二十三年（1153）十二月丁巳即有詔：「州縣稅額少者，罷其監官。」〔註75〕

　　有時監稅官會在規定的稅目之外，另加苛捐雜稅，以增加課利或中飽私囊。朝廷對此一作法也屢加禁止。眞宗大中祥符九年（1016）三月丙午，「除雷州無名商稅錢。」〔註76〕仁宗康定元年（1040）十一月也有詔令：

> 訪聞諸路州軍所收諸般課利，近日當職官吏頻有規畫增添名額，刻削名利，刻剝奉上，及搜檢稅物不依條例，妄作邀難，住滯商旅，冀爲績效，苟免責罰。且令州府軍監縣鎮關津，今後並依自來體例點檢，不得創增無名稅額及搜檢過往家屬。茶鹽酒麴諸般課利，並循舊規，不得妄有規畫增添。〔註77〕

可見監當官爲了「冀爲績效」，會出現濫收商稅的非法行爲。而這種行爲，只能依靠朝廷不斷的三令五申，以及地方官的監督檢察，才能將弊端降到最低。

二、監　鎮

　　監鎮官，掌一鎮「巡邏、竊盜及火禁之事，兼征稅榷酤則掌其出納會計。鎮寨凡杖罪以上並解本縣，餘聽決遣。」〔註78〕鎮本爲一縣之中市集薈萃之地，監鎮官原與監稅官的性質相近，但鎮漸漸變成縣以下的行政區劃，監鎮官亦漸漸掌有「杖罪以下」的司法權，是兼具監當與親民性質的特殊官職。

　　「鎮」在唐代原爲邊防之軍事單位，「唐初，兵之戍邊者，大曰軍，小曰守捉，曰城，曰鎮。」〔註79〕唐代安史之亂之後，形成了藩鎮割據的局面。「鎮」的功能也有所變化。根據日本學者日野開三郎〈五代鎮將考〉一文指出：當時藩鎮把軍隊分派到包括州縣官所在地在內的都邑、關津、險要等軍政據點長期駐守，並以自己的心腹將校任各軍的統帥，各軍稱爲外鎮或巡鎮，統帥稱爲「鎮將」（鎮過將、鎮過使、鎮使）。藩鎮在使鎮將負責管區內的治安防衛工作的同時，還使他們監視地方官吏的行動。鎮將的職權，有巡察捕盜權、

〔註75〕《宋史》卷31〈高宗紀八〉，頁578。
〔註76〕《宋史》卷8〈眞宗紀三〉，頁159。
〔註77〕《宋會要輯稿·食貨》17～24a。
〔註78〕《文獻通考》卷63〈職官十七〉，頁574上。
〔註79〕馬端臨《文獻通考》卷151，〈兵三〉，頁1321下。

獄訟裁判權、徵科稅役權等。這種藩鎮透過鎮將干涉、控制地方的情形，雖然在唐憲宗元和十四年（819）四月，曾在橫海軍節度使烏重胤的提議之下，一度下令把鎮將改隸於各州。但晚唐至五代，這種藩鎮與鎮將的關係卻無實質上的改變。一直到宋太祖開寶三年五月戊申，太祖下詔：「諸州長吏，毋得遣僕從及親屬掌廂鎮局務。」〔註80〕太宗太平興國時又下詔：「申禁藩鎮補親吏爲鎮將。」〔註81〕藩鎮任命鎮將的陋習才完全消除，從此一鎮事務由朝廷派遣的監鎮官來執掌。〔註82〕

「鎮」原非行政中心，所以沒有城郭環繞。根據學者梁庚堯先生的研究：市鎮起源於定期聚集的市集或鄰近城郭的草市，隨著商業的發展而形成固定、長期的商業中心。市鎮散佈於鄉村之中，使商品流通更爲稠密。市鎮的人口少於城郭（千戶以上即爲大鎮），但因商業發達，故設有商稅務以徵收商稅（由監鎮官兼管）。若干市鎮徵收之商稅甚至超過了縣城。南宋的市鎮商業較北宋更爲發達，故新市鎮不斷出現，商稅收入亦增加數倍乃至數十倍。

以蘇州（平江府）的常熟縣爲例，北宋元豐年間，常熟縣治下有梅李、慶安、福山三鎮與練塘、支塘、甘草、塗崧四市。南宋紹興時增設許浦鎮，南宋末又增設直塘市與楊尖市。諸鎮皆置有商稅務，支塘市則有酒坊。

梁庚堯先生並指出：南宋的市鎮有三種類型：（1）生產型：由於某地附近盛產某種農產品或手工業產品，使得該地成爲某種產品的集散中心，如江西的景德鎮即爲陶瓷的集散地。（2）轉運型：位於水路要衝之地，如臨安府外的澉浦鎮、泉州的外港石井鎮，運河沿岸也有許多此類市鎮。一般來說，轉運型的市鎮經常是土著人口少而外來人口多。（3）消費型：如太平州的采石鎮，因駐軍多，消費力強，故成爲商旅聚集之地；又如常熟縣的福山鎮，有東嶽廟，爲信徒朝拜之地，也因此帶動商業的繁榮。〔註83〕

由於市鎮的日趨繁榮，一鎮的人口越來越多，事務也越來越繁忙，因此監鎮官之下，往往又增設其他監當官。例如南宋孝宗淳熙元年（1174）十二月，「詔紹興府諸暨縣楓橋鎮煙火公事專差文臣一員，其武官主管監稅一員仍

〔註80〕李燾《續資治通鑑長編》卷11～6a，開寶三年五月戊申。

〔註81〕李燾《續資治通鑑長編》卷18～1b，太平興國二年正月丙寅。

〔註82〕參見日野開三郎〈五代鎮將考〉，收於《日本學者研究中國史論著選譯·第五卷五代宋元》（北京：中華書局，1993年9月），頁72～104。

〔註83〕以上關於市鎮經濟功能的介紹，參見梁庚堯〈南宋的市鎮〉，收入氏著《宋代社會經濟史論集》（台北：允晨文化，民國86年），下冊。

舊。從守臣錢端禮請也。」〔註84〕

三、監　茶

（一）茶　場

北宋初，行榷茶法。茶葉必須官收官賣。宋初於淮南路「蘄、黃、廬、舒、光、壽六州，官自爲場，置吏總之，謂之山場者十三。六州採茶之民皆隸焉，謂之園戶。歲課作茶輸租，餘則官悉市之。其售於官者，皆先受錢而後入茶。」〔註85〕十三山場分別爲蘄州蘄春縣洗馬場、石橋場、蘄水縣王祺場，黃州麻城場，廬州舒城縣王同場，舒州羅源場、太湖場，光州光山場、商城場、子安場，壽州霍丘縣霍山場、麻步場、開順場。據學者朱重聖《北宋茶之生產與經營》一書指出，山場設置的時間先後不同，洗馬場置於乾德三年，石橋場設於開寶二年（969），霍山、麻步、開順三場置於太宗太平興國六年，王祺場置於淳化二年，其餘各場則設置年代不詳。〔註86〕

茶場園戶所生產的茶，除了部分做爲租稅繳納之外，其餘必須全部賣給茶場監當官，茶場監當官所收的茶葉，則運送到榷貨務賣給商人。「山場」之制，後來推行到東南各路。江南則宣、歙、江、池、饒、信、洪、撫、筠、袁十州，廣德、興國、臨江、建昌、南康五軍。兩浙則有杭、蘇、明、越、婺、處、溫、臺、湖、常、衢、睦十二州。荊湖則江陵府、潭、澧、鼎、鄂、岳、歸、峽七州，荊門軍。福建則建、劍二州。「歲如山場輸租折稅」。〔註87〕

《宋史》對於茶場（山場）有如下的記載：「茶場司事，州郡毋得越職聽治。又以茶價增減或不一，裁立中價，定歲入課額，及設酬賞以待官吏。而三路三十六場大小使臣並不限員。重園戶採造黃老秋茶葉之禁，犯者沒官。……茶場監官買茶精良及滿五千馱以及萬馱，第賞有差。而所買粗惡僞濫者，計虧坐贓論。」〔註88〕

（二）監茶稅

仁宗嘉祐四年，廢除榷茶法，改行通商法。原有的榷貨務及十三山場逐

〔註84〕《宋會要輯稿・職官》48～88b。
〔註85〕《宋史》卷183〈食貨下五・茶上〉，頁4477。
〔註86〕朱重聖《北宋茶之生產與經營》（台北：台灣學生書局，民國74年12月初版），頁265。
〔註87〕《宋史》卷183〈食貨下五・茶上〉，頁4477。
〔註88〕《宋史》卷184〈食貨下六・茶下〉，頁4499。

步罷廢，商人得以自由向園戶購買茶葉，官府向園戶徵收茶租，向商人徵收茶稅。〔註89〕當時各州縣設有「監茶鹽酒稅」官，除了徵收商稅與賣酒之外，向茶商徵收茶稅也是這些監官的工作項目之一。

不過通商法並非通行全國。仍有一些地區繼續實施榷茶法。例如呂陶則指出四川推行榷茶法的不當。呂陶向神宗說道：

> 川蜀產茶，視東南十不及一，諸路既皆通商，兩川獨蒙禁榷。茶園
> 本是稅地，均出賦租，自來斁賣以供衣食，蓋與解鹽、晉礬不同。
> 今立法太嚴，取息太重，遂使良民枉陷刑辟，非陛下仁民愛物之意
> 也。〔註90〕

可見神宗時四川地區仍然實行榷茶法。

（三）監合同場

徽宗時，蔡京主政，又將通商法改為榷茶法。崇寧元年（1102），「將荊湖江淮兩浙福建七路州軍所產茶依舊禁榷，選官置司提舉措置。並於產茶州縣隨處置場，官為收買。」〔註91〕重新設置山場。但到了崇寧四年，蔡京又下令「罷官置場，商旅並即所在州縣或京師請長、短引，自買於園戶。」〔註92〕又廢除了山場，讓商人在各地官府購買茶引後，用茶引與園戶交易。政和二年（1112），蔡京再度變更茶法，設置京師「都茶務」，販賣茶引給商人，商人再憑茶引在各州縣的「合同場」與園戶交易。〔註93〕

南宋初又行榷茶法，禁止商人與茶戶直接交易。至高宗建炎二年（1128），在四川推行茶馬之法，官買、官賣茶並罷。據李燾撰〈趙待制開墓誌銘〉記載：

> 時建炎二年秋也。於是大更茶馬之法，官買官賣茶並罷，參酌政和
> 二年東京都茶務所創條約，印給茶引，使茶商執引與茶戶自相交易。
> 改成都府舊買賣茶場為合同場買引所，仍於合同場置茶市，交易者
> 必由市，引與茶必相隨，茶戶十或十五共為一保，并籍定茶鋪姓名，

〔註89〕關於嘉祐四年推行的通商法，參見朱重聖《北宋茶之生產與經營》，頁319～324。

〔註90〕《宋史》卷346〈呂陶傳〉，頁10978～10979。

〔註91〕《宋會要輯稿·食貨》30～32a。

〔註92〕《文獻通考》卷18〈征榷五〉，頁176下。

〔註93〕關於徽宗時期推行的合同場法，參見朱重聖《北宋茶之生產與經營》，頁324～331；黃純豔《宋代茶法研究》（昆明：雲南大學出版社，2002年5月），頁110～117。

互察影帶販鬻者。凡買茶引，每一斤春茶爲錢七十，夏五十，舊所
輸市例頭子錢等並依舊。茶所過，每一斤征一錢，住，征一錢半，
無得妄增。其合同場監官除驗引、秤茶、封記、發放外，並無得干
預茶商、茶戶交易事。〔註94〕

也就是在四川推行蔡京政和二年的制度，規定茶戶必須在合同場賣茶，茶商
則需買茶引及交納「頭子錢」，才能買茶。官府只提供交易場所，並從中抽取
各種稅收、規費。

至於四川以外的地區，則重新推行「榷茶法」，建炎三年（1129），「置行
在都茶場，罷合同場十有八，惟洪、江、興國、潭、建各置場一，監官一。」
〔註95〕對北宋時留下的合同場進行了裁併。

由於宋代茶法的不斷更改，監當官的角色也不斷改變。從官收官賣的山
場監當官，到監收茶稅的監茶稅官，再到販賣茶引的合同場監官。

四、監 鹽

（一）監鹽場官

宋代的鹽產，大致可分爲二類。一爲「顆鹽」，或稱「種鹽」，產於解州，
「引池爲鹽，曰解州解縣、安邑兩池，墾地爲畦，引池水沃之，謂之『種鹽』，
水耗則鹽成。籍民戶爲『畦夫』，官廩給之。」〔註96〕二爲海鹽，或稱「末鹽」
產於東南沿海。「鬻海爲鹽，曰京東、河北、兩浙、淮南、福建、廣南，凡六
路。其鬻鹽之地曰『亭場』，民曰『亭戶』，或謂之『灶戶』，戶有鹽丁，歲課
入官受錢，或折租賦。」〔註97〕無論是畦夫或亭戶，都只能在官設的鹽場曬
鹽或煮鹽，所得之鹽爲官有，由官府專賣。宋代並於各鹽場（亭場）設置監
官管理畦夫、亭戶。例如，南宋高宗紹興元年時，「詔臨安府、秀州亭戶二稅，
依皇祐法輸鹽。立監官不察亭戶私煎及巡捕漏泄之法。」〔註98〕

（二）監鹽倉官

鹽在鹽場中製成後，運至全國各地官府販賣，運到之鹽儲存於各地的「都

〔註94〕 杜大珪《名臣碑傳琬琰集》（台北：文海出版社影印，民國58年）中集卷32，
頁869。
〔註95〕《宋史》卷184〈食貨下六・茶下〉，頁4508。
〔註96〕《宋史》卷181〈食貨下三・鹽上〉，頁4413。
〔註97〕《宋史》卷181〈食貨下三・鹽上〉，頁4426。
〔註98〕《宋史》卷182〈食貨下四・鹽中〉，頁4454。

鹽倉」中。都鹽倉亦設有監官管理之。例如，劉摯曾「監衡州鹽倉」，〔註99〕顧復幾曾擔任「監虔州都鹽倉」。〔註100〕由監鹽倉官負責發賣之事。

（三）監鹽稅官

宋代在一些區域內，可以由商人自行賣鹽，而由官府抽稅。太祖開寶三年四月規定：「河北諸州鹽法，並許（商人）通行，量收稅錢，每斤過稅一文，住賣二文。……仍於州府城內置場收稅，委本判官兼掌。」〔註101〕

其後由於宋朝在政策上希望商人運送米糧或金錢至北方邊境，或者運送金錢至京師榷貨務，因此採行「交引」（或稱「鹽鈔」）制度。讓商人「入中」。所謂「入中」制度始於太宗雍熙時：

> 雍熙後用兵，切於饋餉，多令商人入芻糧塞下，酌地之遠近而為其
> 直，取市價而厚增之，授以要券，謂之『交引』，至京師給以緡錢，
> 又移文江淮荊湖，給以茶及顆末鹽。〔註102〕

真宗時，「林特請依舊於京師入納見錢金帛，交引於解州取鹽，亦謂之『交引』。」〔註103〕仁宗慶曆八年又依范祥的建議：「舊鹽禁地一切通商，聽鹽入蜀，罷九州軍入中芻粟，令入實錢，償以鹽，視入錢州軍遠近及所指東西南鹽，第優其直。」〔註104〕將沿邊入芻粟改為入錢，並且擴大「通商」的範圍。

隨著「通商」的範圍越來越廣，「其通商之地，京西則蔡、襄、鄧、隨、唐、金、房、均、郢州，光化、信陽軍；陝西則鳳翔府、同、華、耀、乾、商、涇、原、邠、寧、儀、渭、鹿、坊、丹、延、環、慶、秦、隴、鳳、階、成州，保安、鎮戎軍；及澶州諸縣之在河北者。」〔註105〕對於商人在通商地區之內所販賣的鹽，宋朝在各地設有「監某州茶鹽酒稅」之類的監當官，負責向商人收稅。

雖然通商法在部分地區取代了官賣制度，但是官賣制度仍未完全取消。

〔註99〕劉摯《忠肅集》（文淵閣四庫全書本，台北：台灣商務印書館影印）卷一，〈謝監衡州鹽倉表〉，頁8a。
〔註100〕程俱《北山集》（文淵閣四庫全書本，台北：台灣商務印書館影印）卷32，〈通直郎湖州司刑曹事顧君墓志銘〉，頁14b。
〔註101〕《宋會要輯稿‧食貨》23～18b。
〔註102〕《宋史》卷183〈食貨下五‧茶上〉，頁4479。
〔註103〕章如愚《山堂先生群書考索》（明正德劉洪慎獨齋本，北京：中華書局影印，1992年）後集卷57〈茶鹽類〉，頁5a。
〔註104〕《宋史》卷181〈食貨下三‧鹽上〉，頁4417。
〔註105〕《宋史》卷181〈食貨下三‧鹽上〉，頁4414。

南宋時期，福建路與廣南西路的鹽法，仍然以官賣法爲主。〔註106〕

（四）監合同場

南宋紹興二年，趙開仿照茶合同場之制，在四川推行鹽合同場。梁庚堯先生曾引用李心傳《建炎以來朝野雜記》的記載：

> 紹興二年秋，趙應詳（按：即趙開）總計，使變鹽法盡榷之。倣蔡京東南、東北鈔鹽條約，置合同場以稽其出入。每斤納引錢二十五，土產稅及增添錢約九錢四分，所過稅錢七分，住稅一錢有半，每引別輸提勘錢六十，其後又增貼納等錢。……趙應詳立榷法也，令商人入錢請引，井戶但如額煮鹽，赴官輸土產稅而已。〔註107〕

合同場爲鹽戶賣鹽、官府收稅的交易場所，鹽商只能在合同場中買鹽，再憑合同場所批發的鹽引，運鹽至指定地點販賣。當時，「諸州縣鎮設有合同場，以招客販。」〔註108〕合同場法爲通商法之一種特殊形式。

五、監　渡

宋代在各河川的渡口，也設官收稅。太祖建隆元年三月下詔：「滄德淄齊鄆等州界，有古黃河及原河、文河，因水潦置渡收算，凡三十九處。及水涸爲橋，亦算行者，名曰『乾渡錢』。宜並除之，或秋夏水漲聽民具舟濟渡，官物取算。」〔註109〕可見五代時已有監渡官徵收渡錢，甚至河水乾涸時也不例外，成爲擾民之舉。太祖開寶五年（972）又下詔：「沿河民置船私渡者禁止之。」〔註110〕這是爲了防止百姓私渡而逃漏稅。

馬端臨《文獻通考・職官考十一》記載：「渡，總六十五，監官各一人，皆以京朝官、三班使臣充，亦有以本處監當兼掌者。」〔註111〕並未說明這六十五

〔註106〕參見梁庚堯〈南宋廣南的鹽政〉，收於《大陸雜誌》第88卷第1、2、3期，民國83年1、2、3月；梁庚堯〈南宋福建的鹽政〉，收於《國立台灣大學歷史學報》第17期，民國81年12月。

〔註107〕李心傳《建炎以來朝野雜記》甲集，卷十四，〈蜀鹽〉，頁11a-b。並參見梁庚堯〈南宋四川的引鹽法〉，收於《台大歷史學報》第20期，民國85年11月，頁506～507。

〔註108〕《宋會要輯稿・食貨》28～37a。並參見梁庚堯〈南宋四川的引鹽法〉，收於《台大歷史學報》第20期，民國85年11月，頁507。

〔註109〕《宋會要輯稿・方域》13～3b。

〔註110〕《宋會要輯稿・方域》13～3b。

〔註111〕《文獻通考》卷57〈職官考十一〉，頁518中。

渡的數字是南宋還是北宋的數字。由前面所引太祖建隆元年的詔令，僅僅在滄、德、淄、齊、鄆等州界上的古黃河、原河、文河，就有渡口三十九處，因此全國渡口六十五處的數字，無論南宋還是北宋，應該都遠遠不只此數。

太宗端拱二年則下詔：「應係官及買撲津渡，如有百（姓）輸納二稅經過，并樵漁及孤老貧窮之人往來，並不得收納渡錢。」〔註112〕可見在各津渡，或有監渡官徵收渡錢，也可將渡口由百姓買撲，由買撲者自行收取渡錢。前引《文獻通考·職官考十一》的文字，認為渡口除了設置監官外，也有用當地其他監當官兼掌的情形。而從太宗的詔令來看，由百姓買撲也是宋朝政府管理渡口、徵收稅錢的方式之一。

在某些河川的渡口，由於渡河的人相當多，則地方官府常常會在河上架設浮橋，以利通行。因此有些監渡官又被稱為「監浮橋官」。例如北宋時的周彥先，即曾擔任過「監泗州浮橋」。〔註113〕

第四節　官營商業機構

本節介紹宋代地方監當機構中，其性質為商業經營、管理者，茲分述如下：

一、監酒與公使庫

宋代對於酒的榷賣，大致分為「官設酒務」與「由民買撲」兩種方式。宋初係以官設酒務為主。太祖建隆二年（961）四月下詔：「應百姓私造麴十五斤者死；醞酒入城市者，三斗死，不及者等第罪之。買者減賣人罪之半。告捕者等第賞之。」〔註114〕嚴格禁止百姓私自造酒。當時係以官設酒務為主。至太宗淳化五年四月，太宗下詔：「天下酒榷先是分遣使者監筭，歲取其利，以資國用。自今募民掌之，減常課之十二，使其易辦。勿復遣吏預其間。」〔註115〕會做出這種重大轉變的原因，是因為當時的官設酒務「以官吏專掌，取民租米麥供用，以官錢市樵薪，給使者工人俸料，歲得利無幾。而主利規其盈羨以為積，醞齊不良潔，酒多醨壞不可飲；至課民婚葬，量戶大小令酤，小

〔註112〕《宋會要輯稿·方域》13～4a。
〔註113〕王安石〈右侍禁周君墓誌銘〉，收於《王臨川全集》（台北：世界書局，民國50年）卷96，頁609。
〔註114〕《宋會要輯稿·食貨》20～1b。
〔註115〕《宋會要輯稿·食貨》20～4a。

民甚被其害,州縣苦之。」〔註116〕可見官設酒務所造之酒品質不良,而酒務監當官又強民買賣。因此太宗才下詔改爲由民買撲。但到了眞宗咸平時,又有官員分別主張陝西諸州、江浙淮南等地「榷酤尙多遺利」,因此眞宗有了恢復官設酒務的行動。〔註117〕景德四年,眞宗下詔:「榷酤之法,素有定規,宜令計司,立爲永式。自今中外不得更議增課以圖恩獎。」〔註118〕不但恢復了官設場務,也由三司規定了歲額數目。對於酒務監官也下詔:「諸州軍酒務委監官親視,兵匠盡料醞釀,其有酸敗不任酤者,官吏悉均償之。」〔註119〕爲了防止釀酒過多,積存而致酸敗,眞宗更規定:「諸處酒麴場務,止得約造一年合使酒麴,交與後界。如於一年之外多造,並及納官。若將不堪使用酒麴交於後界者,並仰毀棄,仍勘罪以聞。」〔註120〕也就是造酒數以一年的用量爲準,多餘的酒就送入官府以供日常之用。官設酒務的設置,此後日益普遍。

官設酒務除賣酒外,其酒糟並可賣給百姓造醋。眞宗於大中祥符六年十二月,下詔:「許民間市官酵,置坊鬻醋。」〔註121〕可見酒務爲了增加課利,物盡其用。不過也產生了監官強迫百姓購買酒糟的弊端。歐陽修就曾奏言:「臣欲乞特降朝旨下轉運司,今後醋糟只許官務造醋沽賣,及令百姓取便買糟醞醋,不得抑配人戶。其糟所得之利不多,但虛爲騷擾,以斂怨嗟,伏望聖慈特賜矜免。」〔註122〕

官設酒務的設置原則,是獲利多者則置爲酒務,收入少者則由民買撲。天禧四年,開封府就以「諸縣酒務爲豪民買撲,坐取厚利。自今請差官監榷。」〔註123〕仁宗景祐元年正月,仁宗同意臣僚奏言:「諸道州府軍監縣鎭等酒務自來差官監處,乞不以課利一萬貫以上,並許衙前及諸色不該罰贖人一戶已上、十戶已來,同入狀,依元敕將城郭草市衝要道店產業充抵當,預納一年課利買撲。」〔註124〕也就是說,收入不及一萬貫的酒務可由百姓(服職役的衙前,

〔註116〕《宋會要輯稿・食貨》20〜4b。
〔註117〕《宋會要輯稿・食貨》20〜4b。
〔註118〕《宋會要輯稿・食貨》20〜5a。
〔註119〕《宋會要輯稿・食貨》20〜5a。
〔註120〕《宋會要輯稿・食貨》20〜5a。
〔註121〕《宋會要輯稿・食貨》21〜22a。
〔註122〕歐陽修〈乞不配賣醋糟與人戶劄子〉,收於《歐陽文忠全集》(四部備要本,台北:台灣中華書局,民國75年台三版)卷115,頁20b。
〔註123〕《宋會要輯稿・食貨》20〜6a。
〔註124〕《宋會要輯稿・食貨》20〜8b。

以及沒有違法紀錄、身家清白者）買撲，欲買撲的百姓除了必須用家產作爲抵押外，還要事先預繳一年課利。可見仁宗時官設酒務與百姓買撲的界線是一萬貫。但這一標準也常有變動，英宗治平四年（1067）時，「詔官監一年不及三千緡以上，即令買撲如故。」〔註125〕官設酒務與百姓買撲的界線變成了三千緡。至於買撲酒務的下限，景祐元年七月規定：「買撲鄉村酒務課額，十貫以下停廢。以上有人承買撲，勘會交割。」〔註126〕也就是課利收入十貫以上的酒務可以由百姓買撲，十貫以下就要加以裁廢。

對於一些收入過少的官設酒務，朝廷也會下令裁撤，交由百姓買撲。例如高宗於紹興十七年（1147），下令「省四川清酒務監官，成都府二員，興元遂寧府、漢綿邛蜀彭簡果州、富順監并漢州綿竹縣各一員。」〔註127〕紹興二十九年（1159）閏月戊午，下詔：「罷成都府路隔槽酒務監官七十一員，令民承買。」〔註128〕

北宋時期設置的酒務，收入相當豐厚。爲宋朝的財政帶來不少挹注。根據《文獻通考‧征榷考四》的記載，神宗熙寧十年以前，全國各州酒課的歲額，現列爲表2－3：

表2－3：北宋熙寧十年以前天下諸州酒課歲額

等　級	各　地　場　務　數	小　計
四十萬貫以上	東京、成都（28 務）。	共計 28 務，東京不計
三十萬貫以上	開封（35 務）、秦（18 務）、杭（10 務）。	共計 63 務
二十萬貫以上	京兆（23 務）、延（12 務）、鳳翔（25 務）、渭（13 務）、蘇（7 務）。	共計 80 務
十萬貫以上	西京（23 務）、北京（27 務）、齊（26 務）、鄆（11 務）、徐（7 務）、許（13 務）、滄（23 務）、眞定（8 務）、定（6 務）、華（10 務）、慶（13 務）、鎮戎（6 務）、太原（11 務）、亳（12 務）、鹿（6 務）、宿（13 務）、楚（5 務）、泗（7 務）、眞（8 務）、越（10 務）、湖（6 務）、婺（9 務）、秀（17 務）、江寧（6 務）、常（9 務）、江陵（15 務）、綿（14 務）、漢（19 務）、邛（19 務）、果（2 務）、梓（18 務）、閬（42 務）。	共計 421 務
五萬貫以上	南京（9 務）、青（10 務）、密（5 務）、萊（4 務）、淄（7 務）、淮陽（4 務）、兗（9 務）、濟（6 務）、單（4 務）、濮（7 務）、襄（8 務）、鄧（8 務）、孟（5 務）、蔡（22 務）、陳（6 務）、潁（7	共計 635 務。（德順、通遠軍不詳）

〔註125〕《宋會要輯稿‧食貨》20～9a。
〔註126〕《宋會要輯稿‧食貨》20～8b。
〔註127〕《宋史》卷185〈食貨下七‧酒〉，頁4521。
〔註128〕《宋史》卷31〈高宗紀八〉，頁592。

	務)、鄭（8 務）、潭（9 務）、冀（14 務）、瀛（7 務）、博（14 務）、棣（13 務）、德（16 務）、恩（11 務）、濱（8 務）、相（7 務）、邢（12 務）、洺（11 務）、深（5 務）、趙（7 務）、河中（7 務）、陝（15 務）、同（11 務）、耀（5 務）、邠（5 務）、寧（8 務）、環（25 務）、保安（2 務）、涇（6 務）、隴（11 務）、階（6 務）、德順（？務）、通遠（？務）、晉（12 務）、儀（7 務）、絳（8 務）、隰（8 務）、汾（4 務）、揚（9 務）、泰（8 務）、壽（16 務）、廬（3 務）、舒（19 務）、無為（10 務）、潤（6 務）、明（5 務）、溫（7 務）、台（8 務）、衢（4 務）、睦（7 務）、宣（7 務）、信（8 務）、潭（8 務）、鄂（8 務）、鼎（3 務）、眉（16 務）、蜀（8 務）、彭（8 務）、嘉（3 務）、遂（4 務）、合（9 務）、興元（36 務）、建（13 務）。	
五萬貫以下	沂（6 務）、濰（3 務）、曹（4 務）、光化（1 務）、汝（10 務）、滑（4 務）、永靜（6 務）、懷（10 務）、磁（12 務）、衛（5 務）、祈（3 務）、保（1 務）、通利（6 務）、解（4 務）、虢（6 務）、商（8 務）、坊（4 務）、鳳（5 務）、岷（？務）、乾（7 務）、忻（2 務）、嵐（4 務）、保德（1 務）、岢嵐（2 務）、石（2 務）、海（4 務）、通（4 務）、蘄（8 務）、和（5 務）、光（7 務）、黃（8 務）、漣水（1 務）、高郵（3 務）、太平（6 務）、江（6 務）、洪（7 務）、饒（9 務）、興國（3 務）、安（5 務）、澧（2 務）、岳（4 務）、簡（15 務）、資（16 務）、懷安（12 務）、劍（3 務）。	共計 244 務。（岷州數字不詳）
三萬貫以下者	廣濟（1 務）、隨（2 務）、金（1 務）、均（3 務）、郢（3 務）、唐（5 務）、鄭（4 務）、雄（1 務）、乾寧（2 務）、灞（4 務）、安肅（1 務）、永寧（2 務）、廣信（1 務）、順安（1 務）、丹（3 務）、北平（1 務）、熙（1 務）、成（3 務）、路（10 務）、府（1 務）、代（7 務）、威勝軍（8 務）、平定軍（4 務）、澤（5 務）、憲（1 務）、慈（3 務）、遼（3 務）、滁（6 務）、濠（7 務）、處（8 務）、歙（6 務）、南康（4 務）、廣德（2 務）、虔（13 務）、池（6 務）、撫（1 務）、筠（1 務）、臨江（3 務）、建昌（3 務）、衡（6 務）、漢陽（3 務）、陵井監（20 務）、永康（8 務）、荊門（1 務）、昌（4 務）、普（43 務）、榮（6 務）、渠（1 務）、廣安（3 務）、利（6 務）、南劍（15 務）、三泉（1 務）、蓬（7 務）、興（1 務）、洋（5 務）。	共計 271 務
一萬貫以下者	登（2 務）、信陽（2 務）、信安（1 務）、保定（1 務）、房（3 務）、慶成（3 務）、寧化軍（1 務）、南安（2 務）、吉（9 務）、袁（4 務）、永（3 務）、邵（2 務）、峽（1 務）、歸（1 務）、雅（7 務）、瀘（1 務）、巴（14 務）、邵武（4 務）、文（1 務）。	共計 62 務
五千貫以下者	原（11 務）、開寶監（？務）、火山軍（1 務）、道（1 務）、郴（1 務）、全（1 務）、桂陽（6 務）、戎（3 務）、富順監（1 務）、龍（3 務）、集（2 務）、壁（3 務）、大寧監（1 務）、渝（4 務）、萬（1 務）、忠（1 務）。	共計 40 務。（開寶監數字不詳）
無定額	萊蕪監、利國監、河、康定軍、沙苑監、太平監、司竹監、大通監、麟、豐、永平監、辰、沅、淯州監、黎、茂、威、劍門關。	
無 權	夔、黔、達、開、施、涪、雲安、梁山、福、汀、泉、漳、興化，廣南東西兩路州軍。	
	總計：酒稅場務共 1844＋	

資料來源：馬端臨《文獻通考‧征榷考四》，頁 169 中～170 中。

酒課的總收入，仁宗皇祐年間為一千四百九十八萬六千一百九十六貫，英宗治平年間減少了二百一十二萬三千七百零三貫，仍有一千二百八十六萬二千四百九十三貫。〔註129〕

到了北宋末，各州、縣的公使庫也自釀酒麴販賣，以充各州、縣開支之用。此一作法，使得官設酒務的收入大幅下降。徽宗於宣和二年（1120）十月即下詔：「諸榷酤，漕計所仰。邇來縣違法失職，公使庫酒貨侵奪官課，及私造公行，例虧歲額。仰諸路漕臣督責州縣，措置官酤，嚴戢私醞。如有違慢不法去處，按劾以聞，當議重加典憲。」〔註130〕到了南宋初建，酒務課利被侵奪的情形更為嚴重，各級官府、各軍將領、各州公使庫紛紛賣酒以取利。例如紹興十三年（1143）時，高宗曾下詔：「淮東總領司酒庫止於元置州軍，淮西江東總領司止於建康府，揚州府司止於本州開沽，即不得更於別州縣村鎮擅自添置腳店。目今現有違法擅置去處，日下停閉。內諸軍有似此開沽去處，依此。」〔註131〕可見上至總領司，下至府州，以及諸軍，紛紛擴張酒庫業務，在他處設立「腳店」，販酒圖利。高宗此一詔令是否能有效執行，令人懷疑。

在這些新設酒庫的競爭之下，舊有的酒務虧損連連。直至高宗紹興末：

> （紹興三十年）戶部侍郎邵大受等言：「……今諸路歲虧二百萬，皆緣諸州公使庫廣造，別置店酤賣，以致酒務例皆敗壞。」詔罷諸州別置酒庫，如「軍糧酒庫」、「防月庫」、「月椿庫」之類，並省務寄造酒及帥司激賞酒庫。……三十一年，殿帥趙密以諸軍酒坊六十六歸之戶部。同安郡王楊存中罷殿帥，復以私撲酒坊九上之，歲通收息六十萬緡有奇，以十分為率，七分輸送行在，三分給漕計。蓋自軍興以來，諸帥善榷酤之利，由是，縣官始得資之以佐經費焉。〔註132〕

南宋初年各地方官府私設的各種酒庫，雖然稍稍得到整頓，但地方官府仍保有相當多的新設酒庫。例如，乾道七年（1171），隸屬於淮西總領周閌之下，仍有「總所庫四、安撫司庫五、都統司庫十八、馬軍司庫一、增置行宮庫（提領建康府戶部贍軍酒庫）一，共為庫二十九。」〔註133〕

〔註129〕《文獻通考》卷17〈征榷考四〉，頁171上。
〔註130〕《宋會要輯稿・食貨》20～13b。
〔註131〕《宋會要輯稿・食貨》20～19a。
〔註132〕《宋史》卷185〈食貨七下・酒〉，頁4521～4522。
〔註133〕《宋史》卷185〈食貨下七・酒〉，頁4522。

此外，許多地方官府還有所屬的「犒賞庫」。所謂「犒賞庫」，原為犒賞軍士而收買、釀造酒麴，但漸漸變質為賣酒之所。由於課利頗豐，朝廷中央也屢次想將這些犒賞酒庫完全收為己有。孝宗乾道元年（1165），「以浙東西犒賞庫六十四隸三衙，輸課於左藏南庫，餘錢充隨年贍軍及造軍器。」〔註134〕光宗初即位，「以兩浙犒賞酒庫隸諸州。」〔註135〕紹熙三年（1192）二月甲戌，「復以兩浙犒賞酒庫隸戶部。」〔註136〕五月，「仍以兩浙犒賞酒庫隸諸州。」〔註137〕兩浙犒賞酒庫徘徊於中央與地方的例子，可以看出中央與地方諸州爭奪犒賞庫管轄權的痕跡。

在新酒庫的競爭下，傳統酒務虧損連連。淳熙三年（1176），孝宗下詔：「四川酒課折估困弊，可減額錢四十七萬三千五百餘緡。」〔註138〕不得不降低酒務的課額標準。

宋代賣酒的監當機構，除酒務之外，又有「公使庫」。公使庫設置的目的，為提供「公用錢」。公用錢是地方官署的「特別辦公費」，多用以犒賞、讌宴過境長官。地方主吏有權支配。公使庫為了增加公用錢，也會從事商業經營活動，故屬於官營商業機構。公使庫從事的商業活動，包括從事放貸、釀酒、刻書等活動，以牟取利潤。〔註139〕公使庫所從事的商業活動中，以釀酒的影響最大。

公使庫所釀之酒，謂之「公使酒」，太宗太平興國六年（981）九月詔：「諸路知州府，每月第給係省酒充公用。」〔註140〕可見公使酒原係由地方官府撥給，由公使庫販賣，收入充公用錢之用。神宗熙寧七年（1074）下詔：「諸路自來不造酒州及外處有公使錢不造酒官司，聽以公使錢顧召人工，置備器用，收買物料造。據額定公使錢每百貫許造米十石，額外釀造於繫官，以違制論，不以去官赦降原減。」〔註141〕意即准許各公使庫自行造酒，但造酒的數量仍有限制，依所需公用錢的數目來決定造酒的數量（每百貫許造

〔註134〕《宋史》卷185〈食貨下七·酒〉，頁4522。
〔註135〕《宋史》卷36〈光宗紀〉，頁696。
〔註136〕《宋史》卷36〈光宗紀〉，頁702。
〔註137〕《宋史》卷36〈光宗紀〉，頁703。
〔註138〕《宋史》卷185〈食貨下七·酒〉，頁4522。
〔註139〕參見林天蔚《宋代史事質疑》（台北：台灣商務印書館，民國76年10月初版）頁1。
〔註140〕《宋會要輯稿·食貨》21～21a。
〔註141〕《宋會要輯稿·食貨》21～16a-b。

米十石）。但這一限制逐漸被打破，地方官府往往販賣公使庫所釀之酒，賺取利潤以補貼官用，因此嚴重影響了傳統酒務的賣酒收入。徽宗宣和二年十月時，曾下詔禁止「公使庫酒貨侵奪官課」。但是到了南宋時，不但公使庫賣酒之風越來越盛，而且有強民買賣的情事發生。高宗在建炎元年（1127）六月十三日的赦文中，提到：「訪聞諸路州軍縣鎮酒務、公庫等，多將酒醋抑配與人戶及過往客旅僧道等，為害甚大。仰監司守臣常切覺察，舉劾官吏，重行黜責。」〔註142〕赦文中將酒務與公庫（公使庫）並舉，禁止其強民買賣。

建炎二年十月，高宗下詔：「諸路帥臣及統兵官司所造公使正賜庫酒，並仰遵依成法，止合自供食用并饋遺官屬，不得過數醞造，違法出賣，侵耗國用。如違，除本罪外，取旨重作行遣。」〔註143〕規定公使庫的酒只能供官署自用或饋贈下級官吏。但此一規定似乎效果不大。紹興三十年（1160），戶部侍郎邵大受仍然奏言：「今諸路歲虧二百萬，皆緣諸州公使庫廣造，別置店酤賣，以致酒務例皆敗壞。」可見公使庫依舊賣酒如故。

公使庫賣酒不但影響了酒務的收入，而且對地方百姓也變成一種負擔。高宗在建炎四年（1130）九月十五日的〈明堂赦〉中說道：「諸州公使庫歲用造酒糯米，名曰和糴，實皆抑配。訪聞又有託以准備為名，不循年例，倍有科斂。仰監司覺察按劾。」〔註144〕可見當時已由原先的「收買物料造酒」（即和糴），變成了抑配於百姓，變相成為一種苛捐雜稅（年例）。而且更有官吏在年例之外，加倍徵收，更加重了百姓的負擔。

二、榷場與市舶司

榷場與市舶司，為管理外國商人與本國商人交易的監當機構。榷場設置於宋遼、宋夏與宋金的邊界，市舶司則設置於沿海的兩浙、福建、廣南等路。

關於宋遼邊境的榷場，太宗太平興國二年（977）「始令鎮、易、雄、霸、滄等州各置榷務，命常參官與內侍同掌，輦香藥、犀象、及茶與交市。後有范陽之師，乃罷不與通。」〔註145〕可見太宗時期的榷場貿易因宋遼戰爭的爆發而中斷。宋遼澶淵之盟後，真宗景德二年，宋朝又於雄州、霸州、安肅軍

〔註142〕《宋會要輯稿‧食貨》21～18b。
〔註143〕《宋會要輯稿‧食貨》21～19a-b。
〔註144〕《宋會要輯稿‧食貨》21～20a。
〔註145〕《文獻通考》卷20〈市糴一〉，頁200下。

設置榷場。〔註146〕其後又於廣信軍置場，由朝廷派官員專掌，並由當地的通判兼管其事，這就是河北四榷司，是負責對遼貿易的重要管道。〔註147〕

此外，眞宗景德四年，「夏州納款，於保安軍置榷場。」〔註148〕這是德明向宋稱臣之後，宋朝在保安軍設置榷場，與西夏人進行貿易。但此一貿易在元昊叛宋稱帝後中斷。直到元昊與宋議和稱臣之後，慶曆六年宋朝重開保安軍、鎮戎軍兩榷場，「保安軍、鎮戎軍榷場歲各市馬二千匹，博買羊一萬口。」〔註149〕此外根據學者杜建錄〈宋夏商業貿易初探〉一文的研究，當時宋朝對西夏設置的榷場還有麟州、延州等地。〔註150〕

南宋「紹興和議」之後，紹興十二年，南宋於盱眙軍、光州、棗陽軍、安豐軍花靨鎮等地設置榷場，與金人進行貿易。〔註151〕此外，據學者漆俠、喬幼梅之研究，當時宋朝還在楚州北神鎮、楊家寨、淮陰縣之磨盤、安豐軍之水寨、霍邱縣之封家渡、信陽軍之齊冒鎮等地設置榷場，而以盱眙爲中心。〔註152〕但是紹興二十九年時，高宗下詔：「存盱眙軍榷場外，餘並罷。」〔註153〕可見宋金之間的貿易，盱眙是最重要的榷場。

對於榷場的管理方面，榷場所在地的各級地方政府都有監督之權，以南宋盱眙榷場爲例，由總領兼提領官，知軍兼措置官，通判兼提點官。但實際管理榷場者則爲榷場中設置的官員，以南宋盱眙榷場爲例，設有主管官二員，押發官二員。主管官由朝廷差派，押發官則由措置官辟差。〔註154〕主管官雖不名爲監當官，但主管官爲榷場之主管，管理場中商業交易之事，則與其他官營商業機構之監當官並無不同。

對於榷場中的貿易過程，盱眙榷場的情形可以作爲參考。南宋商人所帶貨物價值一百貫以下者爲小商，一百貫以上者爲大商，均以十人爲保，小商人將

〔註146〕《文獻通考》卷20〈市糴一〉，頁200下。
〔註147〕參見漆俠、喬幼梅《遼夏金經濟史》（保定：河北大學出版社，1998年2版），頁106～107。
〔註148〕《文獻通考》卷20〈市糴一〉，頁201上。
〔註149〕《續資治通鑑長編》卷159～14b，慶曆六年十二月己酉。
〔註150〕參見杜建錄〈宋夏商業貿易初探〉，收於《寧夏社會科學》1988年第3期。
〔註151〕李心傳《建炎以來繫年要錄》（標點本，北京：中華書局，1988年）卷145，紹興十二年五月乙巳，頁2326。
〔註152〕參見漆俠、喬幼梅《遼夏金經濟史》，頁398～399。
〔註153〕《文獻通考》卷20〈市糴一〉，頁201中。
〔註154〕參見漆俠、喬幼梅《遼夏金經濟史》，頁399。

貨物之半存於榷場內，自攜貨物之半渡淮河到金國的泗州進行貿易，易得貨物返回盱眙後，再攜帶另一半貨物去泗州貿易。大商人則在盱眙等待金人前來貿易。交易時雙方商人並不直接見面，而是透過牙人從中斡旋。紹興二十九年之前，每日交易一次，紹興二十九年之後則改爲每五日開市一天。〔註155〕

市舶司「掌蕃貨海舶征榷貿易之事。」〔註156〕市舶司最初設置於廣州，「以知州爲使，通判爲判官。及轉運使司掌其事，又遣京朝官、三班、內侍三人專領之。」其後於杭州也設置市舶司。太宗淳化年間一度杭州市舶司遷移至明州定海縣，但旋即遷回杭州。眞宗咸平年間，在杭州、明州各置市舶司。〔註157〕至此，宋代已有廣州、杭州、明州三市舶司。各路轉運使與知州、通判等，雖有市舶使、判官之名，但仍另有「專領」市舶司的監當官。徽宗大觀元年三月，則在兩浙、福建、廣南三路各專置市舶提舉官。〔註158〕監督各路之下的市舶司。

市舶司的職掌，就是負責與外國商人進行交易。徽宗宣和四年（1122）規定：「蕃國進奉物，如元豐法，令舶司即其地鬻之，毋發至京師。」〔註159〕

哲宗元祐二年（1087）於福建泉州置司，元祐三年（1088）又於密州板橋置市舶司。〔註160〕徽宗政和三年（1113）七月，於秀州華亭縣置市舶務，置監官一員，後因青龍江淤塞而罷廢。〔註161〕但到了宣和元年，「秀州開修青龍江浦，舶船輻輳，請復置監官。」〔註162〕南宋高宗紹興二十九年，浙江的提舉市舶司一度增設至五處，到了孝宗乾道年間，將浙江諸市舶司加以裁撤，由轉運司兼領。〔註163〕因此，只有福建泉州與廣南廣州的市舶司，爲專職常設的機構。

三、榷貨務

宋代除了在京城置有榷貨務外，地方上也有榷貨務的設置。宋太祖乾德

〔註155〕李心傳《建炎以來繫年要錄》卷145，紹興十二年五月乙巳，頁2326；並參見漆俠、喬幼梅《遼夏金經濟史》，頁399～400。
〔註156〕《宋史》卷167〈職官七〉，頁3971。
〔註157〕《宋會要輯稿·職官》44～1a。
〔註158〕《宋會要輯稿·職官》44～9b。
〔註159〕《宋史》卷186〈食貨下八·互市舶法〉，頁4562。
〔註160〕《宋會要輯稿·職官》44～8a。
〔註161〕《宋會要輯稿·職官》44～11a。
〔註162〕《宋史》卷186〈食貨下八·互市舶法〉，頁4561。
〔註163〕《宋史》卷167〈職官七〉，頁3971。

二年（964）八月，下詔：「京師、建安、漢陽、蘄口並置榷場。」〔註164〕開寶三年八月，太祖又下詔：「建安軍榷貨務應博易，自今客旅將到金銀錢物等，折博茶貨及諸般物色，並止於揚州納下，給付客旅博買色件數目憑由，令就建安軍請領。」〔註165〕也就是說，客商在揚州以金銀現錢取得憑由，然後至建安軍領取茶貨，實際上就是將建安軍榷貨務遷到了揚州。太宗太平興國二年正月，三司奏請：「準敕於沿江起置榷貨務，合行起定茶貨條禁，欲頒下諸州府施行。」結果太宗「從之」。〔註166〕隨後，北宋於江陵府、眞州、海州、漢陽軍、無爲軍、蘄州之蘄口，設置榷貨務六。各地茶場所產之茶，「悉送六榷務鬻之」。〔註167〕

　　榷貨務中的茶貨，除了一般性的販賣之外，還必須配合當時國家的「入中」制度。當時的商人，可持金銀現錢至京師，或運送米糧木材至邊郡，以換取茶引，然後憑茶引至六榷貨務換取茶葉。這種作法，謂之「入中」。但是此一作法，卻漸漸產生了弊端。《宋會要輯稿‧食貨》記載：

> 國朝自乾興（按：應爲乾德之誤）二年置榷茶務，諸州民有茶，除折稅錢外，官悉市之。許民於東京輸金銀錢帛，官給券，就榷務以茶償之。後以西北用兵，又募商人入粟麥材木於邊郡，給文券，謂之「交引」。許就沿江榷務自請射茶。邊郡所入直十五六千至二十千者，即給茶直百千，謂之「加饒錢」。然入粟木者亦有不知茶利，至京多以交引鬻於茶州，百千裁得二十餘緡，謂之「實錢」。輦下坐賈逐蓄交引以射利，謂之「交引鋪」。歲月滋深，沿江榷務交引坌至，茶不充給。計歲入新茶一二年不能償其數，其弊也如此。〔註168〕

原來「入中」的商人納粟米材木價值十五到二十千，可以換到一百千的茶引，其中有八十千以上的豐厚利潤（加饒錢）。但是這些入中商人往往以二十餘千的低價，將茶引賣給京城的坐賈，這些坐賈蒐購大量的茶引，再至沿江榷務換取茶葉，獲利四到五倍。結果，此一「入中」制度並未造福商人，反而便宜了蒐購茶引的京城坐賈。因此眞宗景德二年（1005）時，鹽鐵副使林特改

〔註164〕《宋會要輯稿‧食貨》36～1a。
〔註165〕《宋會要輯稿‧食貨》36～1a。
〔註166〕《宋會要輯稿‧食貨》36～1a-b。
〔註167〕《宋史》卷183〈食貨下五‧茶上〉，頁4477。
〔註168〕《宋會要輯稿‧食貨》36～8a-b。

革茶法。當年九月，三司奏請：「請許商賈於河北、河東、陝西州軍，依在京例納見錢金銀實錢五十五貫，給海州實錢茶百貫。」〔註169〕降低「加櫂錢」的差額，以防止商人的暴利；同時也增加了邊郡的收入。

　　仁宗嘉祐四年，廢除榷茶法，改行通商法。原有的榷貨務及十三山場逐步罷廢，商人得以自由向園戶購買茶葉，官府向園戶徵收茶租，向商人徵收茶稅。〔註170〕隨著通商法的施行，六榷貨務因而廢置。〔註171〕一直到了南宋時，重新推行「榷茶法」。在建康、鎮江設置「榷貨務都茶場」，並冠以「行在」爲名。〔註172〕

　　南宋時期設置於建康、鎮江的榷貨務都茶場，除了鬻茶之外，兌換交子、會子也是建康、鎮江榷貨務的工作。據《宋史・食貨下三・會子》記載：

> 紹興末，會子未有兩淮、湖廣之分。……乾道二年，詔別印二百、三百、五百、一貫交子三百萬，止行用於兩淮。……詔給（兩淮）交子、（湖廣）會子各二十萬付鎮江、建康府榷貨務，使淮人過江、江南人之渡淮者，皆得對易循環以用。〔註173〕

可見南宋初發行的「湖會」，以及孝宗乾道年間發行的「淮交」，即是由建康府、鎮江府的榷貨務來發行、兌換。

四、市易務

　　諸州市易務，隸屬於京師「都提舉市易司」。〔註174〕其職掌爲「召人抵當借錢出息，乘時貿易，以通財貨。」〔註175〕亦即提供典當借錢，收取利息；並且進行商品買賣。王安石推行市易法，在各地設置市易務。熙寧五年（1072）三月，京師設置市易務之後，全國各地也紛紛仿效設置。熙寧五年七月，鎮洮軍設置「市易司」。〔註176〕熙寧八年（1075）二月，神宗下詔：「秦州、永興軍、鳳翔府、潤州、越州、眞州、大明府、安肅軍、瀛州、滄

〔註169〕《宋會要輯稿・食貨》36～5b。
〔註170〕參見朱重聖《北宋茶之生產與經營》，頁319～324；黃純豔《宋代茶法研究》，頁94。
〔註171〕參見朱重聖《北宋茶之生產與經營》，頁264。
〔註172〕《宋史》卷161〈職官一・尚書省〉，頁3791。
〔註173〕《宋史》卷181〈食貨下三・會子〉，頁4411。
〔註174〕《宋史》卷165〈職官五・太府寺〉，頁3908。
〔註175〕《宋會要輯稿・食貨》55～31a。
〔註176〕《宋會要輯稿・食貨》55～33a。原文作「市易市」，可能爲「市易司」之誤。

州、定州、眞定府並置市易司。」〔註177〕四月又詔：「熙河路市易（司）隸
經略司。」〔註178〕可見在新征服的熙河路，也有市易司的設置。元豐六年
蘭州增置市易務。〔註179〕

　　元豐八年（1085），神宗駕崩，哲宗即位，高太皇太后臨朝，王安石新
法悉遭罷廢。七月，「罷諸鎭砦市易、抵當。」〔註180〕八月再下詔：「詔諸
郡抵當，有取息薄、可濟民乏者存之，其餘抵當并州縣市易並罷。」〔註181〕
哲宗親政，「紹聖紹述」，重新推行新法之後，市易務又逐漸恢復。紹聖三年
（1096）十二月二十二日，哲宗下詔：「戶部、太府寺同詳熙寧立法意，復
置市易務。許用見錢交易，收息不過二分，不許賒請。」〔註182〕元符三年
（1100），「改市易案爲平準，其市易務亦如之。」〔註183〕將市易務改名爲
平準務。但改名的規定似乎並未徹底執行。

　　徽宗崇寧二年（1103）三月，「命官提舉諸州市易務兼抵當庫。置監官
一員，大州增一員。」四月又下詔：「諸路州及萬戶縣並置監市易務兼抵當
庫官，大州二員，餘州及縣一員，專行其事。」〔註184〕於是市易務在全國
各地普遍設置。崇寧五年規定，市易務「凡歲收息，官吏用度之餘，及千緡
以上置官監，五百緡以上令場務兼領，餘並罷。」〔註185〕對市易務設置的
標準做出了規定。

　　到了南宋，由於南宋士大夫將靖康之恥、北宋覆亡的原因歸咎於王安
石、蔡京的新法，因此，官僚多主張將市易務，這個新法的產物加以裁撤。
高宗建炎二年，「言者以爲得不償費，遂罷之。」〔註186〕但是，根據梁庚堯
先生的研究指出：實際上南宋時期市易法的餘跡猶存。〔註187〕紹興五年
（1135）閏二月辛亥，高宗下詔：「權於濠州等處置市易務，以通商貨，合

〔註177〕《宋會要輯稿・食貨》55～38b。
〔註178〕《宋會要輯稿・食貨》55～38b。
〔註179〕《宋史》卷186〈食貨下八・市易〉，頁4553。
〔註180〕《宋史》卷186〈食貨下八・市易〉，頁4553。
〔註181〕《宋史》卷186〈食貨下八・市易〉，頁4553。
〔註182〕《宋會要輯稿・食貨》55～44b。
〔註183〕《宋史》卷165〈職官五・太府寺〉，頁3907。
〔註184〕《宋會要輯稿・食貨》55～45a-b。
〔註185〕《宋史》卷186〈食貨下八・市易〉，頁4554。
〔註186〕《宋史》卷186〈食貨下八・市易〉，頁4554。
〔註187〕參閱梁庚堯〈市易法述〉，收入氏著《宋代社會經濟史論集》，上冊，頁225
　　　　～231。

行事令提點司條具申尙書省。……其後岳州、潭州亦如之。」〔註188〕紹興二十五年（1155），李椿年知婺州，設置「平準務」，結果「進籠一郡之貨，侵奪百姓之利」。〔註189〕紹興二十七年（1157）八月四日，戶部更奏請頒佈平準務監官的賞罰辦法。其規定如下：

> 逐路常平司保明到：本路州縣所立平準務合用本錢，除不及一千貫去處，不立賞罰外，今相度比擬條法。將立到本錢一千貫以上去處，以本多寡參酌立定。監官候一歲終，以本計息。賞罰格：自收息及三分以上，陞一季名次；不及一分五釐，展一季名次。五千貫以上，收息及三分以上，陞半年；不及一分五釐，展半年。一萬貫以上，收息三分以上，陞一年；不及一分五釐，展一年。三萬貫以上，收息不及分（按：應爲及三分）以上，減一年磨勘；不及一分五釐，展一年磨勘。〔註190〕

將市易務、平準務的管理訂立條法，以盈虧爲賞罰的依據。可見南宋在財政的需求下，也不得不採行王安石的「征利」之術了。

五、其他官營商業機構

1. 斗秤務

元豐元年七月，神宗下詔：「諸路轉運司就廨舍所在州置『都斗秤務』，委都監管轄工作，別差官較定。送諸州商稅務賣之。」〔註191〕這是爲了避免民間度量衡標準不一，易生爭端，因此由各路轉運司設置斗秤務負責製造、校定度量衡，賣給商民使用。斗秤務的管理工作則由武職的都監兼管。

2. 太平惠民局

爲販售成藥之處。原名「熟藥所」，南宋高宗紹興十八年（1148）閏八月下旨：「熟藥所依在京改作太平惠民局。」紹興二十一年（1151）又下詔：「諸路常平司行下會府州軍，將熟藥所並改作太平惠民局。」〔註192〕可見當時各府、州、軍，普遍設有太平惠民局。

宋代設於京師的太平惠民局，設有監官管理（參見本文第三章第四節）。

〔註188〕李心傳《建炎以來繫年要錄》卷86，紹興五年閏二月辛亥條，頁1416～1417。
〔註189〕李心傳《建炎以來繫年要錄》卷171，紹興二十六年正月乙丑條，頁2808。
〔註190〕《宋會要輯稿·職官》43～30a-b。
〔註191〕《宋會要輯稿·食貨》17～25a。
〔註192〕《宋會要輯稿·職官》27～67a。

地方上的太平惠民局，則可能也設有專官管理，或由其他地方官兼管。

第五節　其他專門性事務監督機構

一、監　堰

　　宋代於運河及其他河道之上，設有堰閘，以調整河道水位，便利船隻航行。宋廷有時會於各堰閘設置監堰官。例如徽宗崇寧元年十二月一日，中書、尚書省奏言：

> 勘合左司員外郎曾孝蘊箚子：「（哲宗）紹聖間，獻陳澳閘利害，蒙朝廷令孝蘊提舉興修了當，行運首尾四五年。若不別令官司主管，則已成東南漕運大利，當遂廢革。欲乞專差官一員，自杭州至揚州、瓜州澳閘，通管常、潤、揚、秀、杭州新舊等閘。依已降條貫，專切提舉車水澳閘，覺察應干姦弊。乞差舊曾監修澳閘宣德郎、新知崑山縣事鮑朝懋提舉管幹，依提舉弓箭手例序官，請給人從舟船」等事。於蘇州置廨宇，以「提舉淮浙澳閘司」為名，人吏許于常、潤、蘇、杭、秀等州選差，半年一替。仍令兩浙轉運司進奏官兼管發落文字。從之。〔註193〕

此為設置監堰官之例。哲宗元符元年也對監堰官的獎懲做出規定：「監官任滿，水無走泄者賞，水未應而輒開閘者罰。守貳、令佐，常覺察之。」〔註194〕

　　馬端臨《文獻通考・職官考十一》記載：「天下堰總二十一。」〔註195〕但並未說明這是北宋還是南宋的數字。而且數量只有二十一處，恐怕過少，可能並非實際的數字。

二、牧　監

　　北宋時期，在全國各地都設置牧監（又名「孳生監」），隸屬於樞密院，〔註196〕但由地方官兼管。「諸州有牧監，知州、通判兼領之，諸監各置勾當官二員。又置左右廂提點。」〔註197〕可見除知州、通判兼領外，各牧監還

〔註193〕《宋會要輯稿・食貨》8～36a-b。
〔註194〕《宋史》卷96〈河渠六〉，頁2383。
〔註195〕《文獻通考》卷57〈職官考十一〉，頁518中。
〔註196〕《宋史》卷189〈兵三・廂兵〉，頁4692。
〔註197〕《宋史》卷198〈兵十二・馬政〉，頁4928。

有「勾當官」專司其事。牧監之內，則由廂軍軍士負責牧馬，通常一牧監即為廂軍一指揮。現將北宋時期各馬監分述如下：

1. 西京洛陽馬監

原名「飛龍院」，太宗太平興國五年（980）改名「牧龍坊」，眞宗景德四年改爲洛陽監。仁宗天聖六年（1028）十一月，群牧司一度奏請廢置，至景祐二年（1035）五月才復置。〔註198〕

2. 北京大名馬監

太宗太平興國三年（978）置「養馬務」，後改名爲「牧龍坊」。眞宗景德二年五月分爲二坊，七月改名爲大名第一、第二監。大中祥符二年（1009）又置第三監於洺州。〔註199〕

3. 洺州廣平馬監

太祖建隆二年（961）置「養馬務」，後改名爲牧龍坊。景德二年七月改名爲廣平監，大中祥符三年（1010）又增置第二監。仁宗景祐二年（1035）廢其一。〔註200〕

4. 衛州淇水馬監

五代後周顯德年間即設有「牧馬監」，入宋後，一度更名爲東西牧龍坊，眞宗景德二年七月改名爲淇水監。後又分爲第一、第二監。神宗熙寧七年四月合併爲一。〔註201〕哲宗元祐六年（1091）閏八月太僕寺奏請：「衛州淇水監乞改爲第一監，收養孳生驛馬；復置第二監，牧養調習雜犬馬二千疋。」哲宗從之。〔註202〕至此淇水監復爲二監。哲宗紹聖四年（1097）又廢第二監。

5. 鄭州原武馬監

舊名「馬務」，後改名牧龍坊。景德二年二月分爲第一、第二牧監，七月改名爲廣武監。大中祥符二年（1009）又改名爲原武監，並將兩監合爲一。熙寧七年廢併。〔註203〕

〔註198〕《宋會要輯稿·兵》21～4a。
〔註199〕《宋會要輯稿·兵》21～4a。
〔註200〕《宋會要輯稿·兵》21～4a-b。
〔註201〕《宋會要輯稿·兵》21～4b。
〔註202〕《宋會要輯稿·職官》23～19a。
〔註203〕《宋會要輯稿·兵》21～4b。

6. 同州沙苑馬監

太祖建隆時設置，後改名爲牧龍坊。景德二年七月改名爲沙苑監，英宗治平時分爲二監。〔註204〕

7. 相州安陽馬監

五代後周顯德年間置「買馬坊」，入宋後改名牧龍坊。景德三年七月改名爲安陽監。〔註205〕

8. 澶州鎮寧監

太祖建隆年間，濮州置「養馬務」，開寶八年移於澶州，後改名牧龍坊，景德二年七月改名鎮寧監，乾興元年十二月廢。〔註206〕

9. 白馬靈昌監

原名「龍馬監」，後改名牧龍坊，景德二年七月改爲靈昌監。天禧三年（1019）因河決，遷移馬匹，後遂廢。〔註207〕

10. 邢州安國監

眞宗大中祥符二年置，後廢。〔註208〕

11. 鄆州東平馬監

眞宗大中祥符元年（1008）十一月置，天禧五年（1021）正月廢。群牧司奏請將監馬分配諸處，其地分募民佃之。後復置，仁宗天聖時，「言者多以爲牧馬費廣而亡補，乃廢東平監，以其地賦民。」〔註209〕後又再置，神宗熙寧七年二月又廢。〔註210〕

12. 中牟縣淳澤監

眞宗大中祥符四年（1011）置，乾興元年（1022）即裁廢。〔註211〕

13. 許州單鎮馬監

眞宗大中祥符六年七月置，〔註212〕哲宗紹聖四年，「廢衛州淇水第二馬

〔註204〕《宋會要輯稿‧兵》21～4b。時間作「治平六年十一月」，但治平年號無六年，似誤。

〔註205〕《宋會要輯稿‧兵》21～5a。

〔註206〕《宋會要輯稿‧兵》21～5a。

〔註207〕《宋會要輯稿‧兵》21～5a。

〔註208〕《宋會要輯稿‧兵》21～5a。裁廢時間作「景德二年」，記載有誤。

〔註209〕《宋史》卷198〈兵十二‧馬政〉，頁4930。

〔註210〕《宋會要輯稿‧兵》21～5a-b。

〔註211〕《宋會要輯稿‧兵》21～5b。

監、穎昌府單鎮馬監。」〔註213〕

14. 同州病馬務

景德元年（1004）置，以沙苑監官兼主之，負責收養本監及諸處病馬。仁宗天聖二年，別差使臣勾當。〔註214〕

北宋後期又經常於邊境地區新設牧監。例如，神宗初立，「置馬監於河東交城縣。」〔註215〕元豐時，「於岷州床川、荔川、閭川砦、通遠軍熟羊砦置牧養十監。」〔註216〕徽宗崇寧四年三月，「置青海馬監。」〔註217〕

南宋時，牧監亦屢有興廢。高宗紹興二年（1132），「置馬監於饒州，守倅領之，擇官地爲牧地。復置提舉，俄廢。四年，置監臨安之餘杭及南蕩。」〔註218〕紹興五年，「罷饒州牧馬監。」〔註219〕紹興十九年（1149）四月，「詔孳生牧馬以五百匹爲一監，差置監官二員。」〔註220〕紹興三十年三月，「置牧馬監於潮、惠二州。」〔註221〕孝宗乾道六年（1170）十二月己丑，「置應城縣馬監」。〔註222〕淳熙七年（1180）二月，「罷瓜州孳生馬監。」〔註223〕

馬監之所以屢興屢廢，是因爲牧地太廣，用以牧馬則減少了田賦收入。神宗熙寧時，王安石變法，有官員上言：「馬監草地四萬八千餘頃，今以五萬馬爲率，一馬占地五十畝，大名、廣平四監餘田無幾，宜且仍舊。而原武、單鎮、洛陽、沙苑、淇水、安陽、東平等監，餘良田萬七千頃，可賦民以收芻粟。」〔註224〕至熙寧四年（1071），淇水、單鎮、安陽、洛陽、原武、東平等監果然相繼罷廢。〔註225〕直到哲宗元祐初，舊黨秉政，以一切恢復舊制爲

〔註212〕《宋會要輯稿‧兵》21～5b。
〔註213〕《宋史》卷17〈哲宗紀二〉，頁347。
〔註214〕《宋會要輯稿‧兵》21～5b。
〔註215〕《宋史》卷14〈神宗紀一〉，頁267。
〔註216〕《宋史》卷198〈兵十二‧馬政〉，頁4942。
〔註217〕《宋史》卷30〈徽宗紀二〉，頁374。
〔註218〕《宋史》卷198〈兵十二‧馬政〉，頁4954。
〔註219〕《宋史》卷28〈高宗紀五〉，頁519。
〔註220〕《宋會要輯稿‧兵》21～11a。
〔註221〕《宋史》卷31〈高宗紀八〉，頁594。
〔註222〕《宋史》卷34〈孝宗紀二〉，頁647。
〔註223〕《宋史》卷35〈孝宗紀三〉，頁672。
〔註224〕《宋史》卷198〈兵十二‧馬政〉，頁4940。
〔註225〕《宋史》卷198〈兵十二‧馬政〉，頁4944。

原則，「洛陽、單鎮、原武、淇水、東瓶、安陽等監皆復。」〔註226〕可見牧監的設置需要寬廣的牧地，而在以農業爲主的社會中，設置牧監是否符合國家的利益是有頗多爭論的。

三、買馬務（市馬務等）

各牧監所養馬匹，則爲地方「買馬務」、「市馬務」、「買馬場」、「估馬司」、「揀馬司」所購買而來。其名稱不一，如北宋時，渭州、鎮戎軍有「市馬務」，〔註227〕秦州有「買馬場」。「陝西估馬司」設置於仁宗嘉祐五年（1060）八月。〔註228〕并州則有「揀馬司」。〔註229〕南宋時，秦州有「買馬監」，〔註230〕紹興三年（1133）正月於邕州置「買馬司」。〔註231〕孝宗乾道四年（1168）於漢陽軍置「收發馬監」。〔註232〕

宋代朝廷常有詔令要求地方官府買馬。仁宗慶曆元年八月，「詔河北置場括市馬，沿邊七州軍免之。」〔註233〕慶曆二年三月又詔：「河北沿邊州軍置場市馬。」〔註234〕慶曆六年五月十二日，「詔保安、鎮戎軍権場歲各市馬二千匹。」〔註235〕至和元年（1054）十二月，群牧司奏請於陝西環州、保安、德順軍市馬。〔註236〕神宗熙寧元年（1068），「詔令陝西、河東各市（馬）一千匹，京東三百匹。」〔註237〕

可以附帶一提的是，宋代買馬的經費，來源五花八門，可以想見宋朝政府爲了籌措軍事開支，用盡了各種手段。仁宗慶曆五年（1045）七月二十九日，「支內府絹二十萬匹付并、府州、岢嵐軍市馬。」〔註238〕至和年間，「詔三司以絹三萬，市馬於府州，以給河東馬軍。」〔註239〕神宗元豐元年二月七

〔註226〕《宋史》卷198〈兵十二・馬政〉，頁4943。
〔註227〕《宋會要輯稿・兵》22～1b。
〔註228〕《宋史》卷12〈仁宗紀四〉，頁246。
〔註229〕《宋史》卷198〈兵十二・馬政〉，頁4933。
〔註230〕《宋史》卷32〈高宗紀九〉，頁610。
〔註231〕《宋會要輯稿・兵》22～16a。
〔註232〕《宋史》卷34〈孝宗紀二〉，頁643。
〔註233〕《宋會要輯稿・兵》22～3a。
〔註234〕《宋會要輯稿・兵》22～3a。
〔註235〕《宋會要輯稿・兵》22～3a-b。
〔註236〕《宋會要輯稿・兵》22～4a。
〔註237〕《宋會要輯稿・兵》22～6b。
〔註238〕《宋會要輯稿・兵》22～3a。
〔註239〕《宋會要輯稿・兵》22～4a。時間作「（至和）三年八月二十二日」，然至和

日,「詔給鹽鈔三十萬緡付群牧司買馬。」〔註240〕哲宗紹聖四年二月四日,「詔涇原秦鳳路各特降度牒百道,提點熙河蘭岷等路漢蕃弓箭司回易現錢,支借蕃兵收買戰馬。」〔註241〕南宋孝宗乾道五年（1169）四月八日,「詔給降度牒三百道,付宣撫司專一樁,充買馬使用。」〔註242〕可見宋代為了買馬,不但內府、三司都要出錢,甚至不惜賣鹽鈔、賣度牒,以籌措買馬的經費。由此我們也可以想見買馬務對於宋代國防的重要性。

四、館　驛

　　宋代在全國各地,設置了許多館驛,以接待外國蕃夷的使臣。太祖開寶七年（974）六月,「以知制誥李穆監懷信驛事。」〔註243〕可見館驛也由監當官管理。不過,真宗咸平六年（1003）六月詔:「京東西、河北、河東、陝西、淮南諸縣令兼知館驛使,勿得差往他所。」〔註244〕可見許多館驛還是由地方官兼管,並未設置專官管理。

　　在此要特別加以說明的,接待外國使臣的館驛,與負責傳遞信息的「郵傳驛舍」（或稱為「遞鋪」）不同。館驛是由監當官專管或由地方官兼管,遞鋪則分為「省鋪」（約二十里置一鋪）每千里置「巡轄使臣」一員,「擺鋪」、「斥候」（此二種為南宋時創設,約九里或十里置一鋪,只許承傳軍期緊切文字）每五鋪置使臣一員,每十鋪添差使臣一員。館驛的工作是接待外國使臣,遞鋪的任務則是傳遞信息（步遞日行二百里,馬遞日行三百里,急腳遞日行四百里,金字牌日行五百里）。館驛的主管機構為禮部主客司,遞鋪的主管機構則為樞密院。〔註245〕可見館驛與郵傳遞鋪為兩個完全不同的官僚系統,館驛為監當官體系的一環,郵傳遞鋪則屬於軍事體系,兩者不可混淆。

　　宋代的館驛時有興設,且館驛名稱常有改換。例如,太宗太平興國二年八月,「詔改懷信驛為都亭驛。」〔註246〕真宗景德三年,為了接待契丹使臣,

---

　　　年號無三年,記載有誤。

〔註240〕《宋會要輯稿・兵》22～9a。

〔註241〕《宋會要輯稿・兵》22～13b。

〔註242〕《宋會要輯稿・兵》23～4b。

〔註243〕《宋會要輯稿・方域》10～13a。

〔註244〕《宋會要輯稿・方域》10～13b。

〔註245〕關於宋代的郵傳遞鋪,參見趙效宣《宋代驛站制度》（台北:聯經,民國72年）。

〔註246〕《宋會要輯稿・方域》10～13a。

「置懷遠驛於汴河北。」〔註247〕大中祥符元年五月，「改鄆州臨雋驛曰『迎鑾』，砂溝驛曰『翔鑾』。」六月又「改兗州葛石驛曰『回鑾』，知溝驛曰『太平』。」〔註248〕大中祥符九年，「以京城西舊染院爲夏州蕃驛。」〔註249〕神宗熙寧三年（1070）五月，在開封設置「來遠驛」爲待蕃客之所，元豐二年（1079）又在兩浙修造「高麗使亭驛」，元豐四年（1081）將滑州新建完成的武成驛改名爲「通津」。〔註250〕館驛監當官以接待外國使臣爲其職責，與財賦的收入與消費沒有直接的關係，這是館驛監當官在地方監當官體系中的獨特之處。

五、交子務

益州交子務爲宋代在四川地區發行紙幣「交子」的監當機構。益州發行交子的源起，據《續資治通鑑長編》的記載：

> 初，蜀民以鐵錢重，私爲券，謂之「交子」，以便貿易，富民十六戶主之。其後富者貲衰，不能償所負，爭訟數起。（眞宗）大中祥符末，薛田爲轉運使，請官置交子務，以権其出入。久不報。寇城守蜀，遂乞廢交子不復用。會城去而田代之。詔田與轉運使張若谷度其利害。田、若谷議：廢交子不復用，則貿易非便，但請官爲置務，禁民私造。又詔梓州路提點刑獄官與田、若谷共議，田等議如前。（仁宗天聖元年十一月）戊午，詔從其請，始置益州交子務。
> 〔註251〕

可見益州交子務是在薛田、張若谷等人的計議之下，將交子由民辦改爲官辦，並於仁宗天聖元年在益州設務。至景祐三年（1036），益州交子務「置監官二人輪宿」，〔註252〕由監當官負責管理交子務中的事務。徽宗大觀元年（1107），「改四川交子爲錢引」，交子務改爲錢引務。〔註253〕四川錢引一直通行至南宋。

益州交子推行之後，陝西、河東皆仿其法。神宗熙寧二年（1069），「詔置

〔註247〕《宋會要輯稿・方域》10～13b。
〔註248〕《宋會要輯稿・方域》10～14a。
〔註249〕《宋會要輯稿・方域》10～14a。
〔註250〕《宋會要輯稿・方域》10～15a。
〔註251〕《續資治通鑑長編》卷101～11a-b，天聖元年十一月戊午。
〔註252〕李攸《宋朝事實》（台北：文海出版社影印，民國56年台初版）卷15〈財用〉，頁7a。
〔註253〕《文獻通考》卷9〈錢幣二〉，頁97中。

（河東）潞州交子務」。熙寧四年，復行於陝西。〔註254〕據《續資治通鑑長編》記載熙寧四年正月庚戌，「陝西已行交子，其罷永興軍買鹽鈔場。」〔註255〕意即以交子取代鹽鈔。但推行似乎不成功，同年四月神宗即下詔：「罷陝西見行交子法。」〔註256〕廢止的原因，《續資治通鑑長編》記載如下：

> 先是，陝西軍興，轉運司患錢不足，沈起請限以半歲，令民盡納銅鐵錢於官，而易以交子，候三五歲邊事既息，復還民錢。宣撫司奏行之。知邠州張靖數言其不便。會李評、張景憲出使延州，因令訪利害。評等奏如靖言。景憲謂：「交子之法，可行於蜀，不可行於陝西，將使細民流離失業，無以為生。」故罷之。〔註257〕

四川交子只是輔助鐵錢之用，而陝西交子的推行竟然是「令民盡納銅鐵錢」，其手段過於極端激進，似乎引起了百姓的反彈，因此神宗下詔廢除陝西交子之法。

熙寧七年，陝西再次推行交子。六月時，神宗下詔：「永興路皮公弼、秦鳳路熊本，並兼提舉推行本路交子，仍以知邠州朱迪提舉永興、秦鳳兩路推行交子。」〔註258〕結果又因「商人買販，牟利於官，且損鈔價。」因而在熙寧九年「罷陝西交子法」。一直到徽宗崇寧元年才又「復行陝西交子」。〔註259〕

交子的發行，為中國正式發行紙幣的開端。在中國貨幣史乃至世界貨幣史上，皆為首見。紙幣的出現，促進了財富的快速流通，對於經濟發展有甚大的貢獻。而交子務的管理，即是由監當官主其事。

六、折博務

折博務的設置，始於太宗至道二年（996），發運使楊允恭請求：「令商人入金帛於務，悉償以茶。」於是在建安州設置折博務，但不久即罷廢。〔註260〕其作法是以茶（茶引）換取現錢。其後神宗時，在陝西秦州、熙州、河州、洮州、岷州、延州、環州、慶州、原州、渭州、通遠軍、鎮戎軍、德順軍、保安軍等十四州軍，設置折博務，「係入中見錢糧草，算買鹽鈔。內延、環、

〔註254〕《文獻通考》卷9〈錢幣二〉，頁97上。
〔註255〕《續資治通鑑長編》卷219～8b，熙寧四年正月庚戌。
〔註256〕《續資治通鑑長編》卷222～4a，熙寧四年四月癸亥。
〔註257〕《續資治通鑑長編》卷222～4a-b，熙寧四年四月癸亥。
〔註258〕《續資治通鑑長編》卷254～8b～9a，熙寧七年六月壬辰。
〔註259〕《文獻通考》卷9〈錢幣二〉，頁97中。
〔註260〕《宋會要輯稿‧食貨》55～20b。

慶、原、渭州，鎮戎、德順、保安軍，并買白鹽。」〔註261〕亦即讓商人運送現錢、糧食至陝西邊境的折博務，而折博務則給商人鹽鈔或白鹽，謂之「入中」。商人可持鹽鈔赴鹽場兌鹽出售，也可將鹽鈔拿到京師榷貨務兌換現錢。可見陝西折博務是在邊境地區，以鹽鈔換取現錢米糧的機構。

此外，仁宗時，「置折博務於永興、鳳翔，聽人入錢若蜀貨，易鹽趨蜀中以售。」〔註262〕是負責榷鹽至四川販賣的監當機構。其作法是讓四川商人納錢或貨物，折博務則給鹽，使商人回四川販賣。

因此，折博務主要的工作，是讓商人交納見錢（邊境地區交納米糧），以換取鹽鈔、茶引。

小　結

在本章中，我們討論了宋代在地方上所設置的監當機構，按照本章的分類，分為生產製造機構、倉儲出納管理機構、地方稅務機構、官營商業機構與其他專門性事務監督機構五類。現在將這五類的地方監當機構，以及它們與宋代財政收支的關係，做成表2－4：

表2－4：宋代地方監當官一覽表

性　　質	財　賦　生　產　與　收　入	財賦消費與支出	其　　他
生產製造	錢監、坑冶、採石場	作院、造船場	
倉儲出納	監倉、庫務	糧料院	
地方稅務	監稅、監鎮、監茶、監鹽、監渡		
官營商業	監酒、公使庫、榷場、市舶司、榷貨務、市易務、斗秤務、太平惠民局		
其他專門性事務	交子務、折博務	監堰、牧監、買馬務	館驛

由表2－4之中，我們可以看出，宋代地方的監當機構，除了少數具有特殊的任務，為財賦的消費支出機構（如作院、造船場、糧料院、監堰、牧監、買馬務）之外，其他大多數的地方監當機構，都是財賦的生產者，為宋代官府創造了相當可觀的利潤收入。因此，地方監當機構在宋代官僚體系當中，扮演著聚積財賦、充實國庫與地方府庫的重要角色。國家的主要財政收入，

〔註261〕《宋會要輯稿‧食貨》55～20a。
〔註262〕《宋史》卷181〈食貨下三‧鹽上〉，頁4417。

如鹽、酒、茶的榷賣，商稅的徵收，是由監當官實際負責執行。而百姓所繳納的賦稅，也由地方監當機構中的監倉、庫務等官，負責收藏。可見地方監當機構所經手者，實已包含了絕大多數的國家財政收入。

地方監當機構除了向百姓徵收財賦之外，也負責從事財富的直接生產，如坑冶諸監生產金、銀、銅、鐵、鉛、錫等金屬原料，不但提供生產製造機構生產各類器用，尤其像金銀等貴金屬更直接轉變成為國家庫藏的財賦。又如鑄錢監鑄造銅鐵錢，不但直接提供貨幣現錢以滿足政府的開支，更影響了全國貨幣經濟的交易秩序。宋代將貨幣的流通行使，區分為銅錢區與鐵錢區，各鑄錢監即負責鑄造各區所需的銅錢或鐵錢。鑄錢監所鑄造的銅錢與鐵錢，數量相當龐大，雖然仍有美中不足之處，宋代仍不時有「錢荒」之慮，且四川等地因鐵錢攜帶不便而創行「交子」，但是總體說來，宋代錢幣的鑄造基本上滿足了銅錢區與鐵錢區的貨幣需求。使得銅錢區與鐵錢區的範圍大致維持穩定的情形，少有變化。錢幣鑄造規模的擴大，使得在宋代社會之中有充足的貨幣供給，促進了宋代經濟的發展與商業的繁榮。

特別要加以說明的，是榷貨務與折博務所負責的「入中」制度，商人將糧食與錢幣運送至邊境的折博務，折博務償以茶引或鹽鈔，商人再持茶引、鹽鈔至榷貨務或鹽場換取茶鹽。透過這種制度，一方面使商人直接將財賦運送到邊境地區，繁榮了北方的經濟。另一方面，正如日本學者宮澤知之所言：商人在「入中」的路途上，也許會附帶販賣、蒐購一些商品，如此一來，更使得「入中」制度在經濟上所產生的邊際效益，儘可能的增加，進一步促進了北方的經濟發展。〔註263〕

從以上的討論中，我們可以知道宋代地方的監當官體系，有著增加政府財賦收入，調節與促進經濟發展的積極作用。監當官雖然只是地方上基層的官僚，個別、單一的監當機構對宋朝的整個國家機器而言也許無足輕重，但是整個地方監當官體系所形成的經濟效益，卻在財稅斂散與經濟流通中表現了出來。這是我們在討論宋代地方監當官體系時不可忽略的一點。

〔註263〕宮澤知之〈北宋的財政與貨幣經濟〉，收入劉俊文主編《日本中青年學者論中國史：宋元明清卷》（上海：上海古籍出版社，1995年12月初版），頁86～92。

第三章　宋代中央的監當機構

　　宋代除了在地方上設有錢監、坑冶、作院、監倉、庫務、州糧料院、監稅、監鎮、監鹽、監茶、監渡、監酒、榷場、市舶司、榷貨務、市易務、監堰、牧監、買馬務、館驛、交子務、折博務等監當場務之外，中央也設置有許多監當機構，且中央監當機構的種類更為繁多。各機構的主管官員，除了監當官之外，還常見各種「勾當」、「提舉」、「提點」、「提轄」等官，與監當官共同管理監當機構。我們在對這些監當機構進行討論時，若要將監當官單獨區分出來進行討論，則將無法瞭解整個監當機構的職掌與影響。因此，本文將這些「勾當」、「提舉」、「提點」、「提轄」等官也列於討論的範圍之內。

　　本章將中央監當機構，分為軍器的製造與管理機構、服務皇室與中央官署之監當機構、倉儲出納管理機構、稅務與官營商業機構、其他專門性事務之監督管理機構等五類。由於中央監當機構的種類與數量實在太多，因此筆者對於一些執掌較為單純、易於了解的機構，只能作簡單的介紹，略述其沿革、執掌、編制及其他相關事務而已。以下分為五節論述之。

第一節　軍器製造與管理機構

一、北宋時期的軍器製造與管理機構

1. 軍器庫

　　北宋時，軍器庫共有五庫。「衣甲庫」、「弓槍庫」、「劍弩箭庫」在崇政殿東橫門外，由諸司使副、內侍六人分庫通領。「軍器什物庫」在清平坊，以三

班使臣二人監領。太宗淳化二年又設「揀選衣甲器械庫」於內弓箭庫門內，以諸司使副、內侍二人監領。五庫共有兵校四百五十人。掌禁兵器、鎧甲、供軍什器，及受作坊諸司及諸州造作兵器之成者，凡出納之事皆主焉。〔註1〕亦即爲收貯中央作坊與地方作院所製造之各類軍器之所。南宋時，軍器五庫合併爲內軍器庫。

2. 內弓箭庫

在橫門外，掌御弓矢戎具及細鎧具裝槍旗刀劍斧鉞器械。以諸司使副、內侍四人勾當，別以三班內侍二人監門，領兵校及匠一百三十一人。〔註2〕是負責掌管御用兵器的機構。仁宗慶曆二年十一月，以內臣二人爲監官。〔註3〕此外還有「都大提舉（點）內弓箭軍器等庫所」，負責監督內弓箭庫與軍器四庫。〔註4〕神宗熙寧六年（1073）七月，下詔設置「內弓箭南庫」，儲御前所修製之軍器。〔註5〕隨後又設置了「內弓箭外庫」。〔註6〕至此內弓箭庫有內、外、南三庫。南宋高宗建炎四年，將內弓箭三庫併入內軍器庫。

3. 弓弩院

太祖開寶元年（968）置。掌造弓弩、甲冑、器械、旗劍、御鎧之名物。以諸司使副、內侍二員監領，其下有兵匠一千零四十二人。〔註7〕弓弩院與內弓箭庫的職掌相近，因此內弓箭庫時常借調弓弩院的工匠至內弓箭庫造箭。仁宗嘉祐三年（1058）十二月，提舉司就奏言「後苑御弓箭庫抽取弓弩院工匠人二人，赴庫造箭，實違條制。」結果仁宗下詔將工匠發遣歸弓弩院。〔註8〕

4. 弓弩造箭院

掌造長箭、弩箭。舊有南北二庫，咸平六年合爲一院。編制有三班及內侍二人監領，其下有工匠一千零七十一人。〔註9〕

〔註1〕《宋會要輯稿・食貨》52～30a-b。
〔註2〕《宋會要輯稿・食貨》52～30a。
〔註3〕《宋會要輯稿・食貨》52～31a。
〔註4〕《宋會要輯稿・食貨》52～31b～32a。所謂軍器四庫，可能不包括軍器什物庫，因爲該庫在清平坊，而其他軍器四庫、內弓箭庫皆在橫門外。
〔註5〕《宋會要輯稿・食貨》52～31b。
〔註6〕《續資治通鑑長編》卷285～15a，熙寧十年十一月辛亥條，已見「內弓箭外庫」之名。
〔註7〕《宋會要輯稿・職官》16～24a。
〔註8〕《宋會要輯稿・職官》16～24a。
〔註9〕《宋會要輯稿・職官》16～24b。

5. 東西作坊

原名作坊，太祖開寶九年（976）九月分爲南北作坊，神宗熙寧年間改爲東西作坊。〔註 10〕掌造兵器、戎具、旗幟、油衣、藤漆、什器之物，以給邦國之用。各以京朝官、諸司使副、內侍二人監，內侍二人監門。其下分爲五十一作：木作、杖鼓作、藤席作、鎖子作、竹作、漆作、馬甲作、大弩作、條作、稜作、胡鞍作、油衣作、馬甲生葉作、打繩作、漆衣甲作、劍作、糊黏作、戎具作、掐素作、雕木作、蠟燭作、地衣作、鐵甲作、釘鈒作、鐵身作、馬甲造熟作、磨劍作、皮甲作、釘頭牟作、銅作、弩樁作、釘弩樁紅破皮作、針作、漆器作、畫作、鑞擺作、綱甲作、桑甲作、大爐作、小爐作、器械作、錯磨作、鏇作、鱗子作、銀作、打線作、打麻線作、槍作、角作、鍋砲作、磨頭牟作。〔註 11〕

在作坊服役的兵匠，北宋時，有萬全四指揮兵匠三千七百人；〔註 12〕東西作坊工匠五千人，雜役兵士九十六人。〔註 13〕此外北宋前期尚有女工制度，禁軍兵士的妻子若犯通姦罪，常發配至作坊擔任女工。不過，眞宗天禧二年三月曾下詔：「諸班直、諸軍妻坐姦者，決訖即放，不須隸作坊針工，其見役者百五十七人皆釋之。」〔註 14〕仁宗天聖元年也下詔：「裁造院所招女工及軍士妻配隸南北作坊者，并放從便。自今當配婦人以妻窯務或車營、致遠務卒之無家者。」〔註 15〕最後還是廢止了女工制度。

南宋紹興三年時，東西作坊併於軍器所。

6. 作坊物料庫

掌鐵木鉛錫羽箭簳油蠟石矢鏇麻布毛漆朱等料，給作坊之用。以京朝官、內侍三人爲監官。舊有三庫，景德元年合爲一庫。〔註 16〕如弓弩院造箭庫所需材料，即由作坊物料庫支用。

仁宗天聖六年（1028），權三司使范雍言：「作坊物料庫所受納翎毛，經年蛀蟲。河陝諸州軍上京般請，主彼皆不任用。欲自今除在京合銷翎毛數目

〔註 10〕《宋會要輯稿・方域》3～51a。
〔註 11〕《宋會要輯稿・方域》3～50b～51a。
〔註 12〕《宋會要輯稿・職官》16～12b。
〔註 13〕《宋會要輯稿・職官》16～13a。
〔註 14〕《宋會要輯稿・刑法》4～8b。
〔註 15〕《續資治通鑑長編》卷 101～5b，天聖元年閏九月甲午。
〔註 16〕《宋會要輯稿・食貨》52～4b～5a。

於向南出產州軍置場收買送納外，所有河陝京東西五路州軍，即令轉運司破省錢收買，應副使用。」〔註 17〕可見作坊物料庫的管理並不理想，致翎毛等材料的質量達不到邊防軍隊的要求，故范雍請求北方五路得自行購買翎毛等材料。

7. 皮角場庫

掌受天下骨革筋角脂硝，給造軍器、鞍轡、氈毯。原有一場三庫，景德三年併為一庫。同時也將「椿水牛皮筋庫」併入。以京朝官、三班或內侍二人監，又以三班使臣一人監門。〔註 18〕

8. 斬馬刀局

神宗熙寧五年五月設置，負責製造「斬馬刀」。據《續資治通鑑長編》記載：

> 熙寧五年五月庚辰朔，御文德殿視朝。命供備庫副使陳珪管勾作坊造斬馬刀。初，上匣刀樣以示蔡挺，刀刃長三尺餘，鐔長尺餘，首為大環。挺言製作精巧，便於操擊，實戰陣之利器也。遂命內臣領工置局，造數萬，分賜邊臣。（註：斬馬刀局蓋始此。）〔註 19〕

可見斬馬刀原由供備庫副使陳珪在東西作坊試造，由於製作精良，神宗特令別置一局，由內臣監領。

二、南宋時期的軍器製造與管理機構

靖康之禍，宋室南遷。中央監當機構的編制都隨著這場大變局而有相當大的調整與改變。舊有的中央監當機構淪陷於金人之手，而高宗定鼎於臨安之後，也不是完全回復北宋時期的監當機構編制，而是採取縮減編制、合併機構的原則，對中央監當機構進行了裁減與調整。在軍器的製造與管理機構方面，就合併為內軍器庫、軍器所兩個機構。

1. 內軍器庫

南宋高宗建炎四年二月，下詔：「行在軍器衣甲、內弓箭南、內、外庫，四庫併為一庫，以『內軍器庫』為名。」〔註 20〕其後弓槍庫、劍弩箭庫亦併入內軍器庫，〔註 21〕紹興三年五月，又將「軍器什物庫」併入內軍器庫。〔註 22〕南

〔註 17〕　《宋會要輯稿·食貨》52～5a。
〔註 18〕　《宋會要輯稿·食貨》52～9b～10a。
〔註 19〕　《續資治通鑑長編》卷 233～1a，熙寧五年五月庚辰。
〔註 20〕　《宋會要輯稿·食貨》52～27a。
〔註 21〕　《宋會要輯稿·食貨》52～29b 載：「本庫自建炎四年八月，軍器七庫併作一

宋亦置「都大提點內軍器庫所」，負責監督庫務。孝宗時，內軍器庫分爲南北兩庫，監官以下官吏兵匠人數一百三十六人。〔註23〕

2. 製造御前軍器所

簡稱爲軍器所。「元豐官制置軍器監，以掌戎器之政令。又有御前軍器所。」〔註24〕軍器所負責製造軍器，初隸屬於軍器監，由內侍宦官擔任提舉官。紹興時改隸工部，編制逐漸擴大，許多製造軍器的機構併入了軍器所，高宗紹興三年四月，「詔東西作坊作匠、人吏、物料併入軍器所，監官依省罷法。」〔註25〕將東西作坊併入了軍器所。東西作坊所屬的「萬全軍匠三千七百人，東西作坊工匠五千人」〔註26〕也改隸於軍器所的編制之下。此外，當時在建康府另設有「軍器局」，最後也併入了軍器所。高宗紹興七年（1137）正月一日，樞密院奏言：「軍器最爲朝廷目今急務，擬欲泛拋諸路州軍製造，恐騷擾於民，理宜措置：置軍器局一所，仍以製造御前軍器局爲名，隸屬樞密院并工部，於建康府置局。」可見軍器局是宋金戰爭時期臨時設置的機構。設有提轄、監造、受給、監門等官，以及手分三人、貼司三人。同年十一月，「詔軍器局廢罷，併歸軍器所。其人匠、物料等令提舉官楊忠憫等管押裝發赴臨安府軍器所交割收管。」〔註27〕軍器局便併入了軍器所，軍器局存在的時間不到一年。可見南宋的軍器所，是由北宋的軍器所、東西作坊以及南宋初的軍器局合併而成。

孝宗以後，軍器所的編制逐漸確立：「提點官二員，提轄、監造官各二員，幹辦、受給、監門官各一員。」〔註28〕幹辦官之下有幹辦司手分一名，管幹關防、覺察受給、大門交收官物等事。監造官之下有人吏三人，主管行移文字；並分管三案：「行移內」案掌造作計料，「軍器」案掌點勘人匠開收並招收，「轉補事務」案負責書勘起請諸色物料。監門官之下有人吏一名，負責承行文字、點檢官物出入、搜檢人匠等事。〔註29〕

庫，以（內）軍器庫爲名。」弓槍庫、劍弩箭庫併入內軍器庫當在此時。

〔註22〕《宋會要輯稿・食貨》52～27b。
〔註23〕《宋會要輯稿・食貨》52～29b。
〔註24〕李心傳《建炎以來朝野雜記》甲集，卷18〈御前軍器所〉，頁34b。
〔註25〕《宋會要輯稿・職官》16～5a。
〔註26〕李心傳《建炎以來朝野雜記》甲集，卷18〈御前軍器所〉，頁34b。
〔註27〕《宋會要輯稿・職官》16～22b～23a。
〔註28〕《宋史》卷163〈職官三・工部〉，頁3864。
〔註29〕《宋會要輯稿・職官》16～4a。

軍器所的工匠，有地方官府派遣而來者。紹興七年十一月有詔：「諸州軍差到軍器所造弓弩人匠，依舊一年一替。今本州差人前來交替，如內有不願交替之人，依舊造作，支破請給。」〔註30〕將東西作坊併入軍器所後，其原有的兵匠亦歸軍器所管轄。紹興三十年八月，規定萬全四指揮中，兵匠以二千人、雜役兵士五百人爲額。〔註31〕東西作坊工匠則以一千六百人（每坊八百人）、雜役兵士九十六人（各四十八人）爲額。〔註32〕

第二節　服務皇室與中央官署之監當機構

一、皇室與中央政府日常用品的製造

1. 文思院

文思院掌「金銀、犀玉工巧及采繪、裝鈿之飾，凡儀務、器仗、權量、輿服所以供上方、給百司者，於是出焉。」〔註33〕亦即負責宮廷及中央政府各種禮儀用品、裝飾用品、服飾、珠寶等物品的製造。文思院的主管包括了「提轄官一員，監官三員，監門官一員。」〔註34〕

文思院分工甚細，其下分爲三十二作：打作、稜作、裹作、鍍金作、金寫作、釘子作、玉作、玳瑁作、銀泥作、碾砑作、釘腰帶作、生色作、裝鑾作、藤作、拔條作、滾洗作、雜釘作、場裏作、扇子作、平畫作、靶劍作、面花作、花作、犀作、結條作、捏塑作、旋作、牙作、銷金作、鏤金作、雕木作、打魚作。又有額外十作，由後苑造作所改隸於文思院：繡作、裁縫作、眞珠作、絲鞋作、琥珀作、弓稍作、打絃作、拍金作、坩金作、剋絲作。諸作有工匠二指揮，由提轄官一員通管，分上下界輪班服役。〔註35〕

北宋時期，文思院還有一項額外的工作，即是製作佛教與道教之「紫衣」、「師號」、「度牒」。〔註36〕直到南宋高宗建炎四年八月下詔：「文思院打

〔註30〕《宋會要輯稿‧職官》16～8a。
〔註31〕《宋會要輯稿‧職官》16～12b。
〔註32〕《宋會要輯稿‧職官》16～13a。
〔註33〕《宋史》卷163〈職官三‧工部〉，頁3864。
〔註34〕《宋史》卷163〈職官三‧工部〉，頁3864。《宋會要輯稿‧職官》29～1a作監官四人，監門官二人。
〔註35〕《宋會要輯稿‧職官》29～1a。
〔註36〕關於「紫衣」與「師號」，是宋代皇帝對於僧道的恩典與榮寵，照例在皇帝或

背度牒、紫衣、師號，官吏專置一司管辦，可罷。監官一員發遣歸本院。手分二人減一名，工匠五人減三人，合存留手分、工匠並撥歸度牒庫，令監官兼行主管。」〔註37〕這項特殊的工作才告取消。

2. 後苑造作所

「掌造作禁中及皇屬婚娶之名物。」〔註38〕負責皇室一般生活所需器物的製造。尤其皇室婚禮為宮中大事，花費甚大，排場隆重，各種婚禮中的裝飾器用亦不惜工本，精雕細琢。後苑造作所其下原有七十四作：生色作、鏤金作、燒朱作、腰帶作、扱作、打造作、面花作、結條作、玉作、眞珠作、犀作、琥珀作、玳瑁作、花作、蠟裏作、裝鑾作、小木作、鋸匠作、漆作、雕木作、平撥作、鍏作、旋作、寶裝作、纓絡作、染牙作、研作、胎素作、竹作、鏃鏤作、糊黏作、像生作、靴作、折竹作、稜作、匙箸作、拍金作、鐵作、小爐作、錯磨作、樂器作、毬子作、掄棒作、毬杖作、絲鞋作、鍍金作、滾洗作、牙作、梢子作、裁縫作、曳條作、釘子作、剝絲作、繡作、織羅作、條作、傷裏作、藤作、打弦作、銅碌作、綿臙脂作、臙脂作、桶作、雜釘作、響鐵作、油衣作、染作、戎具作、扇子作、鞍作、泠墜作、傘作、劍鞘作、打線作。後增置金線作、裏劍作、冠子作、角襯作、浮動作、瀝水作、照子作。〔註39〕負責主管後苑造作所的監當官有三人，以內侍充。監當官之下，設有專典十二人，兵校及匠役四百三十六人。〔註40〕治平四年（神宗即位未改元），神宗下詔：「後苑造作所諸色工匠以三百人為額。」〔註41〕

後苑造作所之外，又有「西作」，掌造禁中服用之物，負責主管「西作」者，以入內都知押班一人提點，三班使臣四人監，又監門二人。在提點官與監官之下，設有兵校及匠一百七十一人。仁宗慶曆二年罷。〔註42〕

3. 後苑燒朱所

臨朝太后誕節（生日）時由皇帝頒賜，由祠部發給。以示為皇帝或太后祈福。參見黃敏枝《宋代佛教社會經濟史論集》（台北：台灣學生書局，民國78年）第 11 章〈宋代的紫衣師號〉，頁 443～510。

〔註37〕《宋會要輯稿・職官》13～40a。
〔註38〕《宋史》卷 166〈職官六・入內內侍省〉，頁 3940～3941。
〔註39〕《宋會要輯稿・職官》36～73a。
〔註40〕《宋會要輯稿・職官》36～73b。
〔註41〕《宋會要輯稿・職官》36～75a。
〔註42〕《宋會要輯稿・職官》36～73b。

「掌燒變朱紅，以供丹漆作繪之用。」太宗太平興國三年設置，當時令僧人德愚、德隆於後苑中鍊造紅漆，眞宗咸平時停廢。大中祥符年間復置，天禧五年（1021）並令僧人惟秀「省其法」（檢討鍊造紅漆的方法）。燒朱所內，除僧人負責鍊造紅漆之外，並由內侍一人監之。〔註43〕燒朱所與後苑造作所的燒朱作，執掌大致相同。可能是因爲佛教寺廟亦常用紅漆塗飾，僧人因此掌握了鍊造紅漆的方法，故宋廷亦延請僧人爲宮室燒製紅漆。

4. 西內染院

舊名染坊，太宗太平興國三年分爲東西二染院，眞宗咸平六年將東院併於西院。負責主管西內染院的監當官，以京朝官、諸司使副、內侍一人監，別以三班一人監門。監當官之下，領匠六百十三人。其執掌爲「染繰帛條線繩革紙藤之屬」。〔註44〕是負責將布帛藤革等物加以染色的監當機構。

5. 西染色院

掌受染色之物，以給染院之用。是爲西內染院提供染料的機構。太宗太平興國二年設置東染色庫，三年又設置西染色庫，眞宗咸平二年（999）將東庫省併。負責管理西染色院的監當官，以京朝官、三班使臣二人監，監當官之下，設有兵士十七人。〔註45〕

6. 綾錦院、文繡院

太祖乾德四年（966），以平蜀所得錦工二百人，置「內綾院」。太宗太平興國二年分東、西兩院。端拱元年（988）又合爲一。負責管理綾錦院的監當官，以京朝官、諸司使副、內侍三人監。監當官之下，領有兵匠一千三十四人。〔註46〕

綾錦院之外，徽宗時又設有文繡院。徽宗崇寧二年三月，試殿中少監張康伯奏言：「乞置繡院一所，招刺繡工三百人，仍下諸路選擇善繡匠人以爲工師。」徽宗同意，以「文繡院」爲名。〔註47〕

7. 裁造院

掌裁置衣服以供邦國之用。宋初有「針線院」。太祖乾德四年始置裁造院。

〔註43〕　《宋會要輯稿・職官》36～76a-b。
〔註44〕　《宋會要輯稿・職官》29～7a。
〔註45〕　《宋會要輯稿・職官》29～7a。
〔註46〕　《宋會要輯稿・職官》29～8a。
〔註47〕　《宋會要輯稿・職官》29～8a-b。

負責管理裁造院的監當官，以京朝官、三班、內侍二人監，別以三班一人監門。監當官之下，領匠二百六十七人。裁造院內早期甚至有女工，至眞宗景德三年三月，「詔罷裁造院執針女工。」女工才加以廢除。〔註48〕

裁造院雖爲宮廷製衣的監當機構，但是其工匠手藝往往不如民間百姓，許多裁造院工匠做不出來的物色，只能委請一般百姓來製作。眞宗大中祥符五年（1012）二月就下詔於裁造院：「自今應承受房臥及繡造物色，本院繡造不逮者，分於奉節指揮及百姓繡戶，支工錢令繡造，即不得抑勒差配，更不令三尼寺繡造。須監官當面支散工錢，無縱減刻。」〔註49〕

8. 修內司

負責皇城內宮省垣宇繕修之事，領雄武兵五千人。其監當官名稱不一，眞宗天禧四年六月下詔：「自今後修內司差內侍使臣二人、入內內侍省使臣一人勾當。」〔註50〕仁宗嘉祐三年六月又下詔：「以入內內侍省內侍都知史志聰、副都知任守忠爲都大提舉內中修造。」〔註51〕

9. 東西八作司

舊爲一司，太宗太平興國二年分爲兩司。眞宗景德四年又並爲一司。仁宗天聖元年再度分設東西二司。東司在安仁坊，西司在安定坊，各有勾當官三人，以諸司使副及內侍充。其下設有八作：泥作、赤白作、桐油作、石作、瓦作、竹作、塼作、井作。〔註52〕其後東西八作司又合併爲一司，至神宗元豐二年八月壬寅，「復八作司爲東西兩司，各置監官，文臣一員，武臣二員。」〔註53〕眞宗大中祥符二年六月規定：「自今（八作司）凡有營造，並先定地圖，然後興功，不得隨時改革。若事有不便須改作者，並奏裁。」〔註54〕可見八作司在負責京師營繕工程之前，都必須事先規劃，然後施工。

八作司之下有廣備指揮，主修築城牆之事，下設二十一作：大木作、鋸匠作、小木作、皮作、大爐作、小爐作、麻作、石作、塼作、泥作、井作、赤白作、桶作、瓦作、竹作、猛火油作、釘鉸作、火藥作、金火作、青窯作、

〔註48〕 《宋會要輯稿・職官》29～8b。
〔註49〕 《宋會要輯稿・職官》29～8b。
〔註50〕 《宋會要輯稿・職官》30～1a。
〔註51〕 《宋會要輯稿・職官》30～1a。
〔註52〕 《宋會要輯稿・職官》30～7a。
〔註53〕 《宋史》卷15〈神宗紀二〉，頁298。
〔註54〕 《續資治通鑑長編》卷71～20b，大中祥符二年六月丙申。

窟子作。八作司東西二坊領雜役廣備四指揮、工匠三指揮。〔註55〕這些工匠的技藝常常是父子相承，眞宗大中祥符六年四月即下詔：「八作司父兄子弟會作藝者聽相承，於本司射糧充工匠，仍許取便同居。」〔註56〕

八作司之下另有「修造司」，掌督京城營繕及畿縣屯兵營舍修葺之事。太宗太平興國七年（982）置，淳化三年（992）分爲左右廂，隸屬於東西八作司。淳化五年又由東西八作司中析置分出，以諸司使及內侍二人提舉。〔註57〕眞宗咸平元年（998），置「都大店宅務兼修造司」，咸平六年又將修造司由店宅務分離出來，大中祥符元年再度將修造司改隸於八作司。以京朝官、三班、內侍三人爲監官。監當官之下，領有修造指揮五百人。〔註58〕

10. 煎膠務

太宗太平興國元年（976）置場，煮皮爲膠，以給諸司之用。以三班使臣及內侍一人充任監當官。其退料亦置場，設置「出鬻匠」十二人。〔註59〕

11. 京東、西窯務

掌用陶土燒製製成磚瓦器，以給營繕之用。宋初有東、西窯務，眞宗景德四年廢，而在河陰設置窯務，只於京西設受納場。大中祥符二年因修建玉清昭應宮，因而復置東窯務，以諸司使副、三班三人監領，其下有匠一千二百人。同時並將京西受納場改名爲西窯務，以三班使臣二人監。〔註60〕

窯務之下，附設有「蒿場」。負責提供蒿草以作爲燒窯的燃料。蒿場亦設有監當官管理。眞宗大中祥符三年十二月有詔：「東窯務蒿場，自今止使臣二人監當，月給食直錢五千。」〔註61〕可見蒿場監當官的員額爲兩人。

12. 鑄鎬務

掌造銅鐵鋿石諸器及道具，以供出入之用。原名「廢錢監」，景德三年改名爲鑄鎬務。其編制：京朝官、三班二人爲監官。監當官之下，設有工匠一百十人。眞宗大中祥符二年曾下詔由鑄鎬務鑄造「門環、浮漚、釘線、葉段」等物，可見鑄鎬務是負責用廢錢、銅、鐵等材料，製造各種什物雜器。

〔註55〕《宋會要輯稿‧職官》30～7a。
〔註56〕《宋會要輯稿‧職官》30～8a。
〔註57〕《宋會要輯稿‧職官》30～16a。
〔註58〕《宋會要輯稿‧食貨》55～2a。
〔註59〕《宋會要輯稿‧食貨》55～13b。
〔註60〕《宋會要輯稿‧食貨》55～20b～21a。
〔註61〕《宋會要輯稿‧食貨》55～21a。

〔註62〕

　　仁宗天聖三年（1025）規定：「鐃、鈸、鐘、磬、酒鏇子、照子等，許令在京鑄鑷務在外就近便官場收買，並須鐫勒匠人、專副姓名并監官押字。」〔註63〕可見鑄鑷務如無法造出官府所需之物，則向外收買什物雜器以供官府使用，但卻要匠人、專副鐫勒姓名，監官押字，充爲鑄鑷務所造。此外，「鑄鑷務逐旬造到器用，功課斤兩欲先令盡數赴省呈驗，訖，差人押赴在京商稅院出賣。」〔註64〕可見鑄鑷務所製造之物，若非官府所需，則可以送到在京商稅院出賣。

13. 事材場

　　太宗太平興國七年置。掌度材截斷以給營繕。負責管理事材場的監當官，以諸司使副、閣門祇候內侍四人監。監當官之下，領匠一千六百五十三人，雜役三百四人。〔註65〕爲各類營造建材的製造機構。

　　另外，太平興國七年同時設置了「退材場」，掌受京城內外廢退材木，揀擇以給營造什器及樵薪之用。但於眞宗景德三年遭到裁廢，由事材場兼掌。〔註66〕

14. 丹粉所

　　「掌燒變丹粉，以供繪飾。監官一人，內侍充。」〔註67〕是負責提供彩繪顏料的機構。

二、爲皇室提供服務者

　　爲皇室提供各種服務的監當機構，由於在大內皇宮中供職，對於官吏品行的要求也相當嚴格。眞宗天禧三年六月曾有詔：「應在內諸司庫務見管公人，并令五人爲保，委得守愼行止，不作過非，連坐繳奏。若自來兇惡累犯者，分析以聞。今後同保人常切覺察，如有兇惡難鈐轄之人，許人員、同保告官斷罪。」〔註68〕也就是官吏須五人爲保，互相監視，有罪不舉則要連坐。

〔註62〕《宋會要輯稿・食貨》55～19a-b。
〔註63〕《宋會要輯稿・食貨》55～19b。
〔註64〕《宋會要輯稿・食貨》55～19b。
〔註65〕《宋會要輯稿・食貨》54～15a。
〔註66〕《宋會要輯稿・食貨》54～15a。
〔註67〕《文獻通考》卷57〈職官十一〉，頁515中。
〔註68〕《宋會要輯稿・職官》27～44b。

現將爲皇室提供服務的各類監當機構，分類敘述如後：

（一）衣

1. 尙衣庫

原名「內衣庫」，眞宗大中祥符二年改名爲尙衣庫。主管尙衣庫者，有監官二人，以內侍宦官、三班使臣充任。監當官之下，設有典一人、匠四人、掌庫十人。尙衣庫「掌駕頭服御繖扇之名物。凡御殿、大禮前一日，請乘輿、袞冕、鎭圭、袍服於禁中以待進御，事已復還內庫。」〔註69〕負責管理宮廷禮儀時皇帝所用之袍服器物。到了神宗熙寧四年六月，下詔：「尙衣庫官物等併入內衣物庫，仍改內衣物庫爲尙衣庫。」〔註70〕意即內衣物庫與尙衣庫合併，而以尙衣庫爲名。

2. 內衣物庫

初名「衣庫」，後改名爲內衣物庫。〔註71〕負責管理內衣物庫者，有監官二人，以京朝官或內侍充任。監當官之下，設有典八人、掌庫三十一人。內衣物庫「掌受納錦綺、綾羅、色帛、銀器、腰束帶料。造年支，準備衣服，以待頒賜諸王、宗室、文武近臣、禁軍將校時服。」〔註72〕是負責準備高級服飾以供皇帝頒賜的監當機構。

太宗太平興國二年曾設置「受納匹段庫」，受納綾、錦、西川鹿胎、綾羅、絹、匹段。大中祥符元年併入內衣物庫。〔註73〕

神宗熙寧四年六月，詔將內衣物庫與尙衣庫合併，以尙衣庫爲名。

3. 新衣庫

負責管理新衣庫者，有監官二人，以諸司使副、三班使臣或內侍充任；監門二人，以三班使臣充任。監當官之下，設有典十人、掌庫五十五人。「掌受錦綺、雜帛、衣服之物，以備給賜及邦國儀注之用，并受納衣服以賜諸司丁匠、諸軍。」〔註74〕負責準備較次等的衣服與布帛以賞賜工匠、軍士。

新衣庫中，又分紬絹、錦綺二庫。眞宗咸平四年（1001），並將負責管理

〔註69〕《宋史》卷164〈職官四·殿中省〉，頁3881～3882。
〔註70〕《宋會要輯稿·食貨》52～24a。
〔註71〕《宋會要輯稿·食貨》52～23b。
〔註72〕《宋史》卷164〈職官四·殿中省〉，頁3882。
〔註73〕《宋史》卷164〈職官四·殿中省〉，頁3882。
〔註74〕《宋史》卷164〈職官四·殿中省〉，頁3882。

諸司丁匠諸軍服的「受納衣服庫」併入新衣庫。但神宗熙寧四年五月，新衣庫遭到裁廢，其官物撥赴儀鸞司等處。〔註75〕

（二）食

1. 御廚、御膳素廚、菜庫東廚

御廚的職掌，為「供御之膳羞及給內外饗餼割烹煎和之事」。主管御廚者，有勾當官四人，以京朝官、諸司使副及內侍充。其下有食子、兵校共一千六十九人。〔註76〕其後官員、兵校人數屢有變更，南宋高宗紹興二十九年七月，「詔御廚權以四百人為額。」〔註77〕

御膳素廚，真宗大中祥符九年置，掌車駕行幸開啓燒香及吃素月分，供御素食。以監御廚官兼領。〔註78〕

菜庫東廚，掌給入內院子等蒸餷菜飯。仁宗景祐時廢之。〔註79〕

2. 法酒庫、內酒坊、都麴院、御前酒庫

法酒庫掌「造酒以待供進及祭祀、給賜。」〔註80〕以京朝官、諸司使副、內侍三人為監官，另以內侍二人監門。監當官之下，設有匠十四人，兵校一百一十人。〔註81〕

內酒坊「惟造酒，以待餘用。」〔註82〕負責管理內酒坊的監當官，以京朝官一人監，三班內侍二人監門。監當官之下，設有匠十九人、兵校一百三十九人、掌庫十四人。〔註83〕內酒坊亦為宮中釀酒的監當機構，但其用途為「待餘用」，與法酒庫掌「祭祀、給賜」的酒相比，內酒坊所造之酒可能不及法酒庫精良。

都麴院則「掌造麴，以供內酒庫酒醴之用，及出鬻以收其直。」〔註84〕負責提供造酒的原料，有餘並可出賣。都麴院的監當官由京朝官、諸司使副

〔註75〕《宋會要輯稿‧食貨》52～24b～25a。

〔註76〕《宋會要輯稿‧方域》4～1a。

〔註77〕《宋會要輯稿‧方域》4～5b。

〔註78〕《宋會要輯稿‧方域》4～1a。

〔註79〕《宋會要輯稿‧方域》4～1a。時間作「景祐五年」，似誤。

〔註80〕《宋史》卷164〈職官四‧光祿寺〉，頁3891。

〔註81〕《宋會要輯稿‧食貨》52～1b。

〔註82〕《宋史》卷164〈職官四‧光祿寺〉，頁3891。

〔註83〕《宋會要輯稿‧方域》3～49b～50a。

〔註84〕《宋史》卷165〈職官五‧司農寺〉，頁3905。

或內侍二人充任。〔註85〕

南宋則設有「御前酒庫」，或稱爲內酒庫或御酒麴料庫。高宗時，張燾奏言：「禁中既有內酒庫，釀殊勝，酤賣其餘，頗侵大農。」〔註86〕御前酒庫所釀之酒太好，使得戶部所屬的酒庫收入大受影響，至孝宗淳熙九年（1182），始下詔：「御酒麴料庫支賣新煮酒，並行住罷。將在棧煮蘭液酒二十萬瓶，付點檢贍軍酒庫所。」〔註87〕禁止了御前酒庫賣酒的作法。

3. 油醋庫

掌造麻荏菜三等油及醋，以供膳局。負責管理油醋庫的監當官，以京朝官、三班及內侍二人監。監當官之下，設有油匠六十、醋匠四人。〔註88〕宋初原有油、醋兩庫，眞宗大中祥符二年併爲一庫。〔註89〕當時京師油麻，原本直接交納油醋庫以釀造油、醋，但因專、典等吏人乞錢收賄，三司曾另置「受納脂麻庫」（有監官、副知、雜役、斗子八人）負責收納油麻，再轉手交付油醋庫。仁宗天聖元年四月，廢除受納脂麻庫，改由稅倉收納。〔註90〕

4. 翰林司、內茶紙庫、內茶湯步磨務

「掌供御酒茗、湯果及游幸宴會內外筵設。兼掌翰林院執役者之名籍而奏其番宿。」〔註91〕其主要工作即爲爲皇帝提供茶酒水果，並籌辦宴席。

與翰林司執掌相近者，有「內茶紙庫」，掌供御龍鳳細茶及紙墨之物。以諸司使副、內侍二人充役。後罷廢。〔註92〕又有「內茶湯步磨務」，仁宗景祐三年置，掌碾磨末茶湯供翰林司，以北排岸官兼領。後亦罷廢。〔註93〕

5. 水磨務

掌水碾磨麥，以供尙食及內外之用。太祖開寶三年置。有東西二務。負責管理東、西水磨務者，設有監官各二人，以三班使臣、內侍充。監當官之下，設有匠二百五人。此外，在鄭州亦設有水磨三務，負責磨麥以供上用，

〔註85〕 《宋會要輯稿・職官》26～33a。
〔註86〕 《宋史》卷382〈張燾傳〉，頁11762。
〔註87〕 《宋會要輯稿・食貨》52～1a。
〔註88〕 《宋會要輯稿・食貨》52～3a。
〔註89〕 《宋會要輯稿・食貨》52～3a。
〔註90〕 《宋會要輯稿・食貨》52～3a-b。
〔註91〕 《宋會要輯稿・職官》21～8a。
〔註92〕 《宋會要輯稿・食貨》52～4a。
〔註93〕 《宋會要輯稿・食貨》55～48b。

各置有監官。〔註94〕

6. 內物料庫

原名「供備庫」，太宗太平興國三年改名為內物料庫。掌供尙食及內外膳羞、米麵飴蜜棗豆百品之料。負責管理內物料庫者，有監官二人，以三班使臣及內侍充任；監門一人，以三班使臣充。監當官之下，設有主秤三人、掌庫六人。〔註95〕另有「太官物料庫」，掌預備膳食薦羞之物，以供太官之用。〔註96〕

7. 乳酪院

隸屬於左騏驥院，掌供御廚乳餅酪酥。舊有南北兩院，眞宗景德二年合為一，以騏驥院監官、專副兼充。其下有乳匠七人。〔註97〕南宋高宗建炎三年四月，「詔乳酪院併入牛羊司。」〔註98〕

（三）禮　儀

1. 朝服法物庫

太平興國二年置，後分三庫，崇寧二年併入殿中省。負責管理朝服法物庫者，有監官二人，以諸司使副、三班使臣、內侍充任。監當官之下，設有典三人、掌庫三十人。朝服法物庫「掌百官朝服、諸司儀仗之名物。」〔註99〕

此外，有「南郊家事庫」，眞宗景德四年置，掌南郊家事，以玉津園官兼領（仁宗嘉祐八年（1063）一度添置監官專管，神宗熙寧五年復故），由將作監提轄。〔註100〕又有「宣德門家事庫」三庫，亦掌南郊所用家事，監官二人以登聞鼓院監門官兼領。〔註101〕又有「南郊祭器庫」，設有監官二人；「太廟祭器法物庫」，設有監官二人。掌祠祭器服名物。原隸屬於少府監，後改隸太常寺。〔註102〕另有「南郊什物庫」、「太廟什物庫」，皆為負責提供郊祀、祭典各類用品之所。〔註103〕

〔註94〕《宋會要輯稿・食貨》55～1a。
〔註95〕《宋會要輯稿・食貨》52～4b。
〔註96〕《宋史》卷164〈職官四・光祿寺〉，頁3891。
〔註97〕《宋會要輯稿・職官》21～15a。
〔註98〕《宋會要輯稿・職官》21～12b。
〔註99〕《宋史》卷164〈職官四・殿中省〉，頁3882。
〔註100〕《宋會要輯稿・食貨》52～17a。
〔註101〕《宋會要輯稿・食貨》52～17a。
〔註102〕《宋史》卷164〈職官四・太常寺〉，頁3885；《宋史》卷165〈職官五・少府監〉，頁3918。
〔註103〕《宋史》卷164〈職官四・太常寺〉，頁3885。

2. 冰井務

掌藏冰以薦宗廟、給邦國之用。以內侍一人監。太祖建隆元年置，隸屬於皇城司。神宗熙寧五年九月，依相度在京諸司庫務利害劉永淵之言，將冰井務減罷，撥歸瓊林苑。〔註104〕

（四）寶貨收藏與賞賜

1. 奉宸庫

「掌供內庭，凡金玉、珠寶、良貨藏焉。」〔註105〕舊名「宜聖殿五庫」：一為「宜聖殿內庫」，二曰「穆清殿庫」，三曰「崇聖殿庫」，四曰「崇聖殿受納眞珠庫」，五為「崇聖殿樂器庫」。仁宗康定元年九月合為一，改名為奉宸庫。以入內內侍二人監，入內都知一人提點。〔註106〕

2. 祗候庫

以諸司使副、內侍三人為監官。〔註107〕「掌受錢帛、器皿、衣服，以備傳詔頒給及殿庭賜予。」〔註108〕宰執、親王、使相、侍從百官朝、祭服，冠冕，玄衣等，皆由祗候庫管理發放。〔註109〕發放的程序也有規定：「祗候庫據軍頭司、閤門每日御前宣賜，及隨駕準備賜物外，如要準備錢，常預約數申三司支撥，不得直行撥狀取索。」〔註110〕除了御前賞賜物品可以直接給予之外，如果祗候庫要準備錢財以供賞賜之用，則須向三司申請數額，而不能直接向左藏庫取錢。

3. 鞍轡庫

設有監官二人，以諸司使副、三班使臣、內侍充任。監當官之下，設有勾管一人、典五人、掌庫十四人。鞍轡庫「掌御馬金玉鞍勒，及賜給王公、近臣、外國使并國信轡鞍之名物。」〔註111〕即管理御用騎馬的裝備，並供皇帝賞賜之用。

南宋高宗建炎三年，下詔：「鞍轡庫減罷其所管官物。庫級併入右騏驥院。」

〔註104〕《宋會要輯稿‧食貨》55～1a-b。
〔註105〕《宋史》卷165〈職官五‧太府寺〉，頁3907～3908。
〔註106〕《宋會要輯稿‧食貨》52～17b。
〔註107〕《宋會要輯稿‧食貨》52～35a。
〔註108〕《宋史》卷165〈職官五‧太府寺〉，頁3908。
〔註109〕《宋會要輯稿‧食貨》52～35b。
〔註110〕《宋會要輯稿‧食貨》52～35a。
〔註111〕《宋史》卷164〈職官四‧群牧司〉，頁3895。

紹興十三年（1143）十二月又下詔：「依舊置內鞍轡庫，專一掌管鞍轡等職事。令右騏驥院監官兼管。」〔註112〕可見北宋的鞍轡庫，在高宗時一度裁罷，恢復後名爲「內鞍轡庫」，由右騏驥院監官兼管。

4. 香藥庫、內香藥庫

掌出納外國貢獻及市舶香藥、寶石。以京朝官、三班二人監。眞宗天禧五年六月又設「內香藥庫」，貯細色香藥以備內中須索。由於內香藥庫所貯之香藥係經過檢選者，故又名「經揀香藥庫」。由於內、外香藥庫距離較遠，仁宗天聖八年（1030）增監官一員。〔註113〕

5. 瓷器庫、藥蜜庫、雜物庫

瓷器庫「掌受明、越、饒州、定州、青州白瓷器及漆器以給用。以京朝官、三班、內侍二人監庫。」〔註114〕藥蜜庫「掌糖蜜藥物供馬，以京朝官、三班三人監管。」〔註115〕意即負責「啗馬藥」的儲存，眞宗大中祥符七年三月，藥蜜庫「只差京朝官各一員監掌」。〔註116〕雜物庫「掌受納外雜輸之物，以備支用。以瓷器庫監官兼領。」〔註117〕神宗熙寧三年三月十四日，詔將在京瓷器、藥蜜兩庫併入雜物庫，留藥蜜庫官一員管勾。〔註118〕

6. 合同憑由司

有監官二人，以入內內侍省充。〔註119〕「掌禁中宣索之物，給其要驗，凡特旨賜予，皆具名數憑由，付有司準給。」〔註120〕負責宮中賞賜之物的登記發放。其發放的程序，北宋眞宗天禧五年十二月規定：「自今合同憑由司每有使臣取索金帛錢寶，依舊逐旋覆奏，出給憑由。若止是取索諸雜物，即令本司依舊勘會，出憑由，更逐旋覆奏。直候至晚，繳連赴入內內侍省，當日或次日一處貼黃點檢，用印奏知。」〔註121〕也就是說，金銀錢寶等貴重之物，合同憑由司要先覆奏確認後，才發放錢物並給予憑由。至於一般的雜物，則

〔註112〕《宋會要輯稿·食貨》52～41a。
〔註113〕《宋會要輯稿·食貨》52～5b～6a。
〔註114〕《宋會要輯稿·食貨》52～37a。
〔註115〕《宋會要輯稿·食貨》52～13a。「三班」原作「二班」，今改。
〔註116〕《宋會要輯稿·食貨》52～13a。
〔註117〕《宋會要輯稿·食貨》52～8a。
〔註118〕《宋會要輯稿·食貨》52～8a。
〔註119〕《宋會要輯稿·職官》36～31a。
〔註120〕《宋史》卷166〈職官六·入內內侍省〉，頁3940。
〔註121〕《宋會要輯稿·職官》5～35b～36a。

可先給憑由再覆奏確認。合同憑由司每晚還需將當日發放之錢物清單（「連」），送至入內內侍省查核。入內內侍省每一或二日奏報於皇帝。

南宋淳熙六年（1179）時則規定：「內侍省（合同憑由司）遇有宣索之物，合依舊法給合同憑由二本，一本付傳宣使臣取索，一本省畫時實封，差人置歷，付所取庫物官勘驗支供，仍將合同繳奏，降下戶部除破。南庫、封樁庫下提領所。庶絕姦弊。」〔註122〕可見南宋時合同憑由司發放府庫財物，也有一定程序，合同憑由有兩本，一本給領取財物的官員憑證至各府庫領取；一本則由合同憑由司至各府庫查核，然後呈報給戶部或提領左藏南庫、封樁庫的官員。

（五）其他生活所需

1. 御藥院

太宗至道三年時（997）設置。御藥院的編制，仁宗嘉祐五年規定：有入內內侍四人充幹辦官，其下有典事二人、局史二人、書史四人、貼書七人、守闕貼書十五人、典八人、藥童十一人。〔註123〕

御藥院的職掌為：「按驗方書，修合藥劑，以待進御及供奉禁中之用。」〔註124〕即為宮中藥局。此外，當宋廷舉辦科舉制度的殿試時，御藥院的官員「別掌頒示考官等條貫，監彌政之事。」〔註125〕意即負責監督殿試考卷彌封的工作。

2. 御輦院

掌乘輿、步輦供奉及宮闈車乘之事。負責管理御輦院者，以諸司使及內侍三人監。監當官之下，設有供御指揮使一人，副兵馬使三人，輦官九十二人，主分番擎御輦次；另有輦官七十七人主分番荷御衣箱。此外，有都軍使四人、副兵馬使三人、輦官五百七十八人，分給宮中及戚里。又有眉輿車院，兵士八十九人，掌禁中及諸宮院駕車。〔註126〕是在宮中為皇帝及王公貴族抬轎、駕車的機構。

3. 車輅院

職掌與御輦院相近。神宗時廢群牧司，群牧司管理的供乘法物則歸車輅院。設有監官三員（一員內侍、一員文臣京朝官、一員武臣）。南宋高宗建炎

〔註122〕《宋會要輯稿‧職官》36～31b。
〔註123〕《宋會要輯稿‧職官》19～13a。
〔註124〕《宋史》卷166〈職官六‧入內內侍省〉，頁3940。
〔註125〕《宋會要輯稿‧職官》19～13a。
〔註126〕《宋會要輯稿‧職官》19～16a。

三年罷廢。但是在紹興十二年時，因為前東京車輅院人吏的陳情，高宗又下詔：「車輅院官吏依舊例減半差。」〔註127〕重新恢復了車輅院。

4. 儀鸞司

掌奉乘輿親祠郊廟、朝會、巡幸、宴饗及內庭供帳之事。是負責皇帝住與行的機構。眞宗大中祥符九年分儀鸞司庫為三庫：一曰金銀器皿、簾幕什物之第一第二等者，二曰香燭、簾幕什物之第三第四等者，三曰氈油床椅鐵器雜物。儀鸞司設有勾當官五員（以京朝官、諸司使副、內侍充），勾當官之下，設有兵校及匠二百九十一人，官小一百一十四人。〔註128〕

5. 內柴炭庫

「掌諸薪炭，以給宮城及宿衛班直軍士薪炭席薦之物。」〔註129〕意即提供皇宮及護衛官兵薪炭，以供天寒時燒炭取暖之用。內柴炭庫的管理者，以三班一人監。〔註130〕

（六）其　他

1. 玉津、瑞聖、宜春、瓊林四苑

「掌種植蔬蒔以待供進，修飭亭宇以備游幸宴設。」〔註131〕為北宋時期在汴京開封府設置的皇帝休閒遊憩之所。宋室南遷之後，在行在臨安府設有「聚景園」、「玉津園」、「富景園」、「翠芳園」、「玉壺園」。〔註132〕

2. 養象所

在玉津園東北。掌豢養馴象。養象所每年四月送象於應天府寧陵縣西汴北陂放牧，九月復歸。〔註133〕意即飼養大象的機構。

養象所設置於太祖乾德五年，當時吳越、交趾、廣韶諸州都有進貢大象。南宋亦有設置，但孝宗淳熙十六年（1189）十二月八日，宰執進呈兵部申乞收買馴象，當時孝宗認為：「見設象所，經從騷擾不可言，不如且已，將來郊祀

〔註127〕《宋會要輯稿‧職官》23～1b。
〔註128〕《宋會要輯稿‧職官》22～5a。
〔註129〕《宋史》卷165〈職官五‧司農寺〉，頁3905。《宋會要輯稿‧食貨》52～4a-b作「內茶炭庫」，似誤。
〔註130〕《宋會要輯稿‧食貨》52～4a-b。
〔註131〕《宋史》卷165〈職官五‧司農寺〉，頁3905。
〔註132〕宋‧潛說友纂修，清‧汪遠孫校補《咸淳臨安志》（清道光十年重刊本，台北：成文出版社影印，民國59年3月），卷13〈苑囿〉。
〔註133〕《宋會要輯稿‧職官》23～3a。

不用亦可。」〔註134〕可見養象所飼養之大象，係供「郊祀」之用。而養象所的功能似乎受到質疑。不過，南宋時期養象所仍舊存在，《咸淳臨安志》記載：「象院在嘉會門外御馬院。景定間，安南貢象三，豢其中。」〔註135〕象院即養象所，可見養象所至南宋末度宗咸淳年間仍舊存在。

三、爲文武官吏提供服務者

1. 三省、樞密院激賞庫，三省、樞密院激賞酒庫

這是南宋時隸屬於中央三省、樞密院的激賞庫、激賞酒庫。「監官各二人，二庫並因紹興用兵，創以備邊。後兵罷，專以備堂東兩廚應干宰執支遣。若朝廷軍期急速，錢物金帶以備激犒。諸軍將帥告命綾紙，以備科撥調遣等用。省院府吏胥之給，亦取具焉。」〔註136〕由此可知激賞庫初設於南宋紹興時，名爲「激賞」，可見最初的目的是爲了犒賞官兵，因此庫中存留一些錢物金帶、酒饌飲食之類的財物。但是後來的職掌卻變成「兩廚應干宰執支遣」，意即替宰相等人準備餐點飲食。其錢物除了仍然準備犒軍外，省府院的胥吏也從中支領俸祿。可見激賞庫成爲應付中央政府雜項支出的監當機構。《咸淳臨安志》卷九〈監當諸局〉記載：「三省樞密院激賞錢庫，在俞家園；三省樞密院激賞酒庫，在錢塘縣南。」〔註137〕可見激賞庫又名「激賞錢庫」。

2. 外物料庫

原名「麩麵庫」，眞宗大中祥符七年（1014）改名爲外物料庫。掌給皇城外諸官院油鹽米麵之品。負責管理外物料庫者，有監官二員，以三班使臣、內侍充任。監當官之下，設有掌庫十一人、兵士十人。〔註138〕

3. 牛羊司

掌畜牧羔羊棧飼，以給烹宰之用。負責管理牛羊司者，以京朝官、諸司使副及三班三人監，監當官之下，設有廣牧二指揮一千一百二十六人。〔註139〕南宋高宗建炎四年十一月，「詔牛羊司兵級權以七十人爲額。」〔註140〕監當官

〔註134〕《宋會要輯稿・職官》23～3a-b。
〔註135〕《咸淳臨安志》卷九，頁 9a。
〔註136〕《宋史》卷 162〈職官二・樞密院〉，頁 3803。
〔註137〕《咸淳臨安志》卷九〈監當諸局〉，頁 8b～9a。
〔註138〕《宋會要輯稿・食貨》52～4b。
〔註139〕《宋會要輯稿・職官》21～10a。
〔註140〕《宋會要輯稿・職官》21～12b。

所管理的人數大幅減少。

　　牛羊司設置的時間約在眞宗咸平六年時，當時在河東設有「孳生羊務」
負責牧羊，但向百姓買羊之後若有羊隻死亡，卻要「令民償之」，造成官吏對
百姓「頗有勞擾」。因此咸平五年時另選洛陽南境廣成川爲牧地，咸平六年五
月時，命牛羊司招置軍士。十一月即廢除河東孳生羊務。〔註141〕

　　牛羊司製造的羊肉，其運送也又嚴格規定：「並須每口實定斤重，出抄申
破。不得只憑估羊節級懸估。」〔註142〕也就是要實際秤重斤兩，以免估羊節
級（廣牧指揮中的下級武官）從中舞弊。此外，羊肉也可以出賣，羊的頭肚
「五月至七月埋窖，三月至九月量估價出賣。」〔註143〕所賣的大概是醃羊肉。

4. 供庖務

　　掌受牛羊司羊畜，剔宰以給中外庖爨之用。亦即向皇室、官府供應牛、
羊肉的機構。供庖務原名「宰殺務」，大中祥符四年二月改名爲供庖務。負責
管理供庖務者，有監官二人，以三班使臣充任。監當官之下，設有宰手九十
七人。〔註144〕但仁宗嘉祐五年時，供庖務併入牛羊司。〔註145〕

5. 炭　場

　　「掌儲炭以供百司之用。」〔註146〕除了將石炭供應中央官署所需之外，
石炭場也「掌受納出賣石炭。」〔註147〕可以販賣石炭給百姓，作爲燃料之
用。北宋初有三炭場，京西南場在大通門外，京西北場在開遠門外，城南場
在安上門外天馬坊。每場設有監官二人監管。以受納四十萬秤爲一界，支遣
及半（過二十萬秤）即從上發遣一人歸三班，僅留一人監臨炭場。〔註148〕
炭場的石炭，其來源通常由商人將石炭運至炭場販賣。眞宗咸平三年（1000）
九月，「詔京城稅炭場自今抽稅時減十之三。」〔註149〕可見官府並在炭場向
賣炭的商人抽稅。

〔註141〕《宋會要輯稿・職官》21～10a-b。
〔註142〕《宋會要輯稿・職官》21～10b。
〔註143〕《宋會要輯稿・職官》21～10b。
〔註144〕《宋會要輯稿・食貨》55～46a-b。
〔註145〕《續資治通鑑長編》卷192～21a，嘉祐五年末。
〔註146〕《宋史》卷165〈職官五・司農寺〉，頁3905。
〔註147〕《宋史》卷165〈職官五・太府寺〉，頁3908。
〔註148〕《宋會要輯稿・食貨》54～11a。
〔註149〕《宋會要輯稿・食貨》17～15a。

炭場除了買炭以供諸司之用外，也是京城百姓買炭之處。隨著北宋開封府城的日益繁榮，石炭的需求也日益增加。神宗熙寧三年，除了在城南新設一抽稅炭場外，並規定監官二人之中，一人為合入知縣或第二任監當資序的京朝官，一人為有舉主、歷任無過犯的三班使臣。對於炭場監官的任用，採取了較嚴格的標準。〔註150〕

6. 車營務、致遠務

車營務「掌養飼驢牛，駕車以給內外之役」。負責管理車營務者，以京朝官、諸司使副、三班使臣或內侍三人監。監當官之下，設有役卒四千四百零一十二人。〔註151〕致遠務「掌養驢騾以供載乘輿行幸什器及邊防軍資之用。」負責管理致遠務者，監官三人以車營務兼領。監當官之下，設有兵校千六百二十四人。〔註152〕車營務與致遠務兩者任務性質相近，皆為飼養牛、騾、驢以供皇室與官府交通運輸之用。

7. 駝 坊

掌收養橐駝，以供內外負載之用。太祖開寶二年置。負責管理駝坊者，有監官二人，以三班使臣及內侍充。監當官之下，設有兵校六百八十二人。〔註153〕是飼養駱駝的監當機構。

南宋時，高宗建炎三年四月「詔駝坊官吏減半」，紹興二十四年又規定駝坊兵校「通作四百人為額」。紹興二十九年進一步裁減員額，「駝坊監官三員，減內侍一員，省罷一員。」其他各級人吏兵級都有裁減，唯獨「養象九十人並存留」。〔註154〕可見駝坊已經改養大象了。按照紹興二十八年（1158）的體例規定，駝坊「自來應奉郊祀大駕鹵簿儀仗，前合用大象六頭，準備象一頭，監官三員，專典三人，人員二人，曹司一名，教頭六人，簇象兵士四十九人，駕部職級手分三人。」〔註155〕可見南宋時的駝坊，已經名不符實，以飼養大象為主要工作了。

8. 監 門

〔註150〕《宋會要輯稿‧食貨》54～11a-b。
〔註151〕《宋會要輯稿‧食貨》55～19b～20a。
〔註152〕《宋會要輯稿‧食貨》55～20a。
〔註153〕《宋會要輯稿‧方域》3～48a-b。
〔註154〕《宋會要輯稿‧方域》3～48b。
〔註155〕《宋會要輯稿‧方域》3～49a。

監門官在許多中央監當機構中都有之，是負責管理中央官署門禁出入的監當官。南宋紹興二年，高宗同意了吏部尙書沈與求的奏請，設置六部監門官。「六部監門官一員，掌司鑰，紹興二年置。選陞朝文臣有才力人充。」〔註156〕此外又有「三省、樞密院監門官」，原以小使臣爲之，嘉定六年諫官鄭景紹言：「部門以京朝官，則省門事體尤重。」遂亦命京朝官曾作縣、通判資序人爲之。〔註157〕

9. 都進奏院

都進奏院的職掌爲「受詔敕及諸司符牒，辨其州府軍監以頒下之；並受天下章奏案牘狀牒以奏御。」可見都進奏院的職責，是負責收納地方官員的上奏上呈，要上呈於皇帝或中央各官署；而皇帝的宣敕、中央政府的命令要轉達於地方者，也送至都進奏院，再轉發至全國各地，爲地方官府提供文書轉發的服務。負責管理都進奏院者，有監官二人，以京朝官、三班使臣充任。監官之下，設有諸司進奏官一百二十人。〔註158〕由於各地方官府的進奏官，「皆本州鎮補人爲進奏官」，〔註159〕故中央另設監官管理之。

對於地方上呈的奏狀，眞宗咸平二年規定：「緣邊馬遞至進奏院者，委進奏官自樞密院開拆。」〔註160〕這是對於邊境奏章可能事關軍事機密者，愼重其事的作法。到了大中祥符元年則規定：「諸州實封奏狀，委監進奏院官看詳，驗無損動者，題『封記全』三字，即時入內；有損動者，重封進入。」〔註161〕也就是將保密的範圍擴大到各地的實封奏狀，進奏院只能負責轉送，而沒有拆閱的權力。

第三節　倉儲出納管理機構

一、庫　藏

由於京師爲各地賦稅上供的集中之地，因此京師的庫藏機構，數量眾多。宋代對於京師庫藏的管理也甚爲重視。除了北宋前期設置了「提舉在京諸司

〔註156〕《文獻通考》卷52〈職官六〉，頁482中。
〔註157〕《文獻通考》卷52〈職官六〉，頁482中-下。
〔註158〕《宋會要輯稿・職官》2～44a。
〔註159〕《文獻通考》卷60〈職官十四〉，頁549上。
〔註160〕《宋會要輯稿・職官》2～45a。
〔註161〕《宋會要輯稿・職官》2～45a-b。

庫務司」負責監督之外，眞宗大中祥符元年也規定：「諸司庫務監官兩員已上處，并令一員押宿。一員處令與監門使臣輪宿。如無監門、只監官一員，并雖有兩員而一員當內直或假故者，即與專副輪宿。若監官廨宇在庫務內居住，亦須每夜抄記宿歷，其同監外居者，更不輪宿。」〔註162〕可見京師負責諸庫藏的監當官，必須要輪班值夜。朝廷若要提領庫藏之物，則庫務監官必須隨時提領。眞宗大中祥符八年閏六月有詔：「諸司庫務金帛、緡錢，如有使臣傳宣取索，仰依例畫時應副，即不得將見在都數及將不係取索之物，妄有比類供報，如有違犯，專副、手分處死，監官除名決配。」〔註163〕

對於在京庫務監當官，選任的要求也甚爲嚴格。仁宗天聖元年四月有詔：「監在京諸庫務并選嘗歷任京朝官。其補蔭子弟，雖經監臨而失陷官物者毋得差。」〔註164〕亦即須用有經驗且德行不虧的人來監管在京庫務。至和二年（1055）九月，仁宗又下詔：「京朝官曾犯贓私罪若公坐至徒者，毋得差監在京倉場庫務。」〔註165〕種種嚴格的規定，都是爲了防範弊端的發生。

以下分述各庫藏監當機構的情形：

1. 左藏庫

職掌爲「掌受四方財賦之入，以待邦國經費，給官吏、軍兵奉祿賜予。」〔註166〕可見左藏庫的工作，是儲存地方上供的財賦，這些財賦主要提供京師吏祿兵廩之用，並有一部份用於邊費。北宋時，左藏庫分爲南北兩庫，徽宗政和六年改爲東西兩庫。此外，西京、南京、北京亦各置左藏庫。〔註167〕北宋之左藏南北庫設有監官四人通管。神宗熙寧元年，南庫監官改爲文資一人，使臣二人，北庫監官改爲文資、使臣各一人。〔註168〕南宋高宗時，重新設置左藏東西庫，隸屬於太府寺。〔註169〕並於紹興二十七年五月設「左藏庫提轄檢察官」一人，由戶部派員兼充。〔註170〕左藏東西庫的區分爲：「夫絹帛之庫于東者，監官之員有二，銀會之庫于西者，監官之員有三，所謂提

〔註162〕《宋會要輯稿・職官》27～42a。
〔註163〕《宋會要輯稿・職官》27～43a。
〔註164〕《續資治通鑑長編》卷100～9b，天聖元年四月乙未。
〔註165〕《續資治通鑑長編》卷181～4b，至和二年九月丁丑。
〔註166〕《宋史》卷165〈職官五・太府寺〉，頁3907。
〔註167〕《宋史》卷165〈職官五・太府寺〉，頁3907。
〔註168〕《宋會要輯稿・食貨》51～25a。
〔註169〕《宋會要輯稿・食貨》51～10b。
〔註170〕《宋會要輯稿・食貨》51～28b。

轄者，總其條式而振舉焉。」〔註171〕可見東庫收藏絹帛，西庫收藏貨幣。
同時也可知南宋時左藏東西庫共有監官五人（東庫二人，西庫三人），並由
提轄官監督。

　　左藏庫除收受各地上繳至京師的財賦外，也負責財賦的支出，發放官吏、
軍士的俸祿。眞宗時規定：「三糧料院（諸司、馬軍、步軍糧料院）每日批勘文
旁，須次日實封送左藏庫。本庫立便上簿監官，封記到日。候請人到庫將請受
曆與正勾省帖勘同，於省帖及曆內批書日分拆開文旁，對曆支付。」〔註172〕可
見官吏軍士需持「請受曆」至左藏庫支領俸祿，三糧料院只是將俸祿數字加以
統計，製成名冊（文旁）以便左藏庫查核。南宋乾道時，也規定軍士領取俸祿，
「自（左藏庫）開庫後，限十日令糧審院（糧料院、審計司）批放封發文旁，
赴左藏庫計數揭榜。分作兩日，併支歸軍俵散。」〔註173〕亦是由糧料院、審計
司申報數字，而由左藏庫發放俸祿。左藏庫若無糧料院文旁，則不得發放俸祿。
眞宗大中祥符六年規定：「如左藏庫公然將外來不是糧料院封文旁支遣，只勘左
藏庫干繫人情罪陪塡。」〔註174〕

　　由於左藏庫負責國家財賦的收支，因此監當官職責與操守甚爲重要。太
宗時曾規定：「諸州上供金銀絲錦，係斤兩物色，目前多爲庫務欺壓，秤盤
妄稱，要收羨剩進納。……自今凡有給納，並須兩平，不得更收羨剩，違者
許人陳告。主吏泊秤子、節級、庫子並當處斬，監官重寘之法。」〔註175〕
孝宗紹熙時則規定：「自今差左藏庫監官，如未曾關陞親民資序，不放行。」
〔註176〕但實際上用人似未如此嚴格，寧宗慶元時，左藏庫「所差之官，多
以大小使臣及選人爲之，或是諸色雜流，其源不清，烏得無弊。」〔註177〕
當時左藏庫支給衣絹，「例爲指留好絹，卻將揀下低次絹先次支與諸軍。雖
有進呈絹樣，止是文具。庫官習以爲常，更不點檢，顯屬違戾。」〔註178〕
由於左藏庫負責國家財賦的收納與支出，爲財賦聚積之地，若不嚴格監督，
則貪污舞弊之情事將難以避免。

〔註171〕《宋會要輯稿・食貨》51～18a-b。
〔註172〕《宋會要輯稿・食貨》51～22b～23a。
〔註173〕《宋會要輯稿・食貨》51～32b。
〔註174〕《宋會要輯稿・職官》5～65b。
〔註175〕《宋會要輯稿・食貨》51～20a。
〔註176〕《宋會要輯稿・食貨》51～11a。
〔註177〕《宋會要輯稿・食貨》51～15a。
〔註178〕《宋會要輯稿・食貨》51～13b。

2. 內藏庫

宋太宗太平興國三年十月設置。〔註179〕太祖時曾設有「景福內庫」，〔註180〕至太宗時「分左藏庫爲內藏庫」，並「改講武殿後庫爲景福殿庫，俾隸內藏」。〔註181〕以諸司使副、內侍爲監官，或置都監，別有內侍一人點檢。〔註182〕眞宗景德四年四月，以新衣庫充封樁庫，以「內藏西庫」爲額。〔註183〕至此內藏庫有東、西庫之分。

內藏庫的職掌爲「掌受歲計之餘積，以待邦國非常之用。」〔註184〕可見內藏庫是爲了「待非常之用」而設置的，「凡貨財不領於有司者，則有內藏庫，蓋天子之別藏也。縣官有鉅費，左藏之積不足給，則發內藏佐之。」〔註185〕所以非有特殊需求，盡量不動用內藏庫的庫藏。由於內藏庫爲天子私藏，因此庫中財賦多寡爲宮禁秘密，不得對外透露。眞宗咸平六年二月，下詔：「內藏庫專副以下，不得將庫管錢帛數供報及於外傳說，犯者處斬。」〔註186〕神宗熙寧二年則規定：「令左藏庫逐年支金三百兩、銀五十萬兩赴內藏庫，永爲年額。」〔註187〕將內藏庫的收入固定化。

對內藏庫的監督，眞宗大中祥符元年二月，規定「令尚書省勾檢」。〔註188〕元豐改制後，內藏庫隸於太府寺之下，並由戶部之金部右曹內藏主管「內藏受納寶貨支借、拘催之事」，使得內藏庫要接受戶部、太府寺兩機構的檢察約束。〔註189〕

宋代由於國家的財政支出越來越大，左藏庫常不敷所需，因此三司經常要求動支內藏庫的錢物。眞宗天禧三年十二月就下詔：「內藏庫每年退錢六十萬貫與三司，自今三司更不得申奏乞於內藏庫指射撥借錢物，如稍有違，其三司干繫官吏并行朝典。」〔註190〕可見當時眞宗已經不情願的同意每年由內

〔註179〕《宋會要輯稿‧食貨》51～1a。
〔註180〕《宋會要輯稿‧食貨》51～1b。
〔註181〕《宋史》卷179〈食貨下一‧會計〉，頁4370。
〔註182〕《宋會要輯稿‧食貨》51～1a。
〔註183〕《宋會要輯稿‧食貨》51～1b。
〔註184〕《宋史》卷165〈職官五‧太府寺〉，頁3907。
〔註185〕《宋史》卷179〈食貨下一‧會計〉，頁4369。
〔註186〕《宋會要輯稿‧食貨》51～1b。
〔註187〕《宋會要輯稿‧食貨》51～25a-b。
〔註188〕《宋會要輯稿‧食貨》51～2a-b。
〔註189〕《宋會要輯稿‧食貨》51～8a。
〔註190〕《宋會要輯稿‧食貨》51～4a。

藏庫撥六十萬貫充國家經費。此外，若國家有重大事件發生而需緊急支出時，皇帝也常動用內藏庫財賦以因應。例如：仁宗天聖七年有詔：「令內藏庫、権貨務各支錢十萬貫與陝西、河北收糴斛斗，準備水災人戶闕食。」〔註191〕至和元年六月，中書門下奏言：「近令內藏庫支撥紬絹五十萬匹，見錢三十萬貫，應副河北收糴斛斗。詔：『紬絹見錢令內藏庫依累降指揮疾速支撥。其見錢令三司於逐年退錢內，每年撥還十萬貫，三年還足。』」〔註192〕可見宋代國家財政與皇室財政是有明顯的區分，國家所需的財賦若由內藏庫墊付支用，則三司必須將墊付支錢數歸還內藏庫。至南宋時，亦有臨時支用內藏庫財賦之例，如高宗紹興三十一年（1161），「雪寒，……臨安府城內外貧乏之家，人給錢二百、米一斗及柴炭錢，並於內藏給之。」〔註193〕

3. 元豐庫等

元豐庫為神宗元豐四年修造。〔註194〕「掌受諸路積剩及常平錢物，凡封椿者皆入焉。」〔註195〕元豐庫設置的原因，是因為元豐改制後，宰相將部分財賦設庫封椿，號稱「朝廷封椿」，非戶部所可支用。這種朝廷封椿庫，北宋有元豐、元祐等庫，南宋有左藏南庫、左藏封椿庫，皆須宰執具議奏請，始可支用。哲宗元祐六年下詔：「每歲於內藏庫支緡錢五十萬，或以紬絹金銀相兼支兌，赴元豐庫椿管，補助沿邊軍須等支費。」〔註196〕可見元豐庫雖收納封椿錢物，但動支運用較內藏庫有彈性。哲宗元祐三年，也下詔「改封椿錢物庫為元祐庫」。〔註197〕徽宗時期，也設有「崇寧庫」、「大觀庫」。〔註198〕

4. 左藏南庫、左藏封椿庫

左藏南庫原為「御前激賞庫」。南宋紹興十一年（1141）和議成，万俟卨奏請：「乞以羨財別貯御前激賞庫，不許他用，蓄積稍實，可備緩急。」〔註199〕佞臣王繼先被抄家，「籍其貲以千萬計，鬻其田園及金銀，並隸御前

〔註191〕《宋會要輯稿‧食貨》39～15b～16a。
〔註192〕《宋會要輯稿‧食貨》51～4b。
〔註193〕《宋史》卷178〈食貨上六‧振恤〉，頁4341。
〔註194〕《宋會要輯稿‧食貨》52～14a。
〔註195〕《宋史》卷165〈職官五‧太府寺〉，頁3908。
〔註196〕《宋會要輯稿‧食貨》52～14b。
〔註197〕《宋會要輯稿‧食貨》52～16a。
〔註198〕《宋史》卷165〈職官五‧太府寺〉，頁3908。
〔註199〕《宋史》卷474〈姦臣四‧万俟卨〉，頁13770。

激賞庫。」〔註200〕孝宗初即位，將其改名爲「左藏南庫」，「以侍從官提領，又置提轄檢察官一員。」〔註201〕孝宗乾道六年十一月，「置左藏南上庫」，〔註202〕於是左藏南庫有上下庫之分。

此外，孝宗乾道六年時又設置「左藏封樁庫」，〔註203〕設置左藏封樁庫的目的在於「遠遵藝祖景福內庫之遺意，專以爲軍旅之備也」。〔註204〕該庫「監官一員，監門官一員。淳熙九年以都司提領。初創，非奉親與軍須不支，後或撥入內庫，或以供宮廷諸費，亦以備振恤之用。」〔註205〕

孝宗淳熙二年（1175）十一月，提領左藏封樁庫顏度言：「封樁上下庫與左藏南上下庫，金銀錢物混同。乞將南上下庫及封樁上下庫併爲二庫，以『左藏南庫』、『左藏封樁庫』爲名，並不用上下二字。」〔註206〕遂於淳熙三年三月己巳，「併左藏四庫爲二」。〔註207〕淳熙十年（1183）八月，「詔左藏南庫撥隸戶部」。〔註208〕象徵孝宗將「羨財別貯，不許他用」的天子私藏，交由國家財政掌管使用。淳熙十二年（1185），更將南庫改爲左藏西上庫。〔註209〕光宗紹熙元年（1190）十月，又將左藏西上庫（原爲左藏南庫）改名爲封樁下庫。於是左藏封樁庫又有上下庫之分。也代表該庫又由國家財政劃歸皇室財政。

5. 布　庫

「掌受諸道輸納之布，辨其名物以待給用。」〔註210〕太祖建隆元年設置。以京朝官、三班二人爲監官，又以內侍一人監門。〔註211〕布庫在收到布帛之後，須加以區分等級，分別收藏。眞宗景德四年五月時下詔：「布庫所管布帛，係軍須好布，別庫收掌；其不任軍須者，具病色黶印。若給衣賜者，常約度三二年以來數目，有備。如少，即三司下出產州軍科撥。」〔註212〕意即將上

〔註200〕《宋史》卷470〈佞幸・王繼先〉，頁13688。
〔註201〕《宋史》卷165〈職官五・太府寺〉，頁3909；《宋會要輯稿・食貨》51〜29a-b。
〔註202〕《宋史》卷34〈孝宗紀二〉，頁650。
〔註203〕《宋會要輯稿・食貨》52〜21b。
〔註204〕《宋會要輯稿・食貨》52〜19b。
〔註205〕《宋史》卷161〈職官一・尚書省〉，頁3791〜3792。
〔註206〕《宋會要輯稿・食貨》51〜9a-b。
〔註207〕《宋史》卷34〈孝宗紀二〉，頁661。
〔註208〕《宋會要輯稿・食貨》51〜11b。
〔註209〕《宋會要輯稿・食貨》51〜12a。
〔註210〕《宋史》卷165〈職官五・太府寺〉，頁3908。
〔註211〕《宋會要輯稿・食貨》52〜33a。
〔註212〕《宋會要輯稿・食貨》52〜33b。

等布帛優先供軍需之用，而色澤不佳、蓋有印記而污損者，則不能做軍需之用。布庫並要預計未來兩三年衣賜的數目，預作儲備，如有不足，可向三司申請由出產布帛的地方徵調。

6. 都茶房（茶庫）

「掌受江、浙、荊湖、建、劍茶茗，以給翰林諸司及賞賚、出鬻。」〔註213〕原有二庫，眞宗咸平六年合爲一，加「都」字，以京朝官、三班、內侍二人監。〔註214〕其下領有雜役兵士。眞宗景德三年有詔：「茶庫雜役兵士，隸收倉指揮，若須工役，就撥應役。」〔註215〕也就是說，當茶庫需要人員搬送茶貨時，可向收倉指揮請派兵士來應役。由於各地上供的茶貨，品類不一，查驗分類十分耗費時間。眞宗大中祥符二年時，對茶庫勘驗交納的時間也有限定：「茶庫受納片茶，各定日限看驗交納，無得留滯。片茶：潭州大坊茶伍萬斤，限半月；諸州茶五萬斤，限十日；三萬斤六日。散茶：五萬斤四日，三萬斤三日。臘面茶：萬斤四日。」〔註216〕

二、諸倉（附排岸司、下卸司）

1. 在京諸倉（司農寺倉）

在京諸倉「掌九穀廩藏之事，以給官吏軍兵祿食之用。」〔註217〕爲收納全國各地轉運上供米糧之所。北宋時期共有二十五倉，由司農寺管理。二十五倉如下：豐濟、廣濟、萬盈、廣衍、延豐第一、延豐第二、順城、濟遠、富國、永濟第一、永濟第二、永富等十二倉，受江淮運；裏河折中、外河折中、廣濟第一等三倉，受京西運；廣儲、廣積南、廣積第一、廣濟稅倉等四倉，受京東運；天駟監倉、左、右騏驥院倉、牧養監倉，受人戶馬料以應支用。〔註218〕

二十五倉的管理者爲監倉官，「監倉官分上中下界，司其出納。諸場皆置監官，外有監門官，交量則有檢察斛面官，綱運下卸則有排岸司官。」〔註219〕

〔註213〕《宋史》卷165〈職官五・太府寺〉，頁3908。
〔註214〕《宋會要輯稿・食貨》52～4a。
〔註215〕《宋會要輯稿・食貨》52～3b。
〔註216〕《宋會要輯稿・食貨》52～3b～4a。
〔註217〕《宋史》卷165〈職官五・司農寺〉，頁3905。
〔註218〕《宋會要輯稿・食貨》62～1b～2a。
〔註219〕《宋史》卷165〈職官五・司農寺〉，頁3906。

監倉官分上中下三界是什麼意思呢？太宗端拱二年，樞密直學士余休復奏言：「京城內外凡大小二十五倉，官吏四百二人，計每歲所給不下四百萬石。望自今米麥菽各以百萬石為一界，每界每常參官、供奉官、殿直各一人，專知、副知各二人，凡七人同掌之。」又說：「諸倉凡貯米千四百六十餘萬石，可支三歲，惟小麥、菉豆過三歲即陳惡，望令有司每歲無多調。而米麥各以百五十萬石為一界。」〔註220〕可知監倉官統管二十五倉，由常參官、供奉官、殿直各一人，專知、副知各兩人（共七人）擔任，而二十五倉每倉又各有監官與監門官。當各地轉運米麥菽至京師時，京師諸倉的總儲量為一千四百六十餘萬石，每歲支用四百萬石，約可支用三年。每年（每界）支用米麥各一百五十萬石（原為各一百萬石）、菽一百萬石，共計四百萬石。第一年（上界）支用四百萬石完成後，監倉官七人便卸任，由中界的監倉官另七人負責第二年的米麥支用。第三年則由下界的監倉官（又另七人）負責支用。而在此三年之中，則陸續由全國各地方轉運米麥，儲於各已空之倉。三界（三年）之後，原有的米麥消耗將盡，則重新開始新的上中下三界，如此不斷循環。

至於各倉的監官，直接管理各倉，責任更為重大。因此，對於監官的選任也更加慎重。眞宗於景德元年七月下詔：「三班使臣以蔭補未歷事者，不得令監在京諸倉。」〔註221〕這是限制蔭補出身且未歷事的三班使臣，不得擔任監官。此外，大中祥符六年七月，眞宗又下詔：「自今每差京朝官、使臣監納秋夏稅，不得令公人等供給喫食。監官並須躬親巡覷敖門，不得於監門使臣處，衷私取歷往本家或鄰倉抄出，稱無損動。其監門使臣亦不得顏情私衷，將文歷與監官書押。如違，許人陳告，各以違制論。」〔註222〕也就是說，監官負責清點米糧數量，監門官負責米糧出入的登記。監官必須親自實際清點，不可向監門官借閱文歷，以免帳面數字與實際數字不符。仁宗天聖三年二月，有官吏王應昌奏言：「在京諸倉，舊差朝官、供奉官已上歷外任者勾當，專副、所由、斗子等皆有畏懼，支遣諸軍班月糧皆獲好物。今來諸倉多是京官、殿直，兼有未歷外任者，每有綱運卸納取樣之時，或即到門，或即不來，只憑專副、所由，是致綱梢偷糶官物，入水土伴和交納。……切緣軍儲事大，糧綱不少，欲乞依舊選差歷外任朝官、使臣充百物界守給勾當。」

〔註220〕《宋會要輯稿・食貨》62～2b～3a。
〔註221〕《續資治通鑑長編》卷56～19b～20a，景德元年七月乙未。
〔註222〕《宋會要輯稿・食貨》62～6a。

〔註 223〕這是王應昌為了防堵弊端，而奏請仁宗以經歷外任、有經驗的官員
來擔任諸倉的監當官。仁宗天聖七年再度規定：「在京監百萬倉使臣，今後
須是揀曾經監押、巡檢，別無贓私違犯者充，即不得差未經差使使臣勾當。」
〔註 224〕以上種種嚴格的規定，都是為了防止舞弊的情事發生。

2. 省　倉

　　南宋時，司農寺之下設有「南北省倉」。紹興元年（1131）七月五日，高
宗下詔：「行在省倉受納綱運。」〔註 225〕紹興三年正月六日，「行在省倉內鎮
城倉改為行在南倉，仁和倉改為行在北倉。」〔註 226〕南北省倉之名自此始。
紹興十一年六月六日，高宗又下詔：「行在三倉以行在省倉上中下界為名，監
官監行在省倉上中下界繫御稱呼。」〔註 227〕可見此時省倉已增為三倉，並模
仿北宋上中下界之制。

　　省倉之外，南宋行在又有「豐儲倉」，置監官二員，監門官一員，「紹興
（時），以上供米餘數椿管別廩，以為水旱之助；後又增廣收糴。……非奉朝
廷指揮，不許支撥。」〔註 228〕意即省倉提供一般日常的支用，而豐儲倉則待
非常之際，以備不時之需。

3. 排岸司

　　「掌水運綱船輸納雇直之事。」〔註 229〕負責將由水路綱船運輸而來的米
糧裝卸上車，運送至諸倉。北宋開封府的排岸司分為四司：東司在廣濟坊，
掌汴河東運江淮等路綱船輸納及糧運至京師，分定諸倉交卸，以京朝官二人
勾當，其下有廣濟裝卸役卒五指揮，以備卸綱牽駕。西司在順成坊，領汴河
上鎖，以京朝官一人勾當，裝卸指揮五百零二人。南司在建寧坊，領惠民河、
蔡河，以京朝官一人勾當，廣濟兩指揮一千人為額。北司在崇慶坊，太祖建
隆三年置，領廣濟河，以京朝官一人勾當。廣濟十五指揮元額七千五百人，
並在曹、鄆、濟等州并廣濟軍住營，每年春初由催綱司差配上綱執役。〔註 230〕

〔註 223〕《宋會要輯稿·食貨》62～7a-b。
〔註 224〕《宋會要輯稿·食貨》62～8b。
〔註 225〕《宋會要輯稿·食貨》62～12b。
〔註 226〕《宋會要輯稿·食貨》62～13a。
〔註 227〕《宋會要輯稿·食貨》62～14b。
〔註 228〕《宋史》卷 165〈職官五·司農寺〉，頁 3906。
〔註 229〕《宋史》卷 165〈職官五·司農寺〉，頁 3905。
〔註 230〕《宋會要輯稿·職官》26～28a。

南宋時亦置有排岸司，紹興三年，高宗依知府梁汝嘉之請，專置「行在排岸司」。〔註231〕紹興七年八月又在建康府設置文臣排岸司，置監官一員，以「行在排岸司」爲名。〔註232〕於是臨安府、建康府皆有行在排岸司。

孝宗乾道六年三月，臣僚奏言：「行在排岸司有管下卸兵士一百七十餘人，專以諸倉卸納綱運爲名。應綱運並係諸倉腳子自行卸納，所謂下卸兵士，正是借使諸處，每遇諸倉支遣，即來攙籌爭斛，乘勢作弊。欲乞盡行廢罷。」孝宗因此下詔：「合步軍司拘收充塡廂軍使喚。如內有老疾不堪之人，仰從本司開具姓名申尚書省。」〔註233〕行在排岸司的兵士全部被改編入廂軍。搬運米糧之事則由各倉的腳子來負責。

4. 下卸司

「掌受納綱運。」〔註234〕以京朝官一員監，或以倉界守給官兼管勾。其下領有裝卸五指揮以供其役。〔註235〕可見下卸司的兵士是常駐於京師，要赴各倉服役。與四排岸司兵士居住於外地，春初才調至京師上綱執役的情形不同。神宗熙寧三年十二月詔：「諸倉豆斗子三百九十人並正身祇候，逐月更不赴提舉所探差。只委下卸司依名次差撥，既免虛占人數，住滯綱運，兼支破食錢，各得均濟。」〔註236〕可見下卸司除了本身領有的裝卸五指揮的兵士外，還可以調度各倉的豆斗子（可能爲雇募服役者）輪值服役。

三、糧料院與專勾（審計）司

1. 諸司、馬軍、步軍糧料院

三糧料院「掌以法式頒廩祿，凡文武百官、諸司、諸軍奉料，以券準給。」〔註237〕設有「勾當諸司、馬、步軍糧料院官各一人。」〔註238〕

宋初原以武職三司大將充都糧料使，太祖開寶六年（973）二月，以著作佐郎陸光範充「在京都糧料使」，以太僕寺丞趙巨川充「西京糧料使」，改以

〔註231〕《宋會要輯稿・職官》26～29b。
〔註232〕《宋會要輯稿・職官》26～30a-b。
〔註233〕《宋會要輯稿・職官》26～30b～31a。
〔註234〕《宋史》卷165〈職官五・司農寺〉，頁3905。
〔註235〕《宋會要輯稿・職官》26～32a。
〔註236〕《宋會要輯稿・職官》26～32a。
〔註237〕《宋史》卷165〈職官五・太府寺〉，頁3908。
〔註238〕《宋史》卷162〈職官二・三司使〉，頁3811。

文臣京朝官充任。〔註239〕太宗太平興國五年正月，「分糧料諸司、馬軍、步軍爲三院。」〔註240〕正式設置了三糧料院。太平興國八年（983）一度將馬軍、步軍二糧料院合一，雍熙四年以後又將馬、步軍糧料院分爲二院。〔註241〕神宗元豐二年六月，又「合馬、步軍兩院爲一」。〔註242〕成爲「諸軍糧料院」。

　　由於諸司、馬軍、步軍糧料院掌管中央官吏與馬、步軍軍士的俸祿發放，因此出納時的規定十分嚴格，以防弊端。眞宗大中祥符六年十二月規定：

　　　　三司糧料院「文旁」須實封，送左藏庫監官當面通下，仍于送旁歷右
　　　　語内分明言説文旁多少，並是元批印押其旁，別無虛僞。如已後點檢
　　　　驗認稍有虛僞，便只勘糧料干繫官吏情罪，勒令陪塡所支錢數。〔註243〕

仁宗於乾興元年亦重申：

　　　　應糧料院批勘「文旁」，赴庫通下，仰置簿抄上。候請人將到文歷，
　　　　監官當面將正勾省帖對勘姓名人數，親于帖内勾下姓名支付。〔註244〕

也就是說，文武官員或兵士要領取俸祿時，需先由糧料院審核，由糧料院批勘「文旁」（俸祿發放登記），然後官吏兵士再到左藏庫領取俸祿。左藏庫則將「文旁」與「正勾省帖」（俸祿發放名冊）對勘姓名人數。「文旁」如有錯誤，則糧料院官吏要負責賠償。

　　當時亦有人盜刻糧料院印記，僞造文旁，至左藏庫盜領俸祿。景祐三年，少府監奏言：

　　　　得篆文官王文盛狀：「在京三司糧料院，頻有人僞造印記，印成旁曆，
　　　　盜請官物。欲乞鑄圓印三面，每面闊二寸五分，於外一匝先篆年號
　　　　及糧料院名，計十二字；次一匝篆寅印十二辰，亦十二字；中心篆
　　　　正字，上連印鈕，鑄成轉關，以機穴定之。用時逐月分對，年中轉
　　　　逮十二月，自寅至丑，終始使用。所有轉關正字，次月轉定之時，
　　　　令本院官封押，選差人行使其印。遇改年號，即令別鑄。」〔註245〕

仁宗同意了少府監與王文盛的建議，鑄新印以革弊端。

〔註239〕《宋會要輯稿・職官》5～65a。
〔註240〕《宋會要輯稿・職官》5～65a。
〔註241〕《宋會要輯稿・職官》5～65a。
〔註242〕《續資治通鑑長編》卷298～14a，元豐二年六月丙午。
〔註243〕《宋會要輯稿・職官》5～65a-b。
〔註244〕《宋會要輯稿・職官》5～65b。
〔註245〕《宋史》卷154〈輿服六・印制〉，頁3592。

2. 諸司、諸軍專勾（審計）司

太宗淳化三年設置馬軍專勾司、步軍專勾司，淳化五年又將兩專勾司合為一，稱為馬步軍專勾司。〔註246〕「勾當馬步軍專勾司官一人，以京朝官充。掌諸軍兵馬逃亡收併之籍，諸司庫務給受之數，審較其欺詐，批曆以送糧料院。」〔註247〕神宗元豐二年六月，又設置「諸司專勾司」。〔註248〕諸軍、諸司專勾司負責審核文武官員的俸祿數目，然後「批曆以送糧料院」，由糧料院按專勾司所核定的「曆」（俸祿名冊）簽發領取俸祿的「請受曆」，文武官員再持「請受曆」至左藏庫領取俸祿。這是宋代官員俸祿的發放程序。

南宋高宗建炎元年五月十一日下詔：「諸司專勾司、諸軍專勾司，專字下犯御名同音者，改作諸軍、諸司審計司。」〔註249〕亦即專勾司的「勾」字與高宗趙構的「構」字諧音，因此將專勾司改為審計司。其執掌亦為「審其給受之數，以法式驅磨。」〔註250〕與北宋時的專勾司無異。紹興元年九月規定了審計司的員額：「主押官一員，前行二人，後行七人，貼司三人為額。」〔註251〕

第四節　稅務與官營商業機構

本節討論宋代中央監當機構中負責監督京師稅收與從事商業經營的監當機構，為中央監當機構中主要的生財機構。茲介紹如下：

一、監督京師稅收

1. 在京商稅院（都商稅院、都商稅務）

「掌京城商賈廊店市收，并以京朝官、諸司使副、三班三人監，所領有攔稅、數錢之名。」〔註252〕為宋代負責徵收京城商稅的監當機構。熙寧五年，將在京商稅院隸屬於提舉市易務。〔註253〕朝廷且訂有課額，熙寧十年時，定

〔註246〕《續資治通鑑長編》卷33～9a，淳化三年末。
〔註247〕《宋史》卷162〈職官二‧三司使〉，頁3811。
〔註248〕《續資治通鑑長編》卷298～14a，元豐二年六月丙午。
〔註249〕《宋會要輯稿‧職官》27～61a。
〔註250〕《宋史》卷165〈職官五‧太府寺〉，頁3908。
〔註251〕《宋會要輯稿‧職官》27～61a。
〔註252〕《宋會要輯稿‧職官》27～34b。
〔註253〕《宋史》卷186〈食貨下八‧商稅〉，頁4543。

商稅年額爲四十萬二千三百七十九貫一百三十七文。〔註254〕元祐元年（1086）時「戶部請令在京商稅院，酌取元豐八年錢五十五萬二千二百六十一緡有奇，以爲新額。」〔註255〕商稅年額大幅增加。這種近於聚斂的作法會導致商人卻步，交易停頓。因此，元祐三年六月，哲宗又下詔：「在京都商稅院以天聖年所收歲課爲額。」〔註256〕將歲額降到仁宗時期的標準。爲了充實稅收，商稅院也須查緝逃漏稅，眞宗大中祥符二年十二月即規定商稅院：「每告築新城外，偷稅私宰豬羊，屠戶依偷稅例斷遣，追毀宰殺什物，仍委廂巡邏察。」〔註257〕

南宋初，爲鼓勵外地商販至京師（臨安府）貿易，規定外地商人販運商品至京師，可免沿途商稅。其徵稅方法爲：「上京商旅並召土著人戶保識。到京日於諸門點檢及在京都稅院勘驗元數，批引執照。候回赴所屬繳納。如無照據，即以元販物色計所過場務，依自來則例追納稅錢力勝。若到京數目少於元數，即具所少數追納。如逃避不回，即坐元保。」〔註258〕也就是說，商人先在外地寫明上京販賣的貨品數目，並請人作保。上京時可依單據免納商稅，至京師商稅院查驗商品數目之後，商稅院發給執照，商人回所屬州縣後在當地繳納。如果沒有單據，則須追納沿途商稅。如商品數目短少（即販賣至他處），亦需補稅。商人如拒絕納稅，即由保人連坐。

在京商稅院中的吏人亦有舞弊營私之事。寧宗慶元六年（1200）五月，中書門下省奏言：「臨安府城內諸行舖戶買賣金銀匹帛之類，係將帶出門首，自合於都稅務回納稅錢。訪聞欄頭、書手等人與舖戶有讎，輒將不合收稅物件妄作漏稅告首，致被斷罪，號令追賞。委實騷擾。」於是寧宗下詔：「本府今後子細究實。如委是不合收稅，即將首人重行斷罪。」〔註259〕

2. 監城門官

京城監門官也負責徵收商稅。與在京商稅院的區別是：「應係合送納商稅物色只及一千以下稅錢者，并諸竹木蓆箔之類，並就門收稅放入，更不押赴商稅院。一千以上稅錢依舊於商稅院納稅出引。」〔註260〕意即稅錢一千

〔註254〕《宋會要輯稿·食貨》15～1a。
〔註255〕《宋史》卷186〈食貨下八·商稅〉，頁4544。
〔註256〕《宋會要輯稿·食貨》17～27a。
〔註257〕《宋會要輯稿·職官》27～35a。
〔註258〕《宋會要輯稿·食貨》17～33a。
〔註259〕《宋會要輯稿·食貨》18～22b～23a。
〔註260〕《宋會要輯稿·食貨》17～22b。

文以下者，僅在監門官處納稅即可。稅錢一千文以上的大宗貨品才須至在京商稅院納稅。

對於監門官的管理，眞宗咸平時曾下詔：「今後在京新城諸門使臣，如有專欄作弊，透漏稅物，……其專欄曹司並勒停，監官並爲私罪勘斷。仍將遞年本門收稅課額至年滿日比較，如有增盈即依元敕與近地住程。如虧欠二分以上，即更與短使一次，方與近地住程。如與專欄知情容縱，即更不免遠地差遣。如有（贓款）入己，依條斷遣，仍降差遣。如比遞年增剩五分以上，依元條免遠任，仍與優便差遣。」〔註261〕對於課績多的監當官，可給予近地或優便差遣，以資鼓勵；對於課額有虧的監當官，則增加「短使」(短期差遣)以爲懲罰。若專欄等吏人之中有貪污舞弊者，監當官也受論以「私罪」，甚至受「降差遣」的處分，專欄等吏人並停職治罪。至神宗熙寧六年，規定：「京外城二十門監門，自今更不管認課利，但隨閑要分五等，以透漏捕獲出入商稅錢數爲賞罰。」〔註262〕監門官因此免除了課利歲額的負擔，而必須專心於查緝逃漏稅。

3. 抽稅箔場

太祖建隆元年置。掌抽算汴河、惠民河商販葦箔、蘆蓆、藺蓆，以給內外之用。設有監官二人，以京朝官、三班、內侍充任。〔註263〕

4. 麥麴場

掌收京畿諸縣夏租麥麴，以三班使臣爲監官。〔註264〕

5. 汴河上下鎖、蔡河上下鎖

「掌收舟船木筏之征。」〔註265〕爲徵收船舶商稅的監當機構。同時在皇帝乘船出遊時管制河道交通。

仁宗天聖三年時，有上封事者奏言：「在京惠民河置上下鎖，逐年征利不多，擁併般運、阻滯物貨，致在京薪炭湧貴，不益軍民。乞罷之。」但是三司反對廢除，說道：「大中祥符八年，都大提點倉場夏守贇相度於蔡河上下，地名四里橋、段家直，置鎖。至今歲收課利六千餘緡，廢之非便。乞下提點

〔註261〕《宋會要輯稿‧食貨》17～22a-b。時間作「咸平七年二月」，似誤。

〔註262〕《宋會要輯稿‧食貨》17～25a。

〔註263〕《宋會要輯稿‧食貨》54～13a。

〔註264〕《宋會要輯稿‧食貨》54～14a。

〔註265〕《宋史》卷165〈職官五‧太府寺〉，頁3908。

倉場官員常鈐轄監典，毋令阻滯。」〔註266〕可見隨著汴京城商業的繁榮發達，蔡河上下鎖獲利甚豐，若造成商旅不便，商旅也只有多加忍耐了。

宣和五年（1123）十二月，徽宗下詔：「訪聞沿汴河州縣并添攔河鎖柵，利在專欄乞覓（錢財），監官不復宿直，便於宴遊而已。所收歲額未嘗別有增羨，其如留阻舟船官綱，兵梢糜費，侵盜斛斗。商旅營販夜以繼日，今乃留滯，公私不便。可並令依元豐舊制。」〔註267〕可見徽宗時汴河上下鎖的官吏腐化，又造成商旅留滯的情形。

6. 京西抽稅竹木務

在汴河上鎖東南。掌受陝西水運竹木、南方竹索，以及抽算黃、汴、惠民河商販竹木。以京朝官或閤門祇候一人勾當。此外，舊有「京東西抽稅竹木場」，眞宗大中祥符四年併入此務。〔註268〕由於竹木務收到陝西及南方運來的竹木，常常超出京城所需，因此，眞宗大中祥符三年五月下詔：「竹木務每納鳳翔司竹監，除留二年準備修造外，剩數許令出賣。」〔註269〕也就是在保留兩年所需的數量之後，多餘的竹木也可以由竹木務賣出。

二、官營商業機構

1. 榷貨務

「掌鹽、茗、香、礬鈔引之政令，以通商賈，佐國用。」〔註270〕監官三人，以朝官、諸司使副、內侍擔任。〔註271〕眞宗大中祥符二年二月，負責販賣市舶香藥的「香藥榷易院」併入榷貨務。〔註272〕王安石變法時期，熙寧五年七月一度改名，「以榷貨務爲市易西務下界。」〔註273〕至元豐七年，「改市易下界爲榷貨務」，〔註274〕始恢復原名。宋室南遷以後，高宗建炎二年正月，將「眞州榷貨務」與「行在印賣鈔引」合併，稱爲「行在榷貨務」，重新恢復

〔註266〕《宋會要輯稿・方域》13～30a-b。
〔註267〕《宋會要輯稿・食貨》17～31b。
〔註268〕《宋會要輯稿・食貨》55～13b。
〔註269〕《宋會要輯稿・食貨》55～13b。
〔註270〕《宋史》卷161〈職官一・尚書省〉，頁3791。
〔註271〕《宋會要輯稿・食貨》55～22a。
〔註272〕《宋會要輯稿・食貨》55～23a。
〔註273〕《宋史》卷186〈食貨下八・市易〉，頁4549。
〔註274〕《宋史》卷186〈食貨下八・市易〉，頁4553。

了榷貨務的組織架構。〔註275〕又置都茶場，給賣茶引，隨行在所榷貨務置場，故通稱爲「榷貨務都茶場」。〔註276〕紹興三十一年，高宗又下詔：「會子務隸都茶場。」〔註277〕此外，在建康、鎮江並設有榷貨務都茶場。

榷貨務的職掌，包括了鹽、茶、香、礬的專賣與紙幣的發行等等。對於鹽鈔的榷賣方面，係由商人運糧粟至邊境，或在京師榷貨務納錢後，憑鹽鈔至地方鹽場領鹽，稱爲「入中」。仁宗天聖八年十月，「詔罷三京、二十八州軍榷法，聽商人入錢若金銀京師榷貨務，受鹽兩池。行之一年，視天聖七年增緡錢十五萬。」〔註278〕

對於茶鈔的榷賣方面，「商賈貿易，入錢若金帛京師榷貨務，以射六務十三場茶，給券隨所射與之。」〔註279〕也是行「入中」之法，由商人在京師榷貨務納錢後，憑茶鈔至地方茶場領茶。

對於礬的榷賣方面，也是由商人納錢於邊境，或在京師榷貨務納錢後，憑鈔至地方礬場領礬販售。「礬以百四斤爲一馱，入錢京師榷貨務者，爲錢十萬七千；入錢麟、府州者，又減三千。」〔註280〕

對於香的販賣方面，係將諸路的乳香運至榷貨務販賣。孝宗淳熙十五年（1188），「以諸路分賣乳香擾民，令止就榷貨務招客算請。」〔註281〕

至於紙幣的發行方面，南宋高宗時，榷貨務發行「關子」，由商人在婺州納錢換取關子，至榷貨務換回現錢或茶、鹽、香貨鈔引。但結果商人只能換到原先納錢的三分之一，導致「人皆嗟怨」。〔註282〕紹興六年（1136）又設置「行在交子務」，造交子三十萬用於江淮。〔註283〕但因「未有所椿見錢，於是言者極論其害」，也就是發行紙幣沒有準備金，使得「遠近士民，議論紛然，皆以爲不便」。〔註284〕紹興末，三度發行紙幣，「置行在會子務，後

〔註275〕《宋會要輯稿·食貨》55～25a。
〔註276〕《宋史》161卷〈職官一·尚書省〉，頁3791。
〔註277〕《宋史》卷181〈食貨下三·會子〉，頁4406。
〔註278〕《宋史》卷181〈食貨下三·鹽上〉，頁4416。
〔註279〕《宋史》卷183〈食貨下五·茶上〉，頁4478。
〔註280〕《宋史》卷185〈食貨下七·礬〉，頁4535。
〔註281〕《宋史》卷185〈食貨下七·香〉，頁4538。
〔註282〕《宋史》卷181〈食貨下三·會子〉，頁4406。
〔註283〕《建炎以來繫年要錄》卷98，紹興六年二月甲辰，頁1611。
〔註284〕《建炎以來繫年要錄》卷101，紹興六年五月乙酉，頁1656～1657。

隸都茶場。」〔註285〕發行東南會子。

除了茶、鹽、香、礬的專賣與紙幣的發行之外，榷貨務也收買其他商品。例如布帛，北宋時，「東京榷貨務歲入中平羅、小綾各萬匹，以供服用及歲時賜與。」〔註286〕仁宗時，榷貨務「入中他貨，予券償以池鹽，緜絲羽毛、筋角、膠漆、鐵炭、瓦木之類，一切以鹽易之。……虛費池鹽，不可勝計。」〔註287〕

榷貨務從事的鹽、茶、香、礬的專賣交易與鈔引的兌換，為南宋朝廷賺取了大量的收入。紹興二十四年（1154），行在、建康、鎮江三榷貨務所收鹽錢、茶錢、香礬錢、雜納錢，共計二千六十六萬七千四百九十一貫二百六文；紹興三十二年增加至二千一百五十六萬六千九十二貫六百七十二文。孝宗乾道六年，訂立三榷貨務歲額錢數：行在八百萬貫，建康一千二百萬貫，鎮江四百萬貫。總計有兩千四百萬貫之多。〔註288〕

由於榷貨務對南宋中央的財政收入甚為重要，因此對榷貨務官員的選任也特別慎重。按照孝宗乾道三年（1167）指揮：「榷貨務都茶場提轄、監官，左藏庫監官，今後並先差知州、次通判、次第二任知縣人。」〔註289〕乾道七年十二月，又增設「幹辦公事」一員。〔註290〕

2. 市易務（平準務）

為王安石變法時所創，市易務的職掌為：「掌斂市之不售、貨之滯於民用者，乘時貿易，以平百物之直。」〔註291〕亦即從事賤買貴賣的商業經營。熙寧五年三月二十六日始置，設有監官二人、提舉官一人、勾當公事一人。〔註292〕次日（二十七日），並以三司戶部判官呂嘉問提舉在京市易務。〔註293〕熙寧五年七月改「市易務為（市易）東務上界」。〔註294〕熙寧六年正月規定市易務隸屬於提舉諸司庫務司。〔註295〕熙寧六年十月二日，改提舉在京市易務為「都提舉市

〔註285〕《建炎以來繫年要錄》卷188，紹興三十一年二月丙辰，頁3150。
〔註286〕《宋史》卷175〈食貨上三・布帛〉，頁4231。
〔註287〕《宋史》卷181〈食貨下三・鹽上〉，頁4416～4417。
〔註288〕《宋會要輯稿・食貨》55～27b～28a。
〔註289〕《宋會要輯稿・食貨》55～30a。
〔註290〕《宋會要輯稿・食貨》55～31a。
〔註291〕《宋史》卷165〈職官五・太府寺〉，頁3908。
〔註292〕《宋會要輯稿・食貨》55～31b～32a。
〔註293〕《宋會要輯稿・食貨》37～15b。
〔註294〕《宋史》卷186〈食貨下八・市易〉，頁4549。
〔註295〕《宋會要輯稿・食貨》55～34a。

易司」，「應諸州市易務隸焉。」〔註296〕呂嘉問成了管理全國市易務的領導人。至熙寧七年八月，呂嘉問改知常州，〔註297〕九月罷市易司提舉官。〔註298〕

市易務的交易方式，據《宋會要輯稿·食貨》的記載如下：

> 召諸色牙人投狀，充本務行人、牙人。……遇客人販到物貨，出賣
> 不行，願賣入官者，官爲勾行、牙人與客人，兩平商量其價，據行
> 人所要物數，先支官錢收買，願折博官物者亦聽。隨抵當物力多少，
> 令均分賒，請立一限或兩限，送納價錢，半年內出息一分，一年即
> 出息二分，並不得抑勒。〔註299〕

意即市易務在收買商品時，是由市易務招募的行人與牙人（仲介），與商人議定價錢，收買其商品。商人則可以先用其他商品作爲抵押，然後分期還款，但需加納利息。市易務買賣的物品非常繁瑣，神宗常對王安石說：「市易鬻果太煩碎，罷之如何？」王安石說：「立法當論有害於人與否，不當以煩碎廢也。」於是諸州上供的草席、黃蘆之類，皆在市易務中賣給百姓。〔註300〕

哲宗元符三年三月，依據神宗元豐七年的規劃，將太府寺「市易案」改名爲「平準案」。因此五月份時，依太府少卿賈種民之言：「今來務名市易，合依案名改爲平準，使四方曉知朝廷止欲平物價、抑兼併、來商賈、便百姓，仰副神考改定案名之意。」〔註301〕可見平準務即由市易務改名而來。徽宗崇寧二年，「以平準務爲南北兩務，如舊分置官吏，歲終考察能否，行勸沮法。」〔註302〕將京師平準務擴充爲二務。

3. 雜買務

「掌和市百物，凡宮禁、官府所需，以時供納。」〔註303〕爲政府的採購機構。此外，雜買務也同時負責出賣官物。眞宗景德三年五月有詔：「內東門買賣司，應內降出賣匹段，自今明上簿歷，令使臣當面印記，具關子送下雜買務出賣。」〔註304〕可見雜買務也從內東門買賣司的手中，承接多餘的官物

〔註296〕《宋會要輯稿·食貨》37～17b。
〔註297〕《宋會要輯稿·食貨》37～22a。
〔註298〕《宋會要輯稿·食貨》55～38a。
〔註299〕《宋會要輯稿·食貨》55～32a。
〔註300〕《宋史》卷186〈食貨下八·市易〉，頁4549。
〔註301〕《宋會要輯稿·食貨》55～45a。
〔註302〕《宋史》卷186〈食貨下八·市易〉，頁4554。
〔註303〕《宋史》卷165〈職官五·太府寺〉，頁3908。
〔註304〕《宋會要輯稿·食貨》55～15a-b。

出賣。雜買務的編制：以京朝官、三班、內侍三人監，其下有庫子、秤子、外催等吏人。〔註305〕雜買務在採買朝廷所需的物品時，常有採買過多，導致浪費之事。仁宗天聖九年（1031）四月時，就有官員張保雍奏言：「今後在京科買諸般物色，乞只留二年準備，免致積壓損爛。」〔註306〕

　　南宋時，雜買務依舊負責買賣官物。例如，高宗紹興六年二月，詔：「和劑局藥材令雜買務收買。」〔註307〕同時又規定：「雜買務收買藥材，依雜賣場例，每貫收『頭子錢』二十文省，『市例錢』五文足，應付腳剩等雜支使用，置歷收支，年終將剩數併入息錢。所有熟藥所納錢，看掐並依左藏庫條法。」〔註308〕也就是說，雜買務收買的藥材，在轉賣給熟藥所時，熟藥所也須納頭子錢、市例錢，作為雜買務的日常開支經費。

4. 雜賣場

　　真宗景德四年置。〔註309〕「掌受內外幣餘之物，計直以待出貨，或準折支用。」〔註310〕是拍賣多餘官物的機構。太宗雍熙四年時，曾設有「積尺剜子庫」，負責收藏裁造院餘帛，計置（值）以備准折之用。大中祥符元年併入雜賣場。〔註311〕雜賣場的編制，以內侍及三班使臣二人為監官，後亦差文武朝臣，其下有掌庫八人。〔註312〕南宋時，雜賣場的編制員額不斷擴大。紹興四年（1134）三月，由步軍司差撥兵士四人；〔註313〕六月，又增置專知官、手分各一人，庫子二人，秤子一人；〔註314〕六年八月，雜賣場又置提轄官一員；〔註315〕十二年八月添置書手一名；〔註316〕十三年（1143）三月，又增設副知一名、手分一名、庫子一名。〔註317〕南宋曾一度在淮西建康府也設置雜賣場，但在孝宗乾道元年省併，由當地的太平惠民局兼監。

〔註305〕《宋會要輯稿・食貨》55～15a。
〔註306〕《宋會要輯稿・食貨》37～12a-b。
〔註307〕《宋會要輯稿・食貨》55～18a。
〔註308〕《宋會要輯稿・食貨》55～18a。
〔註309〕《宋會要輯稿・食貨》54～17a。
〔註310〕《宋史》卷165〈職官五・太府寺〉，頁3908。
〔註311〕《宋會要輯稿・食貨》54～17a。
〔註312〕《宋會要輯稿・食貨》54～17a。
〔註313〕《宋會要輯稿・食貨》54～18b。
〔註314〕《宋會要輯稿・食貨》54～19a。
〔註315〕《宋會要輯稿・食貨》54～19b。
〔註316〕《宋會要輯稿・食貨》54～20a。
〔註317〕《宋會要輯稿・食貨》54～20b。

〔註 318〕

百姓、商人在雜賣場購買官府多餘之物時，紹興四年時規定：按照物品的價錢，每貫尚需繳納「頭子錢」二十文省，充雜賣場雜支之用。〔註 319〕又須繳交「市例錢」五文足，兼充吏祿。〔註 320〕對於雜賣場所收「頭子錢」之支用，紹興四年規定：「雜賣場依榷貨務例，顧人串省陌錢，每貫支錢六文。已交跋官物，每一百斤支腳錢八十文省。般擔錢至左藏庫送納，每貫支長短腳錢三文足，並於頭子錢內支破。」〔註 321〕也就是雇人清算錢數，每貫要支付六文錢；請人搬運官物，每百斤要支付八十文省；請人將錢幣運送至左藏庫，每貫也要支付三文足的腳錢。而「雜賣場監官添給食錢四十貫文，於收到頭子錢支給。」〔註 322〕可見雜賣場監官的津貼，也由頭子錢中支付。

此外，雜賣場中還設有「編估局」、「打套所」，「揀選市舶香藥雜物等第，會其直以待貿易。」〔註 323〕分別負責香藥等物的計價、包裝。（南宋時，打套所以「打套雜貨場」為名〔註 324〕）此外，又有「寄椿庫」，「掌發賣香藥、匹帛，拘其直歸於左藏南庫。」〔註 325〕負責香藥等物的販賣。寄椿庫所賣之物色即由雜賣場提轄、監官出賣。〔註 326〕

5. 編估局、打套所

南宋紹興七年正月，高宗同意了戶部奏言：「欲將三路發到市舶香藥雜物，依舊令左藏東西庫、榷貨務交納外，其編估職事乞隔委左藏庫監門官一員兼；其打套職事乞委本府寺（按：應為太府寺）交引庫監官兼。」〔註 327〕可見編估局與打套所都是由他處官吏兼管。編估局、打套所的工作內容如下：

> 編估局官一員，專一編打三路市舶司香藥物貨，并諸州軍起到無用贓罰衣服等。自來納訖，牒到本局官吏帶行、牙人前去就庫編揀等第色額，差南綱牙人等同本司看估時值價錢訖，供申尚書省金部，

〔註 318〕《宋會要輯稿・食貨》54〜21b。
〔註 319〕《宋會要輯稿・食貨》54〜18b。
〔註 320〕《宋會要輯稿・食貨》54〜19a。
〔註 321〕《宋會要輯稿・食貨》54〜18b。
〔註 322〕《宋會要輯稿・食貨》54〜18b〜19a。
〔註 323〕《宋史》卷 165〈職官五・太府寺〉，頁 3909。
〔註 324〕《宋會要輯稿・食貨》54〜19a。
〔註 325〕《宋史》卷 165〈職官五・太府寺〉，頁 3909。
〔註 326〕《宋會要輯稿・食貨》52〜23a。
〔註 327〕《宋會要輯稿・職官》27〜70a。

符下太府寺，請寺丞一員覆估訖，經申金部提振郎中廳審驗了當，

申金部。內市舶香藥物貨等，連估帳符下打套局，將合打套名件，

一一交跋打套。如不是打套之物，符下雜賣場，徑行赴左藏庫交跋，

赴場出賣。〔註328〕

編估局須帶領行人、牙人，勘驗貨物並加以定價，然後申報金部、太府寺審核，可以打套者便送至打套局整理成套，加以包裝；不能打套者便由雜賣場直接至左藏庫領取出賣。

6. 便錢務

太祖開寶三年，仿「唐朝飛錢故事」而設置，「令商人入錢詣務陳牒，即輦致左藏庫，給以券。仍敕諸州凡商人齎券至，當日給付，違者科罰。」〔註329〕是官營匯兌業務的監當機構。

7. 都鹽院、糶鹽院

都鹽院「在歸德坊，掌受解州池鹽，以給京城及京東諸州出鬻、廩祿之事。」以京朝官及三班使臣二人監領，其下有典五人，主秤八人。「大中祥符二年，又置院燒煎鹽蓆。」〔註330〕意即收納解州池鹽作爲官員的俸祿，有餘並可出賣。都鹽院原本隸屬於提點倉場所，眞宗大中祥符八年（1015）七月，改由都大提舉庫務司提轄。〔註331〕

此外又有糶鹽院，「舊在永濟倉，後徙順成坊都茶庫。至道元年置。掌出糶顆鹽及煎煮御膳鹽花。以都鹽院監官請領。」〔註332〕意即由都鹽院監官兼管。至大中祥符七年四月，眞宗下詔：「京城糶鹽院自今專差使臣二人勾當，隔手出賣。額定秤子十一人。」〔註333〕始有專人監管。

以上都鹽院、糶鹽院，都是賣鹽的監當機構，但販賣的地區不同，故有不同的名稱。

8. 禮賓院

掌蕃夷互市。宋初原本另外設有「蕃驛院」，眞宗景德三年併入禮賓院。

〔註328〕《宋會要輯稿・職官》27〜70a。
〔註329〕《宋史》卷180〈食貨下二・錢幣〉，頁4385。
〔註330〕《宋會要輯稿・職官》5〜67b。
〔註331〕《宋會要輯稿・職官》5〜68a。
〔註332〕《宋會要輯稿・職官》5〜68b。
〔註333〕《宋會要輯稿・職官》5〜68b。

以閤門祇候以上及三班內侍二人監，其下有監生料內侍二人，回鶻、吐蕃、黨項、女眞、南蠻蕃客通事各二人。眞宗咸平元年十一月有詔：「蕃部進賣馬請價錢外，所給馬絹茶，每匹二斤，老弱騍馬一斤，令禮賓院每二千斤請赴院置庫收管，當面給散。」〔註334〕可見禮賓院在蕃人進貢之時，用錢幣、絹、茶等物向蕃商購買馬匹。由於蕃人多在禮賓院進行貿易，因此常有貿易糾紛需要監當官調解，眞宗大中祥符二年就下詔禮賓院：「每蕃戎酋長忿爭，本院官多不在彼條理，自今留官一員止宿。」〔註335〕於是禮賓院的監當官必須輪值夜班，以防止、調解蕃人的糾紛。神宗熙寧九年四月四日下詔：「省罷禮賓院，監官與依併廢州縣條施行。」〔註336〕廢除了禮賓院。

9. 抵當免行所（抵當所）

「掌以官錢聽民質取而濟其緩急。」〔註337〕即官營當鋪。原隸屬於開封府檢校庫，後隸屬於督提舉市易司，以官錢召人抵當出息。其下分爲五窠：檢校小兒錢爲一，開封府雜供庫爲一，國子監律、武學爲一，軍器、都水監爲一，市易務爲一。抵當庫併收納「免行錢」。〔註338〕所謂「檢校小兒錢」，是開封府檢校庫的「檢校小兒財物月給錢」，用於對兒童「月給錢，歲給衣」。但是由於花費甚多，「逮及成長，或致罄竭，非朝廷愛民本意」，因此熙寧四年五月，勾當檢校庫官員吳安特建議：「乞將見寄金銀見錢依常平等倉例，召人先入抵當，請領出息，以給元檢校人戶。」〔註339〕可見檢校庫是用現錢作本金，至抵當庫借貸收息，再以利息支付小兒月給錢。此外，開封府雜供庫、國子監律學、武學、軍器監、都水監、市易務也都提供本金至抵當庫借貸收息。

10. 太醫局熟藥所、和劑局、太平惠民局

「掌修合良藥，出賣以濟民疾。」〔註340〕爲官營販賣成藥之機構。北宋時在開封設有「修合賣藥所」。〔註341〕南宋高宗紹興六年正月，依戶部侍郎王昊之請，下詔：「置藥局以惠行在，太醫局熟藥東西南北四所爲名。內將藥局

〔註334〕《宋會要輯稿・職官》25～6b。
〔註335〕《宋會要輯稿・職官》25～6b～7a。
〔註336〕《宋會要輯稿・職官》25～7b。
〔註337〕《宋史》卷165〈職官五・太府寺〉，頁3908。
〔註338〕《宋會要輯稿・職官》27～64b。
〔註339〕《宋會要輯稿・職官》27～64b。
〔註340〕《宋史》卷165〈職官五・太府寺〉，頁3908。
〔註341〕《宋會要輯稿・職官》27～69a。

一所以和劑局爲名。」〔註342〕和劑局置監官文武各一員，差京朝官或大使臣，依雜賣場請給；熟藥所各差小使臣或選人一員。〔註343〕和劑局是現場調配藥品，而熟藥所只是販賣成藥，故和劑局監當官的任用條件要高於熟藥所。

熟藥所與和劑局的營業方式，「熟藥四所分輪雙隻日啓閉，遇啓即出賣湯藥，遇閉即計算前日一賣到錢數，編排見在（熟藥）。」〔註344〕是兩天開門營業一天。

南宋高宗紹興十八年閏八月下旨：「熟藥所依在京改作太平惠民局。」〔註345〕可見當時行在臨安府的熟藥所已經改名爲「太平惠民局」，因此高宗要求全國其他地方仿京師之例改名。

11. 左右廂店宅務

「掌管官屋及邸店，計直出僦及修造之事。」〔註346〕爲官營出租房舍的機構。宋初名稱屢變。初名爲「樓店務」，太平興國二年改爲「左、右廂店宅務」，端拱二年併爲「邸店宅務」，淳化五年又分左、右兩廂，至道三年併爲店宅務。咸平元年又改名爲「都大店宅務兼修造司」，咸平六年將修造司分出，景德三年又以修造司兼領店宅務，至大中祥符六年始改名爲「左、右廂店宅務」。〔註347〕

左右廂店宅務的編制，有監官四人，大中祥符六年六月詔：「店宅務自今選差京朝官、使臣各二員，曾歷任知縣、監押以上者，分左右廂勾當。」〔註348〕可見店宅務監官的資序相當高。另有三司親事官五十人，負責「掠錢」（收取房租）；〔註349〕又有專副四人、勾當官二人、前行一人。仁宗天聖四年（1026）調整編制，監當官增加三人（以入內內侍省使臣二人、三班使臣一人充）；專副、勾押官各二人，不用前行。〔註350〕

由於左右廂店宅務負責出租官有房舍，因此有課利年額的規定。大中祥符七年八月規定：「店宅務年納課利十四萬一百九十七貫，並送內藏。」〔註351〕

〔註342〕《宋會要輯稿‧職官》27～66a。
〔註343〕《宋會要輯稿‧職官》27～66a。
〔註344〕《宋會要輯稿‧職官》27～66a。
〔註345〕《宋會要輯稿‧職官》27～67a。
〔註346〕《宋史》卷165〈職官五‧太府寺〉，頁3908。
〔註347〕《宋會要輯稿‧食貨》55～2a。
〔註348〕《宋會要輯稿‧食貨》55～4a。
〔註349〕《宋會要輯稿‧食貨》55～4b。
〔註350〕《宋會要輯稿‧食貨》55～6a-b。
〔註351〕《宋會要輯稿‧食貨》55～5a。

12. 寺務司、課利司

寺務司「掌京城大寺殿宇廊舍補葺，聽命於開封府，以內侍一人提點，三班一人監。」〔註352〕亦即為負責管理開封府廟宇的監當機構。熙寧二年，神宗同意了開封府官吏奏請：「相國寺依舊許百姓出，立課額入寺務司，相兼支用，委實公私之利。」〔註353〕可見寺務司在大相國寺收取入場費。

課利司設置於太宗雍熙四年，掌京城諸寺、邸店、莊園課利之物，聽命於三司，以寺務司官兼掌。〔註354〕眞宗大中祥符六年十月下詔：「寺務、課利司掠房錢，三司親事官自今後每一年一替。若親事官輒敢請求占留，其寺務司及三司並各劾罪嚴斷。」〔註355〕可見課利司的職掌與店宅務相近，負責官有房舍出租，並由親事官「掠房錢」（收取房租）。由於課利司係由監寺務司的監當官兼管，故兩者常並稱。

13. 國子監書庫官

原為國子監的「印書錢物所」，太宗淳化五年改為書庫監官（以京朝官充）。「掌印經史群書，以備朝廷宣索賜予之用，及出鬻而收其直以上於官。」〔註356〕是官營的賣書機構。眞宗大中祥符五年九月即有詔：「國學見印經書，降付諸路出賣，計綱讀領，所有價錢於軍資庫送納。」〔註357〕不過，書庫官廢置不常，元豐三年（1080）省，〔註358〕其後恢復，大觀四年（1110）又省罷。〔註359〕南宋紹興十三年復置一員，紹興三十一年又罷，孝宗乾道七年復置一員。〔註360〕

14. 戶部贍軍激賞酒庫

南宋高宗紹興七年十一月，戶部奏請於行在（臨安府）設「贍軍酒庫」，設置「措置戶部贍軍酒庫所」一人統轄各庫，各庫則有監官負責管理。〔註361〕

〔註352〕《宋會要輯稿·職官》25～8a。
〔註353〕《宋會要輯稿·職官》25～9b。
〔註354〕《宋會要輯稿·職官》25～9a。
〔註355〕《宋會要輯稿·職官》25～9a。
〔註356〕《宋史》卷165〈職官五·國子監〉，頁3916。
〔註357〕《宋會要輯稿·職官》28～2a。
〔註358〕《宋史》卷165〈職官五·國子監〉，頁3916。
〔註359〕《宋史》卷165〈職官五·國子監〉，頁3913～3914。
〔註360〕《宋史》卷165〈職官五·國子監〉，頁3916～3917。
〔註361〕《宋史》卷185〈食貨下七·酒〉，頁4520。又見《宋會要輯稿·食貨》20～17b。

紹興十年（1140），改由左曹郎中兼領，以「點檢贍軍酒庫」爲名。〔註362〕紹興十五年（1145），並將南北十一庫並充贍軍激賞酒庫。〔註363〕紹興三十年，「以點檢措置贍軍酒庫改隸戶部。」〔註364〕

　　而在南宋京城臨安府之中，臨安府也「立五酒務，置監官以裕財。」〔註365〕同樣是是賣酒之所。到了孝宗乾道二年時，由於戶部贍軍激賞酒庫相繼增添，「見今已十五所，又子庫十一所，並臨安府、安撫司酒庫六所，共三十二所，互相攙奪」，因此孝宗下詔：「臨安府安撫司酒庫悉歸贍軍，并將贍軍諸庫共併爲七庫。」同時並規定：「以戶部侍郎兼點檢贍軍激賞酒庫。」〔註366〕戶部贍軍激賞酒庫與臨安府酒務爭奪課利的問題，至此得以解決。

第五節　其他專門性事務之管理機構

一、牧監（及相關監當機構）

1. 估馬司

　　「（眞宗）咸平元年置。掌納諸州所市馬，估直驗記，置牧養。以諸司使副一人勾當。」〔註367〕《宋史》則謂：估馬司「凡市馬，掌辨其良駑，平其直，以分給諸監。」〔註368〕也就是說，估馬司是將各地買馬務所收購進納的馬匹，估價收買，然後分配給京畿各牧監。

　　由於估馬司購買的馬匹，係供京畿各馬監牧養，並提供皇室與京城禁軍使用，因此對於馬匹的挑選甚爲嚴格。眞宗景德元年：「詔估馬司收到蕃部省馬，將良駑中分，與兩騏驥院收管。」〔註369〕景德三年正月，「詔諸州差押蕃部省馬到京，令逐處具肥瘠分數公文付之，令估馬司據以交割點檢。」〔註370〕景德四年五月，又下詔：「應臣僚進馬，委本司看驗，如無病堪支遣，即分送

〔註362〕《宋會要輯稿・食貨》20～18a～19a。
〔註363〕《宋史》卷185〈食貨下七・酒〉，頁4521。
〔註364〕《宋史》卷185〈食貨下七・酒〉，頁4521。
〔註365〕《宋史》卷166〈職官六・臨安府〉，頁3944。
〔註366〕《宋會要輯稿・食貨》21～6a-b。
〔註367〕《宋會要輯稿・兵》21～18a。
〔註368〕《宋史》卷198〈兵十二・馬政〉，頁4928。
〔註369〕《宋會要輯稿・兵》21～18a。
〔註370〕《宋會要輯稿・兵》21～18a。

騏驥院。若有病患及十五歲以上不堪支配，即迴賜本官。仍具因依牒報訖奏。」〔註371〕可見估馬司對於馬匹的良駑、肥瘠、是否有病、年齡，都須加以考究。仁宗天聖時，對估馬司收買馬匹更有具體的規定：「詔府州、苛嵐軍自今省馬三歲、四歲者不以等第，五歲以上十二歲以下骨格良、善行者，悉許綱送估馬司。餘非上京省馬並送并州揀馬司。」〔註372〕

2. 左右天廄坊

太宗雍熙二年（985）置。眞宗咸平元年分爲左右二坊。〔註373〕神宗熙寧八年二月十一日下詔：「權廢罷左右天廄坊。」〔註374〕「元豐末，廢畿內牧馬監。元祐初，置『左右天廄坊』，聽民間承佃牧地。紹聖元年，依元豐法置『孳生監』。」〔註375〕可見元祐復置左右天廄坊時，只負責管理牧地，出租給百姓耕作，直到紹聖元年才重新開始牧養馬匹。

3. 左右天駟監

太宗太平興國五年正月，以平北漢所得馬匹四萬二千餘匹，「詔於景陽門外新作四廄，名曰天駟監，左右各二。」〔註376〕共有四監。神宗熙寧三年三月六日下詔：「以左右天駟四監併作左右天駟兩監。」〔註377〕

4. 牧養上下監

負責「以療養京城諸坊監病馬。」〔註378〕眞宗大中祥符四年十一月，群牧制置使奏請：「以在京諸訪監及諸軍病馬，就京城西開遠門外草地，分做兩監。量破草料放牧。」於是眞宗下詔設置「牧養上下監」，馬病重者送下監，輕者上監。〔註379〕凡收養病馬之時，估馬司、左右騏驥院取病淺者送上監，病重者送下監，分十槽醫療之。天聖六年，詔月以都監、判官一人提舉。天聖八年，改爲病淺者在左右騏驥院六坊監醫療，病重者才送至牧養上下監。對牧養上下監監官的考核，每季計算病馬拋死之數，歲終第賞罰。〔註380〕

〔註371〕《宋會要輯稿‧兵》21～18a-b。
〔註372〕《宋史》卷198〈兵十二‧馬政〉，頁4933。
〔註373〕《宋會要輯稿‧方域》3～48a。
〔註374〕《宋會要輯稿‧兵》21～3a。
〔註375〕《宋史》卷164〈職官四‧太府寺〉，頁3894。
〔註376〕《續資治通鑑長編》卷21～1b，太平興國五年正月壬午。
〔註377〕《宋會要輯稿‧兵》21～3a。
〔註378〕《宋史》卷198〈兵十二‧馬政〉，頁4928。
〔註379〕《宋會要輯稿‧兵》21～1a。
〔註380〕《宋史》卷198〈兵十二‧馬政〉，頁4931。

5. 皮剝所

俗稱剝馬務。太祖開寶二年置，一在嘉慶坊，一在延禧坊。「掌割剝馬牛驢騾諸畜之死者，給諸司工匠親從角抵官五坊鷹犬之食。以三班、殿侍二人監領。剝手十五人。」〔註381〕負責將死馬剝皮以利用之。「牧養上下監掌治療病馬及申駒數，有耗失則送皮剝所。」〔註382〕這是皮剝所死馬的主要來源。南宋兵革之後，高宗紹興八年（1138）九月三十日，「詔復置皮剝所，以『行在皮剝所』稱呼。」〔註383〕孝宗乾道五年七月二十八日，改行在皮剝所爲「樞密院皮剝所」。〔註384〕

對於病死牲畜的利用，皮剝所可以算是相當有效率。眞宗於咸平五年四月下詔：「皮剝所自今後收官私死馬，委使臣當面收剪鬃尾，秤數上歷收納。」〔註385〕景德三年又下詔：「皮剝所每匹死馬收煉脂油七兩，送皮場充熟皮之用。」〔註386〕大中祥符七年又下詔：「皮剝所斷買肉屠戶，除元定頭疋錢外，歲納淨利錢千二百貫，逢閏又加百千。」〔註387〕鬃尾、脂肪、死馬肉，都可利用甚至賣錢。至於屠戶買死馬肉之後，死馬肉的流向則不得而知。

6. 草料場

「掌受京畿芻秸，以給牧監飼秣。」北宋時歸司農寺管理，有十二草場。〔註388〕南宋時則由戶部差郎官一員點檢巡按，每十日一替。〔註389〕京師草料場亦設置監官管理，其下有監門官、專副等職。眞宗大中祥符七年八月規定：「京草場，令監場使臣每日部領專副往還巡覷，仍於監門置歷書押，每五日一赴提點官通僉押。」〔註390〕

7. 御前馬院

南宋兵革之後，原京畿諸馬監大多罷廢。高宗建炎三年六月下詔：「御馬院合破草料，依昨升陽宮例，據每日合批詣數目，令所屬差人赴院交納。」次年

〔註381〕《宋會要輯稿·職官》6～35b～36a。
〔註382〕《宋史》卷164〈職官四·太僕寺〉，頁3894。
〔註383〕《宋會要輯稿·職官》6～37a。
〔註384〕《宋會要輯稿·職官》6～41b。
〔註385〕《宋會要輯稿·職官》6～36a。
〔註386〕《宋會要輯稿·職官》6～36a。
〔註387〕《宋會要輯稿·職官》6～36a。
〔註388〕《宋史》卷165〈職官五·司農寺〉，頁3905。
〔註389〕《宋會要輯稿·食貨》54～16a。
〔註390〕《宋會要輯稿·職官》26～25a。

（建炎四年）七月，又下詔：「行在左右騏驥院差教驗馬五十人赴御前馬院養餧御馬。祇應添作二百五十人爲額，聽本院於諸處踏逐指名差取，日下發遣。」〔註391〕可見在建炎三、四年時逐漸建立規模。爲提供御用馬匹的機構。

8. 省馬院

南宋時設置的養馬機構。南宋孝宗淳熙元年四月下詔：「步軍司差撥過省馬院充養馬使喚人，請給依殿前馬軍司分擘體例施行。」淳熙三年二月又下詔：「管轄省馬院官，委都副承旨於樞密院準備差使使喚內選差，半年一替。」〔註392〕

二、其　他

1. 金耀門文書庫

眞宗景德三年置。〔註393〕負責收藏「三司自太平興國以來諸般帳案」，〔註394〕爲三司的檔案收藏機構，設有監官。至於監官以下的吏人，則有三司軍大將二人充專副（眞宗景德三年時置）。〔註395〕三司檔案的借閱取用，有嚴格的程序規定：「三司吏如的要文字照會者，本判官押帖借取，置歷抄，監官開庫檢尋，封付本判官處呈驗，十日內還庫。」〔註396〕意即必須由三司判官行文申請，監官登記於「歷」上，再將找出的檔案封付判官，限十日歸還。

2. 度牒庫

負責印造佛教、道教出家人度牒的監當機構，即爲度牒庫。南宋時，置有監官一人。監當官之下，設有專副、庫子四人、巡防兵士一十人。〔註397〕眞宗天禧五年二月，尙書祠部奏言：「應雕板祠部戒牒，自今須本司官當面印造，置歷拘管，通轉數目，經使副簽押印版縫印。絕，封押於本司官處收掌。」〔註398〕可見宋代的度牒，係用雕版印造。而且製作度牒的材料，「初以黃紙，紹興五年易以絹，七年又易爲綾。」〔註399〕可見宋代度牒的製作日益精美。

度牒的販賣，亦是宋代官府生財的手段之一。據李心傳《建炎以來朝野

〔註391〕《宋會要輯稿·職官》32～51b。
〔註392〕《宋會要輯稿·職官》32～55a。
〔註393〕《續資治通鑑長編》卷64～14a，景德三年冬。
〔註394〕《宋會要輯稿·食貨》52～12a。
〔註395〕《宋會要輯稿·食貨》52～11a。
〔註396〕《宋會要輯稿·食貨》52～11a-b。
〔註397〕《宋會要輯稿·職官》13～40a。
〔註398〕《宋會要輯稿·職官》13～19b。
〔註399〕李心傳《建炎以來朝野雜記》甲集，卷15〈祠部度牒〉，頁19b。

雜記》的記載：「祠部度牒，自（英宗）治平四年冬始鬻之，熙寧之直爲百二十千，渡江後增至二百千，其後民間賤之，止直三十千而已。」〔註400〕

3. 交引庫

「掌給印出納交引錢鈔之事。」〔註401〕亦即爲印造、收受、支給各類交引（包括茶引、鹽鈔與紙幣）的機構。

4. 溝河司

負責開濬河道。仁宗天聖四年，由閤門祇候府界提點公事張君平擘畫置司。仍差專官一員，與府界提點官同共管勾府界并南京、宿、亳等州軍溝洫河道，仁宗寶元二年（1039）省罷。其後又因開濬河道而復置，至神宗熙寧九年，「詔罷開封府界溝河司，以開濬河道已成，故省專官而隸都水（監）提舉焉。」〔註402〕

5. 街道司

掌治京師道路，以奉乘輿出入。勾當官二員，以大使臣或三班使臣領之。勾當官之下，置有兵士五百人（仁宗嘉祐二年（1057）設置）。〔註403〕

小 結

從本章的討論中，我們可以大致瞭解宋代中央監當官的種類與設置沿革。筆者按照本章各節的分類，將宋代中央監當機構與財政收支的關係，做成表3－1：

表3－1：宋代中央監當官一覽表

性　　　質	財賦生產與收入	財　賦　消　費　與　支　出	其　他
軍器製造與管理		軍器五庫、內弓箭庫、弓弩院、弓弩造箭院、東西作坊、作坊物料庫、皮角場庫、斬馬刀局、御前軍器所、軍器局、內軍器庫	
製造皇室、政府日常用品		文思院、後苑造作所、後苑燒朱所、西內染院、西染色院、綾錦院、文繡院、裁造院、修內司、東西八作司、煎膠務、窯務、鑄鎬務、事材場、丹粉所	

〔註400〕李心傳《建炎以來朝野雜記》甲集，卷15〈祠部度牒〉，頁18a。
〔註401〕《宋史》卷165〈職官五・太府寺〉，頁3908。
〔註402〕《宋會要輯稿・職官》30～18a。
〔註403〕《宋會要輯稿・職官》30～18a-b。

服務皇室與中央官署	為皇室提供服務		尚衣庫、內衣物庫、新衣庫、御廚、法酒庫、內酒坊、都麴院、御前酒庫、油醋庫、翰林司、內茶紙庫、內茶湯步磨務、水磨務、內物料庫、乳酪院、朝服法物庫、冰井務、奉宸庫、祇候庫、鞍轡庫、香藥庫、瓷器庫、藥蜜庫、雜物庫、合同憑由司、御藥院、御輦院、車輅院、儀鸞司、內柴炭庫、玉津瑞聖宜春瓊林四苑、養象所	
	服務文武官吏、軍士	炭場	三省樞密院激賞庫、外物料庫、牛羊司、供庖務、車營、致遠務、駝坊	都進奏院、監門
倉儲出納管理	庫藏	左藏庫、內藏庫、元豐等庫、左藏南庫、左藏封樁庫、布庫、茶庫、司農寺倉、南北省倉、排岸司、下卸司		
	糧料院與專勾司		糧料院、專勾（審計）司	
稅務與官營商業機構	監督京師稅收	在京商稅院、監城門官、抽稅箱場、麥麴場、汴河上下鎖、蔡河上下鎖、京西竹木務		
	官營商業機構	榷貨務、市易務（平準務）、雜買務、雜賣場、編估局、打套局、便錢務、都鹽院、糶鹽院、抵當所、和劑局、熟藥鎖、太平惠民局、店宅務、寺務司、課利司、國子監書庫官、戶部贍軍激賞酒庫	禮賓院	
其他事務	馬政		估馬司、左右天廄坊、左右天駟監、牧養上下監、皮剝所、草料場、御前馬院、省馬院	
	其他		溝河司、街道司	交引庫、度牒庫、金耀門文書庫

　　從上表中，我們可以看出，在中央監當機構之中與財政收入有關者，包括了庫藏類的監當機構（如左藏庫、內藏庫、司農寺倉等），這些機構雖然列為財賦收入的監當機構，但是庫藏類監當機構的收入實際上是由地方轉運而

來，監當機構本身並非財賦的創造者。可見這些機構雖然列為財賦收入機構，但是這些機構只代表政府自有財賦的轉移，而非財賦的創造與增加。真正能夠創造並增加財賦的監當機構，只有「監督京師稅收」與「官營商業機構」兩類。

　　與地方監當機構不同之處，在於中央監當機構中屬於財賦支出、消費的監當機構數量甚多，而且用度甚大，種種開支都在於維持中央政府的運作。顯而易見的，僅憑京師本身的收入是無法滿足中央監當機構的各種消費需求的。因此，地方財賦的轉輸中央，成為京師維持繁榮的重要條件。南宋時期，由於四總領所的設置，地方財賦的大部分都送至總領所而非送到行在臨安，因此，中央監當機構可用的財賦自然減少。這一情形反映到中央監當官體系，就出現了中央監當機構裁併縮減的結果。例如軍器諸庫、內弓箭諸庫被併入內軍器庫，東西作坊併入軍器所，北宋的二十五倉至南宋僅剩省倉三界。從以上的說明中，我們可以發現，宋代中央監當機構的性質，消費支出的角色大於財賦收入的角色，京師就是全國財賦薈萃之地，這是財政中央集權的表現。

　　透過本文第二章、第三章的討論，我們可以發現，雖然中央與地方監當機構的設置，未必完全以財賦的收入與消費支出作為依據（例如地方上的館驛，中央各官署的監門、都進奏院、交引庫、度牒庫、金耀門文書庫，即與財賦的收支消費無直接關係），其實「監當」二字，原本就未必限定在財賦的收支與消費方面。不過，經過了本文第二章與第三章的介紹與統計後，我們可以發現，絕大多數的監當機構都與財賦的收支與消費有關，或從事於財賦的徵集（如稅務），或從事於財賦的生產（如錢監、坑冶），或從事於財賦的儲存（如倉庫），或利用財賦從事軍備的生產（如作院、軍器庫、牧監、買馬務等），或為皇室與官署提供各類服務與消費。因此，宋代的監當官體系，與宋代的財政收支關係密切，對宋代的經濟發展也有相當大的影響。

第四章　決策與監督：監當官體系的上級管理者

　　宋代中央與地方的各類監當機構，已在本文第二章、第三章之中，作了相當多的介紹。值得我們注意的是，這些中央與地方的監當機構，在宋代整個官僚體系當中，都是基層的官僚機構。由於是基層的執行機構，因此監當機構本身並沒有政策的決策權，而是上級政策的執行者，而且需要受到上級機構的層層監督與節制。

　　本章所要探討的對象，即是監當機構的上級管理者。這些上級管理者並非監當官，但是他們可以決定監當場務的政策，對監當機構進行監督。監當官體系的運作與表現，與這些上級管理者有著十分密切的關係。因此，要討論監當官體系的功能與影響，則這些上級管理者也有略加討論之必要。

　　本章將這些監當機構的上級管理者，分爲兩類：一爲監當政策的決策機構，二爲對監當機構的監督機構。以下析爲兩節，分別論述之。

第一節　監當政策的決策機構

　　從本文第二章、第三章的討論中，我們可以了解，宋代中央與地方的監當機構，絕大多數都與政府的財政收入、開支與消費有密切的關係。因此，政府中主要的理財機構，自然而然地成爲監當機構相關政策的主要決策者。

　　宋代中央財政政策的制訂，北宋前期（元豐改制以前）是由「三司」（鹽鐵司、戶部司、度支司）負其責。元豐改制以後，則由戶部掌管國家的財政政策，但其他各部之中也有與監當政策相關者。此外，監當機構之中，又有

若干機構與軍事有關，如各種軍器製造機構以及各牧監，對於這些牽涉到國防軍備的監當機構，樞密院擁有較多的決策權力。本節將對三司、六部、樞密院對監當政策的決策與監督機制，略作簡單的說明。

一、三 司

　　北宋前期（元豐改制前）除了皇帝與宰相負責全國事務的政策制訂與監督管理之外，在中央關於財政事務方面的最高決策與監督機構，是「三司」（鹽鐵司、度支司、戶部司）。宋代中央與地方的監當官體系，與政府的財賦收入與支出有相當大的關係。因此，有關中央與地方監當官體系的政策，三司是負有相當大的責任的。大體而言，鹽鐵司所管轄者，以財政支出與消費的部分居多。而度支司與戶部司所管轄者，則以財賦收入者為主。

　　三司中的「鹽鐵司」，下設七案：一為「兵案」（真宗景德二年，兵案與度支案合併為「刑案」），掌衙司軍將、大將、四排岸司兵卒之名籍及庫務月帳，可見四排岸司由兵（刑）案監督，中央諸庫務的每月收支帳也由兵（刑）案加以考核。二為「胄案」，掌修護河渠、造給軍器之名物及軍器作坊、弓弩院諸務諸季料籍，可見軍器作坊、弓弩院等軍器生產製造機構由胄案監督。三曰「商稅案」，即為監督全國商稅的徵收。四曰「都鹽案」，監督鹽的專賣。五曰「茶案」，監督茶的專賣。六曰「鐵案」，掌金、銀、銅、鐵、朱砂、白礬、綠礬、石炭、錫、鼓鑄，可見全國各坑冶場務的生產由鐵案監督。七曰「設案」，掌旬設、節料、齋錢、餐錢、羊豕、米麵、薪炭、陶器等物，可見外物料庫、炭場、牛羊司、供庖務等為文武官吏提供服務的機構，歸設案監督。〔註1〕可見鹽鐵司下設的七案，與監當官體系有相當密切的關係。

　　三司中的「度支司」，下設八案：一為「賞給案」，市舶、榷貨務屬之，可見賞給案可以監督市舶司、榷貨務等監當機構。二曰「錢帛案」，左藏錢帛、香藥榷易屬之，可見錢帛案可監督左藏庫、香藥庫等監當機構。三曰「糧料案」，三軍糧料、諸州芻粟給受屬之，可見糧料案可監督馬軍、步軍糧料院及地方各州的州糧料院。四曰「常平案」，諸州平糴屬之，可見常平案可監督各地的常平倉。五曰「發運案」，汴河、廣濟、蔡河漕運屬之，可見各州倉庫之中錢糧的調發，以及對排岸司、下卸司等監當機構的監督，係由發運案負責。六為「騎案」，掌諸坊監院務飼養牛羊、馬畜及市馬等，可見騎案可監督各牧

馬監、買馬務等監當機構。七爲「斛斗案」，掌兩京倉儲廩積，計度東京糧料、百官祿粟廚料，可見斛斗案可以監督京師的二十五倉。八爲「百官案」，掌京朝幕職官奉料，可見百官案可以監督提供百官俸祿的諸司糧料院。〔註2〕度支司所屬八案，也與監當官體系有密切的關係。

三司的「戶部司」，其下分爲五案：「戶稅案」掌夏稅，「上供案」掌諸州上供錢帛，亦即要考核地方倉庫上供錢糧的數目。「修造案」掌京城工作及陶瓦八作、排岸、作坊、諸庫簿帳，亦即監督東西八作司、修內司、排岸司、東西作坊及諸庫的籍帳。「麴案」掌榷酤、官麴，亦即監督酒的專賣。「衣糧案」掌勾校百官、諸軍、諸司奉料，即監督諸司、諸軍專勾司審核糧料院的籍帳。〔註3〕可見戶部司五案之中，除戶稅案與監當官體系較無直接關係外，有四案與監當官體系有密切關連。

由上可見，三司之下所設的各案，分工甚爲細密，將各類監當機構分別列管監督。且其中不乏執掌重複、相互制衡的情形。例如排岸司兵士的名籍，由鹽鐵司兵案管理，但實際調度則歸度支司發運案，戶部司修造案則可監督排岸司的籍帳。又如鹽鐵司冑案與戶部司修造案，皆可監督東西作坊的籍帳。

三司對於監當機構的政策，表現在下面幾個方面：

其一爲制訂歲額。三司對於監當場務的收入多少，會制定歲額。監當官達不到歲額標準者，將被處分；若收入超過歲額，則有各種獎賞。眞宗景德二年五月，規定「自今諸處茶鹽酒課利增立年額，并令三司奏裁。」〔註4〕仁宗嘉祐六年（1061）時，「龍圖閣直學士楊畋，（請）於三司取天下課利場務五年併增虧者，限一月別立新額。時場務歲課多虧，惟逐時科校主典。而三司終不爲減舊額，故帝特行之。」〔註5〕可見場務歲額不但爲三司所規定，而且因爲宋朝開支不斷增加，三司對歲額收入也要求有增無減，仁宗因此同意了楊畋重定新額的要求。

其次，奏舉重要的監當官也是三司的職權。例如眞宗天禧四年元月，有官員張應物奏請：「諸縣酒務，爲豪民買撲，坐取厚利。自今請差官監榷，仍要三司保舉。」〔註6〕仁宗皇祐五年（1053）規定：「京師百萬倉、左藏庫、

〔註2〕《宋史》卷162〈職官二·三司使〉，頁3809。
〔註3〕《宋史》卷162〈職官二·三司使〉，頁3809。
〔註4〕《宋會要輯稿·食貨》30～3a。
〔註5〕《宋會要輯稿·食貨》17～24b。
〔註6〕《宋會要輯稿·食貨》20～6a。

都商稅務、榷貨務、東西八作司、文思院、事材場、南北作坊、店宅（務）、麴院、內香藥庫、裁造院、作坊物料庫、西染院、陝西折博務、解州鹽池、緣邊便糴糧草、諸茶場、榷貨務、轉般倉、米倉、銀銅坑冶場、鹽井監」等收入在七萬貫以上的監當官由三司奏舉。〔註7〕對於任職不力的監當官員，三司也可以奏請罷免。眞宗大中祥符七年六月有詔：「諸司庫務監官，頗有畏懦不才者，令三司具名以聞。」〔註8〕

不過，由於監當官多爲掌管收納錢財的「肥缺」，所以三司官員在保舉時常常受到權貴高官的請託。據歐陽修《歸田錄》一書所記載北宋時的情形：

> 京師諸司庫務，皆由三司舉官監當。而權貴之家子弟親戚，因緣請託，不可勝數，爲三司使者常以爲患。田元均爲人寬厚長者，其在三司，深厭干請者，雖不能從，然不欲峻拒之，每溫顏強笑以遣之。常謂人曰：「作三司使數年，強笑多矣，直笑得面似靴皮。」士大夫聞者傳以爲笑，然皆服其德量也。〔註9〕

此外，由於三司爲許多監當機構的上級，因此在保舉官吏擔任其屬下的監當職務時，也會有所限制。仁宗天聖四年時，開封府曾要求將府界諸縣酒務原由百姓買撲者，改由監官監當，並由三司保舉。〔註10〕但是，據《續資治通鑑長編》記載：

> （天聖七年）是歲上封者又言：「諸縣課績多虧，蓋監臨之官，皆是保舉，多相庇匿不言。自今請止委審官、三班院差人監當。」自是遂罷府界舉官之制。〔註11〕

若由三司首長保舉官吏擔任監當官，一旦課績有虧，由於保舉者有連帶責任，故三司長官經常無法對監當官做出公正的考評。因此天聖七年才下令，不准三司長官保舉官吏擔任開封府酒務的監當官，而改由審官院、三班院銓選。

監當機構編制的調整也是三司的職權。三司視監當事務的實際需要，可以奏請增設監當官。眞宗景德四年四月，有上封事者言：「京師庫務出納淹留，官物不得整齊，蓋監臨弛慢，致人受弊。」於是眞宗下令：「三司與提舉庫務官司議條約，量庫務繁簡，以置監官，永爲定式。有不堪其任者，具狀以聞，

〔註7〕《長編》卷175～16a-b，皇祐五年十月壬子。
〔註8〕《宋會要輯稿・職官》27～42b。
〔註9〕歐陽修《歸田錄》（點校本，北京：中華書局，1981年3月）卷2，頁23。
〔註10〕《宋會要輯稿・食貨》20～6a。
〔註11〕《續資治通鑑長編》卷108～16a，天聖七年歲末。

并與改易。」〔註12〕

二、六　部

（一）戶　部

元豐改制後，三司遭到裁撤，其職權併入戶部。

戶部的重要工作之一，就是制訂全國各場務課額的總數，作為政府預算、監官賞罰的標準。哲宗紹聖時，「令戶部取天下稅務五年所收之數，酌多寡為中制，頒諸路揭版示之，率十年一易。其增名額及多稅者，並論以違制。」〔註13〕欽宗靖康元年（1126），有臣僚奏言：「祖宗舊制并政和新令，場務立額之法，並以五年增虧數較之，併增者取中數，併虧者取最高數，以為新額，故課息易給而商旅可通。近諸路轉運司不循其法，有益無損，致物價騰踊，官課愈負。請令諸路提刑下諸郡，準舊法釐正立額。」〔註14〕亦即由戶部制訂歲額數目，而由地方諸路的提點刑獄轉達各州郡執行。

戶部也繼承了對於重要監當官的奏舉的責任。哲宗元祐年間，規定：「糧料院、諸司諸軍審計司、左右廂店宅務、香藥庫、北抵當所」等處的監當官由戶部奏辟。〔註15〕

尤其是戶部之下的金部司，其執掌包括了「勾考平準、市舶、榷易、商稅、香茶、鹽礬之數，以周知其登耗，視歲額增虧而為之賞罰。」〔註16〕大致來說，商稅場務與官營商業機構皆由金部司負責考核。且其下有分案六：「日左藏、日內藏、日錢帛、日榷易、日請給、日知雜」，〔註17〕可知錢帛財賦的庫藏，也是由金部司負責考核。元豐改制後太府寺職掌的範圍，大致說來是由金部司加以考核。

不過，戶部與原先的三司相比，其職權範圍是縮小了許多。哲宗元祐元年閏二月，司馬光曾上奏分析三司與戶部之不同：

> 自（元豐）改官制以來，備置尚書省六曹二十四司及九寺三監，各
> 有職事。將舊日三司所掌事務，散在六曹及諸寺監，戶部不得總天

〔註12〕《宋會要輯稿・職官》27～41b。
〔註13〕《宋史》卷186〈食貨下八・商稅〉，頁4545。
〔註14〕《宋史》卷186〈食貨下八・商稅〉，頁4546。
〔註15〕《宋會要輯稿・職官》27～14b。
〔註16〕《宋史》卷163〈職官三・戶部〉，頁3850。
〔註17〕《宋史》卷163〈職官三・戶部〉，頁3850。

下財賦。既不相統攝，帳籍不盡申戶部，戶部不能盡知天下錢穀之
數。五曹各得支用錢物，有司得符，不敢不應副，戶部不能制。戶
部既不能知天下錢穀出納見在之數，無由量入為出。五曹及內百司
各自建白理財之法，申奏施行，戶部不得一一關預，無由盡公共利
害。〔註18〕

此外，戶部的財政職權也並非不會受到限制。一方面，內藏庫的財賦為天子
私財，其支出平時供應皇室經費，特殊情形下由皇帝推恩用於賞賜、軍費、
救災。內藏庫的經費非戶部所可支用。另一方面，元豐改制後，宰相亦將部
分財賦設庫封樁，號稱「朝廷封樁」，亦非戶部所可支用。這種朝廷封樁庫，
北宋有元豐、元祐等庫，南宋有左藏南庫、左藏封樁庫，皆須宰執具議奏請，
始可支用。戶部能夠有效調度的財賦，為左藏庫。南宋時，由於左藏南庫、
左藏封樁庫的設置，加上四總領所截留了大部份的上供財賦，因此左藏庫財
賦的數額僅可支應行在（杭州）的吏祿兵餉。〔註19〕

（二）工 部

工部「掌百工水土之政令，稽其功緒以詔賞罰。」〔註20〕亦即負責器物
製作、工程營造的監當機構，其相關政策由工部負責規劃並監督考核。《宋史·
職官三·工部》說道：

若諸監鼓鑄錢寶，按年額而課其數，因其登耗以詔賞罰。凡車輦、
飾器、印記之造，則少府監、文思院隸焉。甲兵器械之制，則軍器
所隸焉。有合支物料工價，則申于朝，以屬戶部。建炎併將作、少
府、軍器監並歸工部。是時，營繕未遑，惟戎器方急。紹興二年，
詔於行在別置作院造器甲，令工部長貳提點，郎官逐旬點檢。少府
監既歸工部，文思院上下界監官並從本部辟差。又詔御前軍器所隸
工部。〔註21〕

可見錢幣、宮廷器用、軍器的生產鑄造，都歸工部掌管、監督。工部不但在
中央負責政策的規劃，南宋之後由於將作監、少府監、軍器監遭到裁併，實
際指揮、監督各監當機構的工作也由工部負責。例如工部對一些監當機構的

〔註18〕《長編》卷368，元祐元年閏二月甲午。
〔註19〕參見汪聖鐸《兩宋財政史》下冊，頁623～634。
〔註20〕《宋史》卷163〈職官三·工部〉，頁3862。
〔註21〕《宋史》卷163〈職官三·工部〉，頁3862～3863。

監當官（如文思院上下界）擁有任命權。

（三）其他各部

　　兵部之下設有「駕部司」，掌輿輦、車馬、驛置、廄牧之事。〔註22〕大抵如御輦院、車營致遠務、各牧監的相關事務，駕部司都有參與意見的權力。而「庫部司」掌鹵簿、儀仗、戎器、供帳之事，國之武庫隸焉。〔註23〕則弓箭庫、軍器所、作坊等修造軍器之相關事務，庫部司也有參與意見的權力。

　　禮部之下有「祠部司」，掌天下祀典、道釋、祠、廟、醫藥之政令。〔註24〕則如朝服法物庫、南郊、太廟祭器庫、度牒庫的相關事務，祠部司有參與決策的權力。又有「主客司」，掌以賓禮待四夷之朝貢。〔註25〕則如市舶司、禮賓院、各地館驛的相關事務，主客司也有決策規劃之權。而「膳部司」掌牲牢、酒醴、膳羞之事，凡所用物，前期計度，以關度支。〔註26〕則如內酒坊、法酒庫、牛羊司等監當機構的事務，膳部司也有參與決策之權。

　　刑部的比部司，對監當官也有監督之權。元豐改制後，原先三司的若干權力改隸於刑部的比部司。哲宗元祐三年，「釐正倉部，勾覆、理欠、憑由案及印發鈔引事歸比部。」〔註27〕《宋史・職官三・刑部》說道：

> 比部郎中、員外郎：掌勾覆中外帳籍。凡場務、倉庫出納在官之物，皆月計、季考、歲會，從所隸監司檢察以上比部，至則審覆其多寡登耗之數，有陷失，則理納。〔註28〕

可見比部必須每月、每季、每年按時考核場務、倉庫的帳籍，並且追討各場務、倉庫應上繳而未上繳的財賦。徽宗政和六年詔：「（場務、倉庫帳籍）寺監先期檢舉，如庫務監官所造文帳委無未備，（比部）方許批書。違者御史台奏劾。」〔註29〕意謂監當場務的帳籍，須先經其上級主管的機構（如各寺監）檢察，再經由比部審核，如帳籍全無缺漏，比部官員才能簽字通過。如果比部官員違反了這個程序，將會遭到御史台的彈劾。

〔註22〕《宋史》卷163〈職官三・兵部〉，頁3856。
〔註23〕《宋史》卷163〈職官三・兵部〉，頁3857。
〔註24〕《宋史》卷163〈職官三・禮部〉，頁3853。
〔註25〕《宋史》卷163〈職官三・禮部〉，頁3854。
〔註26〕《宋史》卷163〈職官三・禮部〉，頁3854。
〔註27〕《宋史》卷163〈職官三・刑部〉，頁3861。
〔註28〕《宋史》卷163〈職官三・刑部〉，頁3861。
〔註29〕《宋史》卷163〈職官三・刑部〉，頁3861。

吏部的工作主要在於銓選文武官吏。宋代中央與地方的監當官，依照文武官品的不同，分別由吏部四選來任用。關於這一部份，詳見本文第五章第二節。

從北宋元豐改制以前的三司，到元豐改制以後的六部，是宋朝中央政府之中，負責全國性政策規劃的政務機構。對於各類監當機構，是站在監督的立場，而非直接的上級管理者。實際的管理由九寺諸監（見本章第二節）來負責。不過到了南宋時，情形有所改變。九寺諸監或遭裁撤、或職權縮減，而對於監當機構的監督管理，則由工部、兵部、禮部等決策機構直接監督管理。其變化的情形如下：

衛尉寺併入工部，軍器庫、內弓箭庫、儀鸞司等機構都歸由工部直接管理。而少府監所轄的文思院，也改為隸屬於工部。都水監遭裁廢，原本隸屬於都水監的街道司等，也改隸於工部之下。原屬於軍器監的御前軍器所也由工部管理。

太僕寺則併入兵部，所屬的車輅院、左右騏驥院、鞍轡庫、養象所、駝坊、車營致遠務等，都直接併入了兵部的管理之下。

光祿寺則併入了禮部，法酒庫、翰林司、牛羊司、乳酪院、油醋庫、外物料庫等機構改為隸屬於禮部。鴻臚寺亦併入禮部，各地的館驛也由禮部直接管理。

南宋時的這種作法，打破了六部負責全國性的政策規劃、九寺諸監負責實際監督管理的區別，是政府減併機構之下所產生的結果。嚴耕望先生在〈論唐代尚書省之職權與地位〉一文中強調：尚書六部只處於頒令節制之地位，製頒政令，而非實際的執行機關。九寺諸監才是各場務的實際監督管理者。從上面的討論中，我們也可看出，六部的職責，在於重要政策的規劃，如制訂歲額、調整編制、以及薦舉重要場務的監當官等等。至於實際監督各監當機構名籍帳狀之事，實為細瑣，不應由六部來直接管理。南宋將諸寺監併入六部，由六部直接監督監當機構的作法，簡單來說，就是讓六部官員「把官做小了」。

三、樞密院

樞密院「掌軍國機務、兵防、邊備、戎馬之政令，出納密命，以佐邦治。」〔註30〕宋代的樞密院與宰相對持文武大柄，掌握全國軍備事務，職責甚重。

〔註30〕《宋史》卷162〈職官二・樞密院〉，頁3797。

樞密院之下設有十二房，做爲幕僚組織。十二房中的「支馬房」即掌內外馬政及坊院監牧吏卒、牧馬、租課之事。〔註31〕不過，樞密院對於馬政，也只限於決定政策，並不對諸牧監直接管理。諸牧監的管理，中央有左右騏驥院，地方有群牧司專主其事。樞密院只負責節制頒令、決定軍事政策，而不負責實際的管理工作。其他軍事性監當機構，如軍器諸庫、內弓箭諸庫、軍器所、東西作坊等，樞密院也不直接管理監督，而是另設「都大提點內弓箭軍器等庫所」，另由專人監督管理。可見宋代（至少是北宋時期），中央決策機構與實際監督管理機構是有明顯區別的。

　　樞密院之下附屬的監當機構，南宋時，有「監三省、樞密院門」、「三省、樞密院激賞庫」、「三省、樞密院激賞酒庫」等。爲三省與樞密院提供服務。

第二節　監督監當機構的上級官司

一、對中央監當機構的監督

（一）元豐改制前的監督機構

　　元豐改制以前（元豐改制後也有，但數量較少），對中央監當機構的監督，大致是由皇帝所任命的提舉官、提點官、提轄官負責。這些提舉官、提點官、提轄官並非唐代三省、六部、諸寺監的體制下所有，而是屬於出於皇帝任命的「差遣」。對於單一監當機構而設置的提舉官，如修內司有「都大提舉內中修造」；對於數個監當機構的監督，如「左藏庫提轄檢察官」負責監督南宋的左藏東西庫，「提領左藏封樁庫」負責監督左藏封樁上、下庫，「都大提舉（點）內弓箭軍器等庫所」負責監督北宋時期的軍器、弓箭諸庫，「都大提點內軍器庫所」負責監督南宋時期的內軍器庫與軍器所。以上皆散見於本文第二章與第三章的介紹之中。

　　在此要特別加以介紹者，是受其監督的監當機構數量較多、職事較爲繁重的上級監督者，如「提點倉草場所」、「提舉在京諸司庫務司」、「左右騏驥院」與「三司提舉司」。

〔註31〕《宋史》卷162〈職官二・樞密院〉，頁3798～3799。十二房爲北面房、河西房、支差房、在京房、校閱房、廣西房、兵籍房、民兵房、吏房、知雜房、支馬房、小吏房。

1. 提點倉草場所

負責監督在京諸倉及草場，以閤門祇候以上二人充任提點官。眞宗大中祥符年間曾另外設置「都大提舉官」二員，以朝官、諸司使充，但不久即於大中祥符九年廢除。〔註 32〕

提點倉草場所的提點官，負責監督各倉、草場的監當官，杜絕貪污舞弊之事。眞宗大中祥符六年三月曾下詔於提點倉草場所：「若綱運到岸，諸倉驗斛斗濕惡，即時監鎖綱官、梢工攤曬乾，比元樣受納，若有少欠欺弊，即委本所勘罪科斷。」〔註 33〕對於各倉、草場監當官的管理也由提點倉草場所負責。大中祥符六年五月，眞宗下詔於提點倉草場所：「倉、草場監官押宿，如的疾患不任事，即預具公文報提點所勘會，下次監官押宿。如違，科違制之罪。」〔註 34〕對於各倉、草場的監官，若因病不能輪值夜班，需先報告提點倉草場所，才能請假調班。

2. 提舉在京諸司庫務司

以朝臣、諸司使副二員爲提舉官，仁宗天聖之後或二員，或五員，不常其數。京城諸司庫務、場院、坊作七十四所隸提舉司管理。包括了太廟家事庫、官告綾紙庫、太府斗秤務、少府祭器法物庫、國學賣書庫、皇城冰井務、軍器什物庫、府司點檢所等等。〔註 35〕對於在京庫務中任職不力的官員，提舉諸司庫務司可以奏請懲處；對於在京庫務的相關問題，也由提舉諸司庫務司解決。眞宗大中祥符八年二月即有詔：「在京諸司庫務、倉場，委逐處監官簡選公人有累作過犯、不逞之人，籍名以聞。其巡護兵士數少處益之。」〔註 36〕

3. 群牧司、左右騏驥院

宋初只有左右飛龍二院，以左右飛龍使各二人分掌之。太祖始設養馬二務，又興葺舊馬務四處，以爲放牧之地。至太宗太平興國五年正月，以左右飛龍使爲左右天廄使。始分置諸州牧養。〔註 37〕爲掌管全國馬政之機構。其後左右天廄使改名爲左右騏驥院。眞宗咸平三年九月，「始置群牧司，命樞密直學士陳堯叟爲制置使。馬政舊皆騏驥兩院監官專之，於是內外廄牧之事，

〔註 32〕《宋會要輯稿・職官》26～23b。
〔註 33〕《宋會要輯稿・職官》26～24a。
〔註 34〕《宋會要輯稿・職官》26～24a。
〔註 35〕《宋會要輯稿・職官》27～41a。
〔註 36〕《宋會要輯稿・職官》27～43a。
〔註 37〕《續資治通鑑長編》卷21～1b～2a，太平興國五年正月壬午。

自騏驥院而下悉聽命於群牧司也。」〔註 38〕全國馬政改由群牧司負責監督，左右騏驥院變成了群牧司的下屬，僅負責京畿馬政。

群牧司負責管理全國各坊監，對於京畿各坊監的監當官，群牧使有保舉奏薦之權。眞宗大中祥符三年正月有詔：「左右騏驥院諸坊監官，自今并以三年爲滿。如習知馬事欲留者，群牧司保薦以聞，當徙蒞他監。」〔註 39〕

而左右騏驥院掌管京畿馬政，其下有六坊監：左右天廄坊二，左右天駟監四。宋代規定：「左右騏驥院諸坊監官，並以三年爲滿。」〔註 40〕所謂諸坊監即包含左右天廄坊、左右天駟監共六坊監。

4. 三司提舉司

王安石變法時期，在熙寧五年設置了「三司提舉司」，以清理三司積存的帳籍。並將東西八作司、牛羊司、御輦院、軍器庫、後苑造作所、文思院、內弓箭庫、南作坊、北作坊、弓弩院、法酒庫、西染院、綾錦院、裁造院、修內司、翰林司、儀鸞司、事材場、四園苑、玉津園、養象所、鞍轡庫、禮賓院、駝坊、內酒坊等，皆隸於三司提舉司。〔註 41〕三司提舉司的設置，可以說是爲元豐改制預作準備。元豐改制時，三司提舉司所管轄之監當機構，即分別改隸諸寺監掌管。

（二）元豐改制後之諸寺監

在本文第一章第二節中，曾經提到唐代的政府組織當中，類似於宋代監當機構者，大都由九寺諸監來管理。宋神宗的元豐改制，就是以恢復唐代三省、六部、諸寺監的政治體制作爲努力的方向，因此，許多中央監當機構也歸併於九寺諸監之下。到了南宋初，諸寺監又經過裁併，許多監當機構改隸於兵、工、禮等部。現列舉如下：

1. 太常寺

掌管禮儀祠祭之事。元豐改制之後，隸屬於太常寺的監當機構有南郊、太廟祭器庫，朝服法物庫（崇寧二年改隸殿中省）、南郊什物庫、太廟什物庫等。〔註 42〕

〔註 38〕　《續資治通鑑長編》卷 47～14b，咸平三年九月庚寅。
〔註 39〕　《續資治通鑑長編》卷 73～2a，大中祥符三年正月己巳。
〔註 40〕　《宋史》卷 198〈兵十二・馬政〉，頁 4928。
〔註 41〕　《宋史》卷 189〈兵三・廂兵〉，頁 4666。
〔註 42〕　《宋史》卷 164〈職官四・太常寺〉，頁 3885。

2. 太府寺

掌「庫藏、出納、商稅、平準、貿易之事」，「凡四方貢賦之輸于京師者，辨其名物，視其多寡，別而受之。儲於內藏者，以待非常之用；頒于左藏者，以供經常之費。凡官吏、軍兵奉祿賜予，以法式頒之。」〔註43〕元豐改制以後，左藏庫、內藏庫、奉宸庫、祗候庫、元豐庫、布庫、茶庫、雜物庫、糧料院、審計司、都商稅務、汴河上下鎖、蔡河上下鎖、都提舉市易司、市易上界、市易下界、雜買務、雜賣場、榷貨務、交引庫、抵當所、和劑局、惠民局、店宅務、石炭場、香藥庫等，皆隸太府寺管理。〔註44〕亦即京師中負責經營商業的監當機構大多由太府寺管理。到了南宋時，所隸惟糧料院、審計司、左藏東西庫、交引庫、祗候庫、和劑局、惠民局、左藏南庫、編估局、打套局、寄椿庫。〔註45〕

3. 太僕寺

太僕寺「總國馬之政，籍京都坊監、畿甸牧地畜馬之數，謹其飼養，察其治療，考蕃息損耗之實，而定其賞罰焉。」神宗元豐改制以後，除了車輅院、車營、致遠務、養象所、駝坊、皮剝所、御輦院隸屬於太僕寺之外，群牧司亦併入太僕寺，群牧司所屬的左右騏驥院、左右天駟監、牧養上下監、鞍轡庫也並由太僕寺管理。南宋時，太僕寺遭到裁撤，其職事併入兵部。〔註46〕

4. 司農寺

司農寺「掌倉儲委積之政令，總苑囿庫務之事而謹其出納。」元豐改制後，司農寺其下有二十五倉，十二草場、四排岸司、玉津、瑞聖、宜春、瓊林四苑、下卸司、都麴院、水磨務、內柴炭庫、炭場。南宋時，行在臨安府的豐儲倉，行在之建康、鎮江府的糧倉，亦歸司農寺管理。〔註47〕

5. 光祿寺

光祿寺「掌祭祀、朝會、宴饗酒醴膳羞之事，修其儲備而謹其出納之政。」御廚、翰林司、牛羊司、法酒庫、內酒坊、外物料庫、太官物料庫、醋庫、

〔註43〕 《宋史》卷165〈職官五·太府寺〉，頁3906～3907。
〔註44〕 《宋史》卷165〈職官五·太府寺〉，頁3907～3908。
〔註45〕 《宋史》卷165〈職官五·太府寺〉，頁3909。
〔註46〕 《宋史》卷164〈職官四·太僕寺〉，頁3893～3895；《宋史》卷189〈兵三·廂兵〉，頁4691。
〔註47〕 《宋史》卷165〈職官五·司農寺〉，頁3904～3906。

油庫，隸光祿寺。大抵供應皇帝及朝臣飲食的監當機構，由光祿寺負責管理。南宋時，光祿寺併入禮部。〔註48〕

6. 衛尉寺

掌儀衛兵械、甲冑之政令。其下的監當機構包括內弓箭庫、內弓箭南外庫、軍器弓槍庫、軍器弩劍箭庫、儀鸞司、軍器什物庫、宣德樓什物庫等。南宋時，衛尉寺被省併，其下的監當機構則併入工部。〔註49〕

7. 鴻臚寺

掌四夷朝貢、宴勞、給賜、送迎之事。因此各地的館驛由鴻臚寺加以管理。如都亭西驛、禮賓院、懷遠驛等。南宋時併入禮部。〔註50〕

8. 少府監

掌百工技巧之政令。元豐改制以後，將文思院、綾錦院、染院、裁造院、文繡院、南郊祭器庫、太廟祭器法物庫、以及諸州鑄錢監，都交由少府監掌管。〔註51〕南宋初併於工部。

9. 將作監

掌宮室、城郭、橋樑、舟車營繕之事。其下的監當機構有修內司、東西八作司、竹木務、事材場、麥䴛場、窯務、丹粉所、作坊物料庫第三界、退材場、簾箔場等。南宋初一度把將作監併歸工部，紹興十一年復置，但「為置丞一員，餘官虛而不除。」〔註52〕

10. 軍器監

掌監督繕治兵器什物，以給軍國之用。其下的監當機構有東西作坊、作坊物料庫、皮角場、以及南宋初設置的御前軍器所。高宗建炎三年，將軍器監併歸工部，東西作坊、都作院併入軍器所。紹興十一年雖然復置軍器監，但軍器所仍隸工部，軍器監「事務希簡，特為儲才之所焉」。〔註53〕

11. 都水監

〔註48〕《宋史》卷164〈職官四・光祿寺〉，頁3891～3892；《宋史》卷189〈兵三・廂兵〉，頁4692。
〔註49〕《宋史》卷164〈職官四・衛尉寺〉，頁3892～3893。
〔註50〕《宋史》卷165〈職官五・鴻臚寺〉，頁3903。
〔註51〕《宋史》卷165〈職官五・少府監〉，頁3917～3918。
〔註52〕《宋史》卷165〈職官五・將作監〉，頁3918～3919。
〔註53〕《宋史》卷165〈職官五・軍器監〉，頁3920～3921。

掌中外川澤、河渠、津梁、堤堰疏鑿浚治之事。其下的監當機構有街道司等。南宋紹興十年將都水監併入工部。〔註54〕

南宋時期，九寺諸監或遭裁撤、或職權縮減，而對於監當機構的監督管理，則由工部、兵部、禮部等決策機構直接監督管理。衛尉寺、少府監、都水監遭裁廢，所屬的監當機構則改隸於工部之下，由工部直接管理。軍器監雖未裁廢，但已成為閒散機構，御前軍器所也由改工部直接管理。

太僕寺則併入兵部，所屬的車輅院、左右騏驥院、鞍轡庫、養象所、駝坊、車營致遠務等，都直接併入了兵部的管理之下。

光祿寺則併入了禮部，法酒庫、翰林司、牛羊司、乳酪院、油醋庫、外物料庫等機構改為隸屬於禮部。鴻臚寺亦併入禮部，各地的館驛也由禮部直接管理。

南宋時的這種作法，打破了六部負責全國性的政策規劃、九寺諸監負責實際監督管理的區別，是政府減併機構之下所產生的結果。

（三）內廷供奉機構：內侍省、入內內侍省、殿中省

1. 內侍省、入內內侍省

宋代在皇宮之中，負責提供皇帝食衣住行及娛樂事務的監當機構，通常由入內內侍省與內侍省負責監督管理。內侍省與入內內侍省的區別為：「通侍禁中，役服褻近者，隸入內內侍省；拱侍殿中，備洒掃之職、役使雜品者，隸內侍省。」〔註55〕意即在一般皇宮宮殿工作的宦官，隸內侍省；而在皇帝後宮禁中服役的宦官，隸入內內侍省。

隸屬於內侍省與入內內侍省的監當機構，如御藥院、合同憑由司、後苑、造作所等，〔註56〕掌其事者皆為內侍宦官。

2. 殿中省

掌供奉天子玉食、醫藥、服御、幄帝、輿輦、舍次等事。徽宗崇寧二年，依權太府卿林顏的建議，設置「殿中省」，下設「六尚」（尚食、尚藥、尚醞、尚衣、尚舍、尚輦六局）。御藥院、尚衣庫、內衣物庫、新衣庫皆隸屬於殿中省。朝服法物庫亦於徽宗崇寧二年併入殿中省。不過，到了欽宗靖康元年，

〔註54〕《宋史》卷165〈職官五‧都水監〉，頁3921～3923。
〔註55〕《宋史》卷166〈職官六‧入內內侍省、內侍省〉，頁3939。
〔註56〕《宋史》卷166〈職官六‧入內內侍省、內侍省〉，頁3940～3941。

即裁罷殿中省與六尚局。〔註57〕殿中省實際存在的時間並不長。

二、對地方監當機構的監督

（一）路級以上的官司

宋代地方政府的各級長官，爲地方監當官的直屬上級，是實際負責監督管理監當官者。《宋史・食貨下七・坑冶》說道：「戶、工部，尙書省皆有籍鉤考，然所憑唯帳狀，至有有額而無收，有收而無額，乃責之縣丞、監官及曹、部奉行者，而更督遞年違負之數。」〔註58〕可見光靠中央的戶、工部檢察帳狀是不夠的，要落實對監當機構的監督，則要靠其上級單位（中央爲各部、曹，地方爲各路監司、府州軍監、縣）來執行。

「路」雖爲地方最高的行政單位，但是在「路」之上，也有更高階層的地方監督機制。例如北宋時期的發運使即是明顯的例子。發運使的職掌，《宋史》謂：「掌經度山澤財貨之源，漕淮、浙、江、湖六路儲廩以輸中都，而兼制茶鹽、泉寶之政。」〔註59〕又謂：「總（東南）六路賦入，其職以制置茶、鹽、礬、酒稅爲事，軍儲國用，多所仰給。宜假以錢貨，資其用度。」〔註60〕茶、鹽、礬的專賣，酒稅的徵收，發運使都得預聞其事。

發運使之外，對於地方上的榷貨務，宋初曾置提點官、制置使等職，管理諸處榷貨務。太宗太平興國五年正月，「命三司戶部判官戶部員外郎高凝祐都大提點沿江諸處榷貨務，右補闕梁裔提點諸處榷貨務。」〔註61〕淳化三年十月，以三司鹽鐵副使雷有終兼充「江南諸路茶鹽制置使」。〔註62〕這些都是臨時性的兼職。

仁宗景祐二年，設置「浙江、荊湖、福建、廣南等路提點銀銅坑冶、鑄錢公事」。〔註63〕爲路以上監督坑冶、鑄錢的專責官員。神宗元豐三年七月，「以太常少卿錢昌武領淮南、兩浙、福建、江東路，李棻領荊湖、廣南西路。」〔註64〕將提點坑冶鑄錢司一分爲二。南宋兵革之後，高宗紹興六年，趙伯瑜

〔註57〕　《宋史》卷164〈職官四・殿中省〉，頁3880～3882。
〔註58〕　《宋史》卷185〈食貨下七・坑冶〉，頁4528。
〔註59〕　《宋史》卷167〈職官七・發運使〉，頁3963。
〔註60〕　《宋史》卷186〈食貨下八・均輸〉，頁4556。
〔註61〕　《宋會要輯稿・食貨》36～2b。
〔註62〕　《宋會要輯稿・食貨》36～2b～3a。
〔註63〕　《續資治通鑑長編》卷117～9a，景祐二年八月己卯。
〔註64〕　《宋會要輯稿・職官》43～119b。

又建議重新設置「江淮荊浙福建廣南路提點坑冶鑄錢公事」，〔註65〕爲路以上負責坑冶、鑄錢的專門機構。

對於各地的牧監，眞宗景德四年，「以知樞密院陳堯叟爲群牧制置使，又別置群牧使副、都監，增判官爲二員，凡廐牧之政皆出於群牧司，……又置左、右廂提點。」〔註66〕將諸牧監隸屬於群牧司，群牧司之下並有左、右廂提點，負責監督考核各牧監。神宗元豐五年（1082）五月，推行新官制，廢群牧制置使，以其職事歸太僕寺。〔註67〕

此外，在川陝方面，仁宗嘉祐五年八月，「以權陝西轉運副使薛向專領本路監牧及買馬公事。相度原州、德順軍，置買馬場。其同州沙苑監并鳳翔府牧地，勾當使臣更不下群牧司舉官，並令薛向保薦。」〔註68〕陝西馬政算是由群牧司的管轄中獨立了出來。神宗時，一度將陝西監牧司與茶事司合併爲茶馬司，設置了「都大提舉茶馬司」，爲管理川陝地區榷茶與買馬場務的專責機構。熙寧七年四月，命令李杞、蒲宗閔「相度成都市易務」，但隨後又下旨：「令（成都）市易司經畫收買茶貨，專充秦鳳熙河路博馬，更不相度市易。」隨後又下令：「提舉成都府、利州路買茶公事李杞、同提舉成都府、利州路買茶公事蒲宗閔，應買茶博馬州軍並令杞等提舉，謂秦鳳、階、成、熙河等路。」於是設置了「都大提舉」或「主管」、「同主管」茶馬司等職，是川陝諸路的茶馬貿易專責機構。〔註69〕但其後馬政與茶場分合不定，元豐三年，「復罷爲提舉買馬監牧司。」〔註70〕又將馬政與茶場分立。元豐四年七月，奉議郎權發遣群牧判官公事郭茂恂奏請「以提舉陝西買馬監牧兼同提舉成都府利州秦鳳熙河等路茶場司爲名」，〔註71〕將「陝西買馬監牧司」與「都大提舉成都等路提舉茶場司」合併。元豐六年（1083）制度再改，「買馬司復罷兼茶事」。〔註72〕元豐八年九月十八日，又詔：「陝西提舉買馬監牧司及成都府利州路買馬司並令提舉成都府永興軍等路榷茶公事陸師閔兼提

〔註65〕《宋會要輯稿‧職官》43～154b。

〔註66〕《宋史》卷198〈兵十二‧馬政〉，頁4928。

〔註67〕《宋會要輯稿‧職官》23～12a。

〔註68〕《宋會要輯稿‧兵》21～19b～20a。

〔註69〕《宋會要輯稿‧職官》43～47a。

〔註70〕《宋史》卷198〈兵十二‧馬政〉，頁4952。

〔註71〕《宋會要輯稿‧職官》43～53b～56a。「郭茂恆」應爲「郭茂恂」。

〔註72〕《宋史》卷198〈兵十二‧馬政〉，頁4952。

舉。」〔註73〕又將茶馬併爲一司。南宋時，茶馬司一度廢置，至高宗紹興七年，「宰臣趙鼎言：得旨復置茶馬官。」〔註74〕重新設置了茶馬司。紹興七年十二月庚辰，復置「都大提舉四川茶馬監牧官」，〔註75〕管理四川地區的馬政與茶馬貿易。

此外，熙寧元年設置河南、河北監牧使（河南、河北各置一員，以朝臣二人充），統領外監，不隸群牧司制置，群牧司的職權等於完全被架空。但熙寧八年（1075）時，「廢河南、河北監牧司，沙苑監復屬群牧司。」〔註76〕爲了統一事權，不但將河南、河北監牧使裁廢，並且將已經改隸陝西監牧司的沙苑監又改隸於群牧司。到了元豐三年四月，又於陝西重新設置「提舉買馬監牧司」，〔註77〕並且「詔河南、北分置監牧使，以劉航、崔台符爲之，又置都監各一員。其在河陽者，爲孳生監。凡外諸監並分屬兩使。」〔註78〕這是因應元豐改制，群牧司被裁撤，因此重新設置陝西買馬監牧司與河南、河北監牧司。

王安石變法時期設置的「都提舉市易司」，「其上下界及諸州市易務、雜買務、雜賣場皆隸焉。」〔註79〕負責掌管中央與全國市易務，以及雜買務、雜賣場等單位。都提舉市易司王安石變法時設置新政機構，原爲「在京市易務」。神宗熙寧五年三月二十六日下詔：「在京市易務選差監官二員、提舉官一員、勾當公事官一員。」〔註80〕僅負責京師市易務的管理。但隨即於三月二十八日，以贊善大夫三司戶部判官呂嘉問提舉在京市易務，又在同年七月十四日將在京商稅院、雜買務、雜賣場並隸提舉市易務。到了熙寧六年十月，神宗正式下詔：「改提舉在京市易務爲都提舉市易司，應諸州市易務隸焉。」〔註81〕成爲管理全國市易務的監督機構。

南宋時期，在路之上則設置總領所。根據學者汪聖鐸先生的研究，各路轉運司上供朝廷的財賦，多由淮東、淮西、湖廣、四川四個總領所掌理，上

〔註73〕《宋會要輯稿‧職官》43～70a。
〔註74〕《宋會要輯稿‧職官》43～104b。
〔註75〕《宋史》卷28〈高宗紀五〉，頁533。
〔註76〕《宋會要輯稿‧兵》21～20a。
〔註77〕《宋史》卷16〈神宗紀三〉，頁302。
〔註78〕《宋史》卷198〈兵十二‧馬政〉，頁4940。
〔註79〕《宋史》卷165〈職官五‧太府寺〉，頁3908。
〔註80〕《宋會要輯稿‧職官》27～36b～37a。
〔註81〕《宋會要輯稿‧職官》27～38a。

供財賦除少數輸送行在（臨安）之外，多數直接供應沿邊駐屯各軍。形成了兩浙財賦上供行在（臨安），江東供淮東，江西供淮西，荊湖供鄂州、岳州，四川自給自足的局面。〔註82〕當時各總領所管轄之直屬監當機構，淮東西有分差糧料院、審計司、榷貨務都茶場、御前封樁甲仗庫、大軍倉、大軍庫、贍軍酒庫、市易抵當庫、惠民藥局。湖廣有給納場、分差糧料院、審計院、御前封樁甲仗庫、大軍倉庫、贍軍酒庫。四川有分差糧料院、審計院、大軍倉庫、贍（似為「熟」字之誤）藥庫、糴買場。〔註83〕

　　路以上的地方官員，對其下屬的監當官薦舉之權。神宗元豐六年閏六月，吏部曾奏言：

> 准都省送下提舉成都府利州陝西等路茶場司奏乞：「秦、熙河、岷、
> 階州、通遠軍、永寧寨茶場，並乞令本司不拘常制，踏逐諳曉事法、
> 有心力京朝官、選人、小使臣，奏乞差充監官。」本部檢會聖旨：
> 「內外官司舉行悉罷。」今來係是本處創有陳請，合取自朝廷指揮。
> 〔註84〕

也就是茶馬司要求有奏舉監當官的權力，當時雖有聖旨不准內外官司舉薦官員，但朝廷還是特別同意了茶馬司，使之有薦舉之權。又如提點坑冶鑄錢司，哲宗紹聖二年（1095）八月下詔：「江淮荊浙福建廣南路坑場監官遇闕，並令就近申提點鑄錢司、本路轉運司選差權官，其課利五萬貫以上處令轉運、提點鑄錢司互舉。」〔註85〕可見路以上的提點坑冶鑄錢司與路級的轉運司，都有薦舉監當官的權力。至於南宋時的提點諸路坑冶鑄錢司，也可以「逐歲薦舉所部官」，〔註86〕同樣有薦舉監當官的權力。

（二）各級地方政府：路

　　「路」級的地方行政機構，主掌財計者，為轉運司。各路轉運司的長官為轉運使、轉運副使或轉運判官，監督所屬州郡的財賦，以上供朝廷。同時，轉運司亦得有限度的調度州郡財賦，以濟有無。轉運司本身的收入，多仰賴酒、鹽、商稅等專賣收入。而轉運司的主要開支，則包括了補貼上供的缺額

〔註82〕　參見汪聖鐸《兩宋財政史》下冊，頁563～564，566～567。
〔註83〕　《宋史》卷167〈職官七・總領〉，頁3959。
〔註84〕　《宋會要輯稿・職官》43～63b～64a。
〔註85〕　《宋會要輯稿・職官》43～119b。
〔註86〕　《宋會要輯稿・職官》43～154b。

與運費、本路官署的開支、以及提供隸屬各路的場務、軍隊之支給。

　　對於轉運使課績的考核，仁宗康定元年，權三司使公事鄭戩又奏請立轉運使副考課之法，鄭戩所建議的方式如下：

> 欲乞應諸道轉運使副，今後得替到京，別差近上臣僚與審官同共磨勘，將一任內本道諸處場務所收課利與租額，遞年都大比較，除歲有凶荒，別敕權閣不比外，其餘悉取大數爲十分，每虧五釐以下罰兩月俸，一分以下罰三月俸，一分以上降差遣。若增及一分以上，亦別與升陟。〔註87〕

這個建議後來被法制化，成爲《轉運使考課格》〔註88〕以考課轉運使。「諸處場務所收課利與租額」，是考課的重點。到了皇祐元年（1049），權三司使葉清臣又上〈轉運使副考績奏〉，請求將轉運使副的考績分爲六等。其奏如下：

> 三司總天下錢穀，贍軍國大計，必藉十七路轉運司公共應副，仍須有材幹臣僚方能集事。伏以朝廷責辦財賦，出於三司。近年荊湖等路上供斛斗，虧欠萬數不少，皆是轉運司無所懷畏，致此弛慢。苟不振舉，久遠上下失職，號令不行，損失財用，有誤支計。臣伏見提點刑獄，朝廷以庶獄之重，特置考課一司，專考提刑朝臣進退差遣。臣欲乞今後轉運使副得替，亦差兩制臣僚考較，分上中下六等。若考入上上，與轉官升陟差遣；上下者或改章服，或升差遣；及中上者依舊與合入差遣；中下者差知州；下上者與遠小處知州；下下者與展磨勘及降差遣。仍每到任成考，并先供考帳申省，關送考課院。今具課事目如後：一、戶口之登耗；二、土田之荒闢；三、鹽茶酒稅統比增虧遞年租額；四、上供和糴和買物不虧年額抛數；五、報應朝省文字及帳案齊足。戶口增，田土闢，茶鹽等不虧，文案無違慢，爲上上考。戶口等五條及三以上，爲中上考。若雖及三以上，而應報文字帳案違慢者，爲中下考。五條中虧四者下上考。全虧及文帳報應不時者，爲下下考。〔註89〕

葉清臣的建議獲得採納後，考課轉運使的方式，改爲「六等法」。而「茶鹽酒

〔註87〕　《長編》卷127〜7a〜8a，康定元年五月己未。

〔註88〕　《長編》卷128〜12a，康定元年九月戊午。

〔註89〕　見《長編》卷166〜3b〜4a，皇祐元年二月戊辰。又見《全宋文》第14冊，頁173〜174。

稅統比遞年租額」的多寡，即是五項考核事目之一。因此，轉運使對於所屬監當場務，不但有督導之責，監當場務課利的多寡也對轉運使的考績有很大的影響。

轉運使之外，提點刑獄亦有若干財政管理權，哲宗紹聖二年十一月，「詔諸路提點刑獄兼提舉坑冶事。」〔註90〕是由提點刑獄兼管坑冶場務之事。提點刑獄遇有監當官「作過虧欠，課利不能幹辦」時，提點刑獄也可以「選官對替」。〔註91〕

安撫使也可對監當事務提供建議。南宋紹熙元年十一月，廣南西路經略安撫、轉運、提刑司言：

> 照對提舉廣南路鹽事王光祖乞復置監石康縣鹽倉及回環庫，窠闕下吏部注識字小使臣。逐司照對石康倉係交收白石場發到鹽，支付常運司般運前去欽州武利倉及鬱林州都鹽倉交卸，應副諸州府般賣；兼回環庫係收轉運司發到錢，支撥應副車丁般運鹽腳支用，其所管錢鹽數目浩瀚。若從朝廷差注正官監當守給，委是便利。〔註92〕

在轉運使、提點刑獄、安撫使的共同建議之下，監石康縣鹽倉及回環庫的監官，其資格由三班使臣改爲正式的監當官。可見安撫使對監當事務也有提議之權。

轉運司、提刑司、安撫司之外，又有提舉常平司，爲熙寧變法以後推行新政的機構，與新法相關的財計由提舉常平負責。提舉鹽事司掌管鈔鹽，提舉茶事司掌管茶引，南宋以後，此二者陸續與提舉常平司合併爲「提舉常平茶鹽公事」。例如孝宗於淳熙三年四月下詔：「提舉廣東常平茶事改作提舉廣南東路茶鹽公事繫銜。」〔註93〕

此外，北宋時又有「陝西解鹽司」的設置，負責專管陝西解鹽的生產運銷。後由陝西轉運使兼管。哲宗元祐六年「命復置解鹽使」，但設置未久即於紹聖元年罷廢。〔註94〕

徽宗時期，一度設置了「措置河東坑冶鑄錢司」、「提舉陝西路坑冶鑄錢司」、「措置河北路鐵冶鑄錢司」、「措置廣東路坑冶鑄錢司」等路級機構，但因

〔註90〕《宋會要輯稿‧職官》43～120a。
〔註91〕《宋會要輯稿‧職官》43～120b。
〔註92〕《宋會要輯稿‧職官》43～44a-b。
〔註93〕《宋會要輯稿‧職官》43～43a。
〔註94〕《宋會要輯稿‧職官》44～40a。

「冗官頗多，不能振舉事，徒費祿廩」，崇寧五年二月將之罷廢。〔註95〕但徽宗政和二年四月時，又在河東路轉運、提舉常平司的建議之下，「河東、陝西、京西、京東路所委提轄措置坑冶鑄錢官下，各已降朝旨許差檢踏官二員外；欲江淮荊浙提點鑄錢虔、潭兩司各差置檢踏官三員。」〔註96〕不但復置河東、陝西、京西、京東、以及江淮荊浙等路的提點鑄錢司，更增設檢踏官以監督之。

　　路級官員也有奏舉監當官的權力。眞宗天禧四年四月，有詔：「茶場、権務，自今令三司副使、判官、轉運使副、制置茶鹽司舉官監蒞，六権務以在京朝官、殿直以上使臣充，茶場以幕職令錄充。」〔註97〕哲宗紹聖三年四月也規定：年收入三萬貫以上的各地場務監官，仍由本路轉運司奏舉。〔註98〕

（三）各級地方政府：州縣

　　路之下爲府、州、軍、監一級，府州收受各縣所上繳的財賦，一般收儲於軍資庫或省倉，由轉運司考校。部分收入收儲於公使庫，作爲州縣官「公用錢」之用。各州所收納的財賦，一部份由上級的轉運司直接支配。而各州可以支配的財賦，其用途包括了上供朝廷（南宋時，上供財賦則輸往四總領所，作爲供軍財賦）、以及提供本州開支之用。一州之中，本州開支的管理多由知州負責，而戶曹參軍「掌戶籍賦稅、倉庫受納。」〔註99〕協助知州管理財賦。上供財賦則多由通判主之。

　　府、州、軍、監之下爲「縣」。一縣所收的田賦、商稅、雜稅等，除部分截留自用以外，均需上繳至各府（州）。上繳的項目包括「月椿錢」（按月封椿上繳朝廷者）、「版帳錢」（按月上繳於州郡者）、「醋息錢」（上繳州郡公使庫）。由於上級的需索不斷，使得各縣常巧立名目，增設各種苛捐雜稅，以滿足上供的需求。如徵收酒稅、商稅時於常例之外加稅、徵收田賦穀米時加徵「耗米」、賣官紙、打官司勝訴者收「歡喜錢」、敗訴者收「科罰錢」等等。各縣的財計，由知縣總其事，實際主持操辦者爲縣丞、主簿。〔註100〕

〔註95〕《宋會要輯稿・職官》43〜121b。

〔註96〕《宋會要輯稿・職官》43〜129a。

〔註97〕《宋會要輯稿・食貨》30〜5a。

〔註98〕楊仲良《資治通鑑長編紀事本末》（清光緒十九年廣雅書局本，台北：文海出版社影印）卷100，紹聖三年四月乙酉，頁10b〜11a。

〔註99〕《宋史》卷167〈職官七・諸曹官〉，頁3976。

〔註100〕關於府州軍監與縣級官府的職掌與財政功能，可參見汪聖鐸《兩宋財政史》下冊，頁520〜544。

　　地方監當機構（如作院、商稅務、酒務）隸屬於各州（府）或各縣者，即由各州（府）或各縣加以監督之。

　　以上所述各級地方行政機構，都可對所屬之監當機構進行監督。而地方官府對監當官的監督，課績收入的多寡自然是監督的重點之一。有時地方政府的長官對於中央增加場務課額的要求，會提出反對的意見。這是因為地方官為親民之官，有責任為民請命，減輕百姓的負擔。但這種例子可能並不多見。如程大昌：

> 除浙東提點刑獄，會歲豐，酒稅逾額。有挾朝命請增額者，大昌力拒之。曰：「大昌寧罪去，不可增也。」徙江西轉運副使，大昌曰：「可以興利去害，行吾志矣。」〔註101〕

　　若監當官課績有虧，則其上級長官也須受連帶處分。眞宗時，上封者言：「諸路歲課增羨，知州、通判皆書歷為課最，有虧者則無罰。」因此眞宗下令：「諸路茶鹽酒稅及諸場務，自今總一歲之課，合為一，以額較之。有虧則計分數，知州、通判減監官一等科罰，州司典吏減專典一等論，大臣及武臣知州軍者止罰通判以下。」〔註102〕仁宗康定元年六月有詔：「天下州縣課利場務，自今逐處總計，大數十分虧五釐以下，其知州、通判、幕職、知縣各罰一月俸；一分以下，兩月俸；二分以上，降差遣。其增二分以上，陞陟之。」〔註103〕又如哲宗元祐五年（1090），「立六路茶稅租錢，諸州通判、轉運司月暨歲終比較都數之法。」〔註104〕茶稅租錢的收入為監當機構的工作，但是收入的多寡也影響諸州通判、各路轉運使的考績。徽宗大觀二年（1108）九月也規定：「銀銅坑冶，舊不隸知縣縣令者，並令兼監，賞罰減正官一等。」〔註105〕這是要地方的知縣、縣令，兼管地方上的銀銅坑冶，賞罰較專任的監當官減一等。

　　若監當官課績優異，收息甚多，負責監督的官員也會得到獎勵。神宗元豐三年六月，三司奏言：「提舉（陝西）賣解鹽司，自熙寧八年至元豐元年，收息錢拾陸萬伍仟柒佰緡。提舉言（應為「官」字）殿中丞張景溫、勾當官右班殿直呂逵，各遷一官；餘減磨勘二年，吏賜帛有差。」〔註106〕

〔註101〕《宋史》卷433〈儒林三・程大昌〉，頁12859。
〔註102〕《宋史》卷179〈食貨下一・會計〉，頁4349。
〔註103〕《續資治通鑑長編》卷127～17a，康定元年六月。
〔註104〕《宋史》卷184〈食貨下六・茶下〉，頁4502。
〔註105〕《文獻通考》卷18〈征榷五〉，頁180中。
〔註106〕《宋會要輯稿・職官》44～39a。

　　從本章的討論中，我們可以了解，監當官作爲宋代官僚體系的基層體系，需受到上級層層的監督與節制。在中央，有三司（戶部）等機構決定政策與重要人事，如歲額、監當機構的編制、以及重要場務監當官的薦舉。對監當機構的監督，則有提點倉草場所、提舉諸司庫務、左右騏驥院、三司提舉司等機構（元豐改制後改爲九寺諸監，南宋時則多爲六部直接管轄），對中央所屬監當機構進行督導與管理。在地方，基層的監當官則要受到路以上、路、府州軍監、縣各級地方政府的考核。

第五章　宋代監當官的任用與考核

第一節　「監當官」與「監當資序」的區別

一、「寄祿官」與「差遣」

在我們對宋代監當官的任用與考核進行探討之前，我們必須對宋代的政治體制略做說明。這是由於宋代的政治體制相當複雜多變，若不略加說明，則再討論官員的任用與考核時，將有如入五里霧中的困擾。

首先要加以說明的，是所謂「寄祿官」、「差遣」分立的制度。《文獻通考・職官考一》記載：

> 至於官人授受之別，則有官，有職，有差遣。官以寓祿秩、敘位著，
> 職以待文學之選，而差遣以治內外之事。〔註1〕

宋代「寄祿官」與「差遣」分立的制度，使得宋代必須針對「寄祿官」、「差遣」兩個不同系統而有不同的升遷方式。而這種制度的形成，與唐代到宋初中央政治制度的變化息息相關。

唐代政治制度是以三省六部為其主要架構。其中，中書省的長官中書令、中書侍郎與門下省的長官侍中、門下侍郎皆為宰相之選，其他官員如有「同中書門下三品」、「同中書門下平章事」等銜者亦預宰相之列。此外，尚書省的長官為左右僕射，下設吏、戶、禮、兵、刑、工六部，各有尚書、侍郎為其長貳，此為執行政令之機構。

〔註 1〕馬端臨《文獻通考》卷 47〈職官一〉，頁 438 上。

不過，到了唐代中期以後，政治結構逐漸發生變化。尚書省的左右僕射與吏部、兵部尚書多加「平章事」銜而為宰相，不理本部之職務。《文獻通考・職官考六》記載：

> 開元以來，宰相員少，資地崇高，又以兵、吏尚書權位尤美，而宰臣多兼領之，但從容衡軸，不自銓綜，其選試之任，皆侍郎專之，尚書通署而已，遂為故事。〔註2〕

據嚴耕望先生之研究：唐代後期宰相十分之九為中書侍郎、門下侍郎，而以兼六部尚書、左右僕射為序進之次。通常由兼工、禮遷兼刑、戶，再遷兼兵、吏，進兼右僕射、左僕射，而後三公。〔註3〕僕射、尚書既為宰相序位之兼官，與方鎮之迴翔；而六部侍郎除吏部、禮部外亦多充翰林學士，為翰院序位之官，否則為宰相資淺者及充度支諸使，皆有劇職，不理本司。〔註4〕尚書六部在主官另有高就的情形下，加上地方上藩鎮割據導致中央政令無法貫徹，故其職權的衰落是可以想見的。

唐代中期以後在制度變革上的另一個特色是兼使的盛行。尚書省的職權既已衰落，然而國家之重要政令卻不可無人推動，兼使的制度正可彌補尚書省職權不足之處。唐代兼使之名目繁多，且兼使之人大多原有職事官，兼使之後則專司其事，使原職事官形同虛銜。舉例而言，如所謂「句當租庸地稅使」、「句當租庸使」、〔註5〕「安輯戶口使」、「句當戶口色役使」、〔註6〕「水陸發運使」、「江南淮南轉運使」、〔註7〕「諸道鑄錢使」、〔註8〕「市舶使」〔註9〕等，唐代中期以後，這種兼使的職稱非常繁多，日後即是宋朝「差遣」制度的淵源。

到了宋初，中央政治體制已完全不同唐初。一方面「以樞密與中書對持文武二柄，號稱二府。」〔註10〕使得宰相、樞密使分掌文武大權。草擬奏疏也由加「知制誥」差遣者負責。唐代中書舍人、給事中、兵部等重要職務皆

〔註2〕馬端臨《文獻通考》卷52〈職官考六〉，頁475下～476上。

〔註3〕嚴耕望〈論唐代尚書省之職權與地位〉，收入氏著《唐史研究叢稿》，頁67。

〔註4〕同上，頁79。

〔註5〕馬端臨《文獻通考》卷61〈職官十五〉，「租庸使」，頁556上。

〔註6〕同上，「戶口使」，頁556中。

〔註7〕同上，「轉運使」，頁556下。

〔註8〕馬端臨《文獻通考》卷62〈職官十六〉，「都大坑冶」，頁562中～下。

〔註9〕同上，「提舉市舶」，頁563上。

〔註10〕馬端臨《文獻通考》卷58〈職官考十二〉，頁523下。

已被取代，故唐初的三省六部體制實已不能適合宋初的政治規模。宋代在採用新體制時，便應該將唐代的三省六部體制加以調整裁廢。但是，可能由於三省六部的官職名稱，是具有中央政府的代表意義，中央官吏所到之處也象徵著皇帝權威所及之處。因此，在宋初強調中央集權的考量下，便把三省六部體制下的各類官職名稱保留下來，授予中央與地方官吏，象徵皇權及於全國。但為了不使其職權與新政治體制重疊，故這類三省六部之官職只能用以寓祿寄階，而不負擔實際的職務。〔註11〕而宋太祖又將唐代後期盛行的「兼使」制度加以推廣，形成了「差遣」制度。據《續資治通鑑長編》的記載：

> （太祖乾德元年六月）庚戌，命大理正奚嶼知館陶縣，監察御史王祐知魏縣，楊應蒙知永濟縣，屯田員外郎于繼徽知臨清縣，常參官知縣自嶼等始也。〔註12〕

由此，我們可見唐代三省六部諸寺監的官職，到了宋代成了不負實際職權的「寄祿官」；而決定宋代官員之實際職務者，則為「差遣」。由於北宋前期採用這兩套制度並行的方式，使其典章制度變得十分紛雜，不知其中原由者，則難以掌握此一複雜多變的政治制度。本文所討論的「監當官」，即為「差遣」之名稱。

二、「京朝官」、「幕職州縣官」、「諸司使副」、「三班使臣」

（一）京朝官

北宋前期的的寄祿官，又可分為「京朝官」與「幕職州縣官」兩種。所謂「京朝官」者，實際上應分為「朝官」與「京官」兩種。「今謂常參曰朝官，祕書郎而下未常參者曰京官。」〔註13〕京官與朝官即合稱為京朝官。我們可以看到，朝官與京官的分界是祕書郎，而祕書郎是北宋前期寄祿官的其中一階，因此，我們可以知道，所謂「京朝官」係指寄祿官而言。前面所提奚嶼等人雖受「差遣」至地方擔任知縣，但寄祿官仍是京朝官，因此，北宋前期審官院所執掌的京朝官銓選，也包括了在外地擔任知州、通判、知縣等差遣的京朝官在內。

〔註11〕關於北宋前期的「寄祿官」、「差遣」分立的制度，可參閱拙著《北宋前期文官考銓制度之研究》（台中：國立中興大學歷史學系碩士論文，民國88年5月），第二章「北宋初期文官考銓制度之奠立」，第一節「宋初中央政制與『寄祿官』、『差遣』分立制度的形成」。

〔註12〕《長編》卷4～13b，乾德元年六月庚戌。

〔註13〕《長編》卷22～11a，太平興國六年九月丙午。

　　京朝官既然是以寄祿官為準，而非專指「在京官員」，也包括了京朝官而受外任差遣者在內，那麼作為寄祿官的京朝官究竟分成多少寄祿官階呢？由於宋初的寄祿官是以唐代三省六部體系中的官職名稱作為寄祿官的官階，而這種「以官為階」的作法，使得整個寄祿官架構複雜化。此外，宋代更以身份的差別，使得同一階中有不同的寄祿官名，這更使得整個寄祿官架構愈趨複雜。〔註14〕現在根據《宋史・職官九》所載「文臣京官至三師敘遷之制」，將北宋前期京朝官寄祿格作成表5－1。

表5－1：元豐改制前後兩宋文官（朝官、京官、選人）寄祿官階對照表

階　　次		舊　　　　　階	元豐後寄祿官階	官　品
朝	1	使相（節度使兼中書令或兼同中書門下平章事）	開府儀同三司	從一品
	2	尚書左、右僕射	特進	從一品
	3	吏部尚書	金紫光祿大夫	正二品
	4	兵、戶、刑、禮、工部尚書	銀青光祿大夫	從二品
	5	尚書左、右丞	光祿大夫	正三品
	6		宣奉大夫（大觀新增）	正三品
	7		正奉大夫（大觀新增）	正三品
	8	吏、兵、戶、刑、禮、工部侍郎	正議大夫	從三品
	9		通奉大夫	從三品
	10	給事中、太子賓客、中書舍人	通議大夫	正四品
	11	左、右諫議大夫	太中大夫	從四品
	12	秘書監	中大夫	正五品
	13		中奉大夫（大觀新增）	從五品
官	14	光祿卿、衛尉卿、少府監、司農卿	中散大夫	從五品
	15	太常少卿、光祿少卿、衛尉少卿、司農少卿，左、右司郎中	朝議大夫	正六品
	16		奉直大夫（大觀新增）	正六品
	17	前行（吏部、兵部、司封、職方、庫部、駕部、考功、司勳）郎中	朝請大夫	從六品
	18	中行（戶部、刑部、度支、都官、司門、比部、倉部、金部）郎中	朝散大夫	從六品

〔註14〕關於京朝官的升轉，可參閱拙著《北宋前期文官考銓制度之研究》，第三章「北宋前期的文官及其考銓機構」，第一節「京朝官與審官院」。

	19	後行（禮部、工部、祠部、屯田、水部、虞部、膳部、主客）郎中	朝奉大夫	從六品
	20	前行員外郎，侍御史，起居舍人，起居郎	朝請郎	正七品
	21	中行員外郎，左、右司諫，殿中侍御史	朝散郎	正七品
	22	後行員外郎，左、右正言，監察御史	朝奉郎	正七品
	23	太常博士，國子博士	承議郎	從七品
京	24	太常丞，秘書丞，殿中丞，著作郎，秘書郎，宗正丞	奉議郎	正八品
	25	太子中允，太子左、右贊善大夫，太子中舍、洗馬	通直郎	正八品
	26	著作佐郎、大理寺丞	宣德郎（政和改宣教郎）	從八品
	27	光祿寺丞，衛尉寺丞，將作監丞	宣義郎	從八品
官	28	大理評事	承事郎	正九品
	29	太常寺太祝、奉禮郎	承奉郎	正九品
	30	秘書省校書郎、正字，諸寺、將作監主簿	承務郎	從九品
選	兩使職官	三京府判官，留守判官，節度判官，觀察判官	承直郎（崇寧改名）	從八品
		節度掌書記，觀察支使，防禦判官，團練判官	儒林郎（崇寧改名）	從八品
	初等職官	京府推官，留守推官，節度推官，觀察推官，軍事判官	文林郎（崇寧改名）	從八品
		防禦推官，團練推官，軍事推官，軍判官，監判官	從事郎（崇寧改名）	從八品
	令	縣令、錄事參軍	通仕郎（政和年間改為從政郎）	從八品
人	錄	知縣令、知錄事參軍	登仕郎（政和年間改為修職郎）	從八品
	判司簿尉	軍巡判官，司理參軍，司法參軍，司戶參軍，縣主簿、縣尉	將仕郎（政和年間改為迪功郎）	從九品

資料來源：1. 《宋史・職官九》「文臣京官至三師敘遷之制」、「元豐寄祿格」。
　　　　　2. 苗書梅《宋代官員選任和管理制度》，頁 415。
　　　　　3. 龔延明《宋代官制詞典》，頁 687、688。

（二）幕職州縣官（選人）

　　京朝官之外，又有所謂「幕職州縣官」，幕職州縣官在宋代又被稱為「選人」，是宋代地方的基層文官。宋代文官，不論出身如何，大多數皆是先授予幕職州縣官的職務，然後再逐步晉升為京朝官。（只有少數可以直接擔任秘書

省校書郎、諸寺監主簿、大理評事等京官）這些幕職州縣官，既是寄祿官，也是實際的差遣職務，與京朝官「寄祿官」與「差遣」分立的情形不同。

所謂「選人」，在唐代係指任滿赴吏部參與銓選之人。爲何到了宋代，選人卻與幕職州縣官畫上等號？這個改變其實是始於唐代後期，當時的銓選，係採裴光庭《循資格》之法，《文獻通考》記載：

> 凡一歲爲一選，自一選至十二選，視官品高下以定其數，因其功過而增損之。〔註15〕

也就是說，任滿之後，必須隔若干年（選），才能再集於吏部應試。至於選數未滿者，除了少數可經由參加「宏辭」、「拔萃」科〔註16〕的特殊考試而直接授官之外，大多數人都必須「限年躡級，不得踰越」。〔註17〕

但是當時的藩鎮，卻常辟舉選人作爲幕僚或地方官。故歐陽修言：「唐諸方鎮以辟士相高，故當時布衣韋帶之士，或行著鄉閭，或名聞場屋，莫不爲方鎮所取。」〔註18〕南宋的洪邁亦謂：「唐世士人初登科或未仕者，多以從諸藩府辟置爲重。」〔註19〕最有名的例子即是韓愈，《新唐書・韓愈傳》記載：「擢進士第，會董晉爲宣武節度使，表署觀察判官。晉卒，……乃去依武寧節度使張建封，建封辟府推官。」〔註20〕這些藩鎮幕僚和地方官，名目繁多，嚴耕望先生〈唐代府州僚佐考〉及〈唐代方鎮使府僚佐考〉二文曾詳加考定，府州僚佐有司錄或錄事參軍、司功參軍、司倉參軍、司戶參軍、司田參軍、司兵參軍、司法參軍、司士參軍等；方鎮僚佐有副使、行軍司馬、判官、掌書記、支使、推官、巡官、衙推、參謀、孔目官、法直官等。〔註21〕這些藩鎮僚屬與地方官，也就是幕職州縣官，既多辟署選人任之，故「選人」一詞的意義也漸漸由「任滿待選之人」轉變成爲「幕職州縣官」的同義詞了。

到了宋初，將幕職州縣官的名稱加以整理，定爲四類七階（見上表 5－

〔註15〕《文獻通考》卷 37〈選舉考十〉，頁 347 下。
〔註16〕《文獻通考》卷 37〈選舉考十〉，頁 347 上。
〔註17〕歐陽修《新唐書・選舉志下》（標點本，北京：中華書局，1975 年初版），頁 1177。
〔註18〕歐陽修〈唐武侯碑陰記〉，收入《歐陽文忠全集》卷 141～9b。
〔註19〕洪邁《容齋隨筆・續筆》（台北：台灣商務印書館，民國 68 年台一版）卷一〈唐藩鎮幕府〉，頁 6。
〔註20〕《新唐書》傳 101，〈韓愈〉，頁 5255。
〔註21〕嚴耕望〈唐代府州僚佐考〉，收入氏著《唐史研究叢稿》，頁 103～176。〈唐代方鎮使府僚佐考〉，收入《唐史研究叢稿》，頁 177～236。

1），成為地方上的基層文官。太宗時期，也以吏部流內銓作為幕職州縣官（選人）的考銓機構。〔註22〕

　　宋代文官寄祿官的晉升，宋眞宗景德四年時規定：「見任官滿三年者方得考較引對」，〔註23〕此後京朝官即大致維持「三年遷一官」的方式升遷。至宋英宗之後，京朝官的升遷改為「京朝官四歲磨勘」，〔註24〕亦即「四年遷一官」。寄祿官的升轉，與「差遣」並無太大的關係。

（三）諸司使副

　　至於武官方面，就像文官分成「京朝官」、「幕職州縣官」兩個層級一般，宋代的武官分為「諸司使副」、「三班使臣」兩個層級。這種武官的寄祿官階是由唐末五代逐漸演變而來的。所謂「諸司使副」，本文第一章第二節中曾提到，唐代中期以後，出現了所謂的「諸司使」，為君王提供食衣住行娛樂等各方面的服務，這些「諸司使」也大多由宦官充任。到了五代，鑑於唐末宦官之禍，於是五代君主將藩鎮時期的心腹武將任命為諸司使。同時，五代帝王又以藩鎮時期的元從軍將編成親軍。因此，五代時期，諸司使與軍人之間的角色，往往相互重疊。〔註25〕從五代到宋初，諸司使（及副使）與三班使臣逐漸成為禁軍武官的頭銜，而不實際負責內廷事務。近代學者趙雨樂在《唐宋變革期之軍政制度 —— 官僚機構與等級之編成》一書中曾根據《舊五代史》、《宋史》等書的記載，舉出許多例子：後梁的段凝，由「東頭供奉官」累遷至「莊宅使」；後晉時陳思讓由「東頭供奉官」升任「作坊使」；後漢的王繼濤，由「供奉官」歷「諸司副使」；盧懷忠在後漢時補「供奉官」，後周世宗時遷「如京副使」，宋初升為「內酒坊使」；康延澤於後晉時補「供奉官」，周祖時遷「內染院副使」；慕容延釗則於周祖時補「西頭供奉官」，歷「尚食副使」；李繼隆於後周末期補「供奉官」，宋初平江南後遷「莊宅副使」；後周的王廷義，「起家供奉官，改如京副使」；魏丕則由「供奉官」擢「供備庫副使」，再遷「作坊副使」；潘美則是在後周世宗高平之戰後，由「供奉官」

〔註22〕關於幕職州縣官的沿革，可參閱拙著《北宋前期文官考銓制度之研究》，第三章「北宋前期的文官及其考銓機構」，第二節「選人與吏部流內銓」。

〔註23〕《續資治通鑑長編》卷66～1b，景德四年七月戊辰。

〔註24〕宋英宗〈定磨勘年限詔〉，收入《全宋文》第40冊，頁301。時間為治平三年九月癸亥。

〔註25〕趙雨樂《唐宋變革期之軍政制度 —— 官僚機構與等級之編成》，頁113。

擢「西上閤門副使」，繼而升爲「引進使」。〔註26〕諸司使副既不負責實際事務，而已成爲武官的加銜，其名目之不同，又有地位階級高下之別，因此，宋初便將諸司使副，作爲中級武官的寄祿官階。

（四）三班使臣

諸司使副之下，又有所謂「三班使臣」。何謂「三班」？在唐代皇宮之內供皇帝差遣的下級宦官，有「供奉」、「承旨」之名，五代以來又有所謂「殿直」官。五代時期，殿直、供奉、承旨等官多武官擔任，如同「諸司使副」成爲中級武官的加銜一樣，殿直、供奉、承旨等官也成爲了較低階武官的加銜，而不再擔任內廷供奉的職務。日本學者友永植在〈唐·五代三班使臣考〉一文中指出：五代時期的三班使臣，或在軍事行動之際負責軍隊的統率與監督，或在朝廷中央與戰場前線之間傳遞訊息，或擔任巡檢、軍巡使等地方警察業務，或負責押送叛兵與俘虜，或擔任敕使曉諭藩鎮，或負責監臨官倉，或擔任外交使節。〔註27〕到了宋初，據葉夢得《石林燕語》一書說道：

> 國初，以供奉官、左右班殿直爲「三班」，後有殿前班承旨。端拱後，
> 分供奉官爲東西，又置左右侍禁、借職，皆領於三班院，而仍稱「三
> 班」，不改其初。〔註28〕

也就是說，「三班」最早的定義，只限於供奉官、左右班殿直三個單位的武官，故稱爲「三班」。但是其後也包含了承旨、左右侍禁、三班借職等下級武官的名目，但仍統稱爲三班。三班使臣既爲下級武官的加銜，逐漸與原來供皇帝使喚的工作脫鉤，而成爲下級武官的官階。〔註29〕

宋初，將諸司使副、三班使臣的職名加以整理，即成爲武官的寄祿官階。（見表5－2）

〔註26〕以上諸例見趙雨樂《唐宋變革期之軍政制度──官僚機構與等級之編成》，頁122～123。

〔註27〕友永植〈唐·五代三班使臣考〉，收於《宋代の社會と文化》（宋代史研究會研究報告第一集，東京：汲古書院，昭和58年6月），頁35～46。

〔註28〕葉夢得《石林燕語》（標點本，北京：中華書局，1984年五月）卷八，頁118。

〔註29〕參見趙雨樂《唐宋變革期軍政制度史研究（一）：三班官制之演變》（台北：文史哲出版社，1993年11月），頁10～14，118～124。

表5-2：宋代武官官階表

類別		北宋前期（元豐改制前）	政和六年新定官階	紹興釐正官階
			太尉（正二品）	太尉（正二品）
正任		節度使	節度使（從二品）	節度使（從二品）
		節度觀察留後	承宣使（正四品）	承宣使（正四品）
		觀察使	觀察使（正五品）	觀察使（正五品）
		防禦使	防禦使（從五品）	防禦使（從五品）
		團練使	團練使（從五品）	團練使（從五品）
		刺史	刺史（從五品）	刺史（從五品）
遙郡		遙郡節度觀察留後	遙郡承宣使	遙郡承宣使
		遙郡觀察使	遙郡觀察使	遙郡觀察使
		遙郡防禦使	遙郡防禦使	遙郡防禦使
		遙郡團練使	遙郡團練使	遙郡團練使
		遙郡刺史	遙郡刺史	遙郡刺史
橫行（橫班）		內客省使	通侍大夫（正五品）	通侍大夫（正五品）
			正侍大夫（正五品）	正侍大夫（正五品）
			宣正大夫（正五品）	宣正大夫（正五品）
			履正大夫（正五品）	履正大夫（正五品）
			協忠大夫（正五品）	協忠大夫（正五品）
			中侍大夫（正五品）	中侍大夫（正五品）
		客省使	中亮大夫（從五品）	中亮大夫（從五品）
		引進使	中衛大夫（從五品）	中衛大夫（從五品）
			翊衛大夫（從五品）	翊衛大夫（從五品）
			親衛大夫（從五品）	親衛大夫（從五品）
		四方館使	拱衛大夫（正六品）	拱衛大夫（正六品）
		東上閤門使	左武大夫（正六品）	左武大夫（正六品）
		西上閤門使	右武大夫（正六品）	右武大夫（正六品）
		客省副使	正侍郎	武功大夫（正七品）
			宣正郎	武德大夫（正七品）
			履正郎	武顯大夫（正七品）
			協忠郎	武節大夫（正七品）
			中侍郎	武略大夫（正七品）
			中亮郎	武經大夫（正七品）
		引進副使	中衛郎	武義大夫（正七品）
			翊衛郎	武翼大夫（正七品）

橫行（橫班）	東上閤門副使	親衛郎	正侍郎（從七品）
		拱衛郎	宣正郎（從七品）
		左武郎	履正郎（從七品）
	西上閤門副使	右武郎	協忠郎（從七品）
諸　司　使	皇城使	武功大夫	中侍郎（從七品）
	宮苑使	武德大夫	中亮郎（從七品）
	左騏驥使		
	右騏驥使		
	內藏庫使		
	左藏庫使	武顯大夫	中衛郎（從七品）
	東作坊使		
	西作坊使		
	莊宅使	武節大夫	翊衛郎（從七品）
	六宅使		
	文思使		
	內園使	武略大夫	親衛郎（從七品）
	洛苑使		
	如京使		
	崇儀使		
	西京左藏庫使	武經大夫	拱衛郎（從七品）
	西京作坊使	武義大夫	左武郎（從七品）
	東染院使		
	西染院使		
	禮賓使		
	供備庫使	武翼大夫	右武郎（從七品）
諸　司　副　使	皇城副使	武功郎	武功郎（從七品）
	宮苑副使	武德郎	武德郎（從七品）
	左騏驥副使		
	右騏驥副使		
	內藏庫副使		
	左藏庫副使	武顯郎	武顯郎（從七品）
	東作坊副使		
	西作坊副使		
	莊宅副使	武節郎	武節郎（從七品）
	六宅副使		
	文思副使		

諸司副使	內園副使	武略郎	武略郎（從七品）
	洛苑副使		
	如京副使		
	崇儀副使		
	西京左藏庫副使	武經郎	武經郎（從七品）
	西京作坊副使	武義郎	武義郎（從七品）
	東染院副使		
	西染院副使		
	禮賓副使		
	供備庫副使	武翼郎	武翼郎（從七品）
大使臣	內殿承制	敦武郎（正八品）	訓武郎（正八品）
	內殿崇班	修武郎（正八品）	修武郎（正八品）
小使臣	東頭供奉官	從義郎（從八品）	從義郎（從八品）
	西頭供奉官	秉義郎（從八品）	秉義郎（從八品）
	左侍禁	忠訓郎（正九品）	忠訓郎（正九品）
	右侍禁	忠翊郎（正九品）	忠翊郎（正九品）
	左班殿直	成忠郎（正九品）	成忠郎（正九品）
	右班殿直	保義郎（正九品）	保義郎（正九品）
	三班奉職	承節郎（從九品）	承節郎（從九品）
	三班借職	承信郎（從九品）	承信郎（從九品）
流外	三班差使	進武校尉	進武校尉
	三班借差	進義校尉	進義校尉
	殿侍	下班祗應	下班祗應
	大將	進武副尉	進武副尉
	正名軍將	進義副尉	進義副尉
	守闕軍將	守闕進義副尉	守闕進義副尉
	甲頭	甲頭	進勇副尉
	公據	公據	守闕進勇副尉
	橫行10階，諸司使21階，諸司副使21階，三班使臣（大小使臣）10階，流外八階	橫行25階，諸司使8階，諸司副使8階，三班使臣10階，流外八階	階數同左。武功至武翼大夫改置於正侍郎至右武郎之上。

資料來源：1.《宋史・職官志九》、《文獻通考・職官十八》。
      2. 苗書梅《宋代官員選任和管理制度》，頁438～453。
      3. 龔延明《宋代官制辭典》，頁689～695。

三、「差遣」與「資序」

由於寄祿官的升轉，與「差遣」並無太大的關係。而決定差遣職務的高低者，是一套「資序」制度。相對於寄祿官的升轉完全脫離了實際差遣職務，而流於三（四）年例轉一資的情形，宋朝另有一套以差遣職務作爲重心的資格制度，稱爲「資序」。所謂資序，係指官吏擔任某一差遣，累積了足夠的任數與考數，而獲得的更高一級差遣的候選人資格，這個資格，稱爲「理××資序」。其起源可能在太宗淳化四年（993）。據《長編》卷三十四記載：

> （淳化四年十月壬戌）詔審官院，自今京朝官未歷州縣者，不得任
> 知州通判，從翰林學士承旨蘇易簡之請也。〔註30〕

嗣後資序體系日趨詳備。眞宗大中祥符年間，「令自監當入知縣，知縣入通判，通判入知州，皆以兩任爲限。」〔註31〕《古今源流至論・前集》卷七〈資格〉曾引《官制舊典》：

> 通判歷兩任，升初任知州資序，可爲正運判，若除提刑，知節鎭，
> 帶「權」字。第二任可正知節鎭而權知大藩。次升初任提刑資序，
> 可正知大藩，而權轉運副使。第二任正除運副，權轉運使。……兩
> 任提刑升轉運使資序，若除三路及發運副使，帶「權」字方領。計
> 兩任升三路使資序，若除發運使帶「權」字，一任升三司副使資序。
>
> 〔註32〕

據此我們可以由低至高列出資序的體系：

一、初任監當資序。

二、再任監當資序。

三、初任知縣資序。

四、再任知縣資序。

五、初任通判資序。

六、再任通判資序。

七、轉運判官、初任知州（軍）資序。（權提點刑獄、權知節鎭）

八、再任知州（軍）資序。（正知節鎭、權知大藩）

〔註30〕《長編》卷34～9a-b，淳化四年十月壬戌。

〔註31〕張方平〈對手詔一道〉，收入《全宋文》第19冊，頁12。

〔註32〕林駉《古今源流至論・前集》（明末翻刻元圓沙書院本，台北：新興書局，民
國59年）卷七〈資格〉，頁201～202。原文文字有誤，此處根據鄧小南《宋
代文官選任制度諸層面》一書校改者。見頁109。

九、初任提點刑獄資序。（正知大藩，權轉運副使）

十、轉運副使、再任提點刑獄資序。（權轉運使）

十一、轉運使資序。（權三路使、權發運副使）

十二、第二任轉運使資序。

十三、三路使資序。（權發運使）

十四、三司副使資序。

所謂「三路使」，北宋時期以「河北、陝西、河東三路爲重路。」〔註33〕故其轉運使資序較其他各路爲高。由知縣至轉運使，由於爲各級地方政府的首長，職司親民，因此被稱爲「親民資序」。在這個文官資序體制之中，最低的兩任即爲「監當資序」。亦即宋代的幕職州縣官在服務的過程之中，需取得「理初任監當資序」的資格，擔任監當官（或「理初任監當資序」的其他職務）滿一任之後，再取得「理再任監當資序」。而第二任監當官（或「理再任監當資序」的其他職務）任滿之後，則可升爲京朝官，取得「理初任知縣資序」的資格，可擔任知縣（或「理知縣資序」的其他職務），以後循序晉升。

然而，宋代差遣種類甚多，其他非「親民資序」中的官職，其任用資格如何確定呢？其方法爲比照「親民資序」。例如：大理寺「詳斷官資序與監臨場務無異。」〔註34〕神宗熙寧三年，「詔國子監書庫官，差親民及第二任監當人。」〔註35〕因此，「理親民資序」並不等於親民官，「理監當資序」者也並非一定是擔任監當官，這只是「差遣」的一種通用資格標準。〔註36〕

此外，還有一點值得注意，監當官未必一定是「理監當資序」者。雖然一般的監當官，常由幕職州縣官或三班使臣擔任，但是一些位置重要或收入較多的監當，則需要由有「理知縣資序」以上的資格者才能擔任。例如京師諸倉負責收儲全國轉運上供的財賦，責任重大，仁宗景祐三年七月，中書奏請：

> 京百萬倉欲令三司舉京朝官監當，自今古（「合」之誤）入親民舉差
> 者，自立界至支遣漏底，一界了當，無損欠，及三年以上，與理親

〔註33〕《續資治通鑑長編》卷404～5a，元祐元年八月癸未，文彥博奏。

〔註34〕《續資治通鑑長編》卷81～17a，大中祥符六年十二月壬午。

〔註35〕《續資治通鑑長編》卷216～3a，熙寧三年十月癸亥。

〔註36〕關於資序的說明，可參閱拙著《北宋前期文官考銓制度之研究》，第四章「北宋前期文官考銓制度之運作」，第二節「資序的磨勘」。

民一任；五年以上與當兩任；如及七年，與升一任差遣。〔註37〕

也就是說，監倉官是「入親民舉差者」，也就是官吏的資格必須爲知縣資序以上，才可擔任監倉官。監倉官任內若無過失，任滿三年「與理親民一任」，視同當了一任親民官；滿五年則「當兩任」，視同當了兩任親民官；滿七年則「與升一任差遣」，意即兩任之外，再加一任。如此推算，若一個官吏剛由幕職州縣官升遷爲京朝官，而取得「理第一任知縣資序」，他在此時調到京師諸倉擔任監倉官，七年若無過犯，則他的年資可以抵三任（初任知縣、再任知縣、初任通判）。離職後就是「理再任通判資序」，可以到某州就任通判之職。

又如鑄錢監的監當官，南宋孝宗淳熙七年三月，利州東路安撫諸司言：「利州紹興監，監官一員欲改注，應選大使臣，先親民，次監當，並銓量人才注擬。」〔註38〕可見利州紹興監的監當官，也是有親民官資序者優先得到任用。

第二節　宋代監當官的任用

一、監當官的任用機構

（一）元豐改制前的任用機構

宋代監當官的種類繁多，因此擔任監當官官員的出身、階級也各有不同。文官的京朝官、幕職州縣官兩個層級，武官的諸司使副、三班使臣兩個層級，都可以出任監當官。由於宋代對於文武官員的銓選與任用，是按文官、武官不同的層級而有各自不同的機構，因此，任用監當官並非由一個機構來負責。對於監當官的選任，元豐改制以前是由審官院、三班院、流內銓主其事。例如在仁宗慶曆元年即下詔：「近制在京庫務及諸處権務、茶鹽等場，並舉官監當，如聞多涉干請。自今審官、三班院、流內銓選差人。」〔註39〕爲避免薦舉官吏者薦舉私人之弊，故監當官之任用，除收入甚多、地位重要的重要監當職務由三司或戶部奏舉之外，即使是僻遠處的小型場務，也須由審官院、三班院、流內銓等機構來決定。

〔註37〕《宋會要輯稿‧食貨》62～9a-b。
〔註38〕《宋會要輯稿‧職官》48～138a。
〔註39〕《續資治通鑑長編》卷132～16a-b，慶曆元年六月甲午。

對於文職監當官的選任，審官院負責京朝官的銓選，流內銓負責幕職州縣官的銓選。而對於武官的選任，諸司使副等中級武官，原由樞密院進行銓選。神宗熙寧三年五月，又另設「審官西院」負責中級武官（閤門祇候以上至諸司使）的銓選，而將審官院改名為「審官東院」。〔註40〕

至於三班使臣等下級武官，由「三班院」來進行與銓選。太祖太宗時期，對於三班使臣的銓選，多為臨時任命官吏為之。例如太宗太平興國六年二月，「命御廚副使楊守素、供奉官薄備、韓令寶同檢點供奉官、殿直、承旨三班公事。」〔註41〕雍熙三年十二月，「西上閤門使張平授客省使，依前點檢三班公事。」〔註42〕到了雍熙四年七月，太宗下詔：「置三班院，以崇儀副使蔚進掌其事。」〔註43〕設置的原因，是因為「供奉官、殿直、殿前承旨悉隸宣徽院。至是以其眾多出使於外，有訴勞逸不均者。因命別置院考校殿最，引對便殿定黜陟焉。」〔註44〕宋初將供奉官、殿直、承旨等原在皇宮內伺候皇帝的三班使臣官職，授予下級武官，派出在外任職，且人數越來越多，故專置「三班院」作為銓選三班使臣的機構。

三班院對武職使臣的銓選，也須接受樞密院的節制。例如監市舶司的使臣，仁宗天聖八年六月下詔：「廣州監市舶司使臣，自今三班院依揀走馬承受使臣例，選取三人。各曾有舉主三人以上者，具腳色姓名供申樞密院。」〔註45〕可見三班院的銓選，仍須經樞密院作最後的審核。

（二）元豐改制後的任用機構

元豐改制之後，宋代官制大體上恢復了唐代六部的體制。負責官員之選任者，為吏部。吏部之下設有四選。而將原審官東院、流內銓、審官西院、三班院的職權盡付四選。四選之制如下：

> 宋初典選之制，分而為四。文選二：曰審官東院，曰流內銓；武選
> 二：曰審官西院，曰三班院。元豐以後，以文武官階改屬於四：凡
> 文臣寄祿官自朝議大夫，職事官自大理正以下，及非中書省敕授者，
> 歸尚書左選；武臣陛朝官自皇城使，職司官自金吾衛仗司以下，及

〔註40〕《續資治通鑑長編》卷211～17b，熙寧三年五月丁巳。
〔註41〕《宋會要輯稿・職官》11～57a。
〔註42〕《宋會要輯稿・職官》11～57a。
〔註43〕《宋會要輯稿・職官》11～57a。
〔註44〕《宋會要輯稿・職官》11～57a-b。
〔註45〕《宋會要輯稿・職官》44～5a。

非樞密院宣授者，歸尚書右選。自初任至幕職州縣官，侍郎左選掌
之；自副尉以上至從義郎，侍郎右選掌之。〔註46〕

換言之，也就是將審官院改爲尚書左選，負責考核京朝官的課績；流內銓改
爲侍郎左選負責考核幕職州縣官的課績。審官西院改爲尚書右選，負責考核
武官的諸司使副；三班院則改爲侍郎右選，考核武官的三班使臣。吏部尚書、
侍郎左右選，被稱爲「吏部四選」，及負責全國中下級文武官員的考核，監當
官自然包含在內。

二、監當官的任用原則

宋代監當官的任用原則，大致上是按場務收入的多寡，決定監當官的官
階高低。據《續資治通鑑長編》所記眞宗景德二年事：

（景德二年六月癸未）詔諸州商稅年額及三萬貫以上者，令審官院
選親民官監蒞，仍給通判添支。〔註47〕

對收入較高（三萬貫以上）的商稅場務監當官的任用原則，做出了規定：由
審官院選親民官監蒞。前面曾提到：審官院是負責京朝官的考核與銓選，因
此「三萬貫以上」場務的監當官，應爲京朝官，而且是「理知縣資序」以上
的親民官。三萬貫以下的場務，則以一般的幕職州縣官或三班使臣爲之。此
後，又據《續資治通鑑長編》所記仁宗天聖六年十月時事：

河北轉運使言：「天下場務歲課三千緡以上者，請差使臣監臨。」上
謂輔臣曰：「歲入不多而增官，得無擾乎？」甲戌，詔歲課倍其數，
乃增使臣。〔註48〕

所謂「歲課倍其數，乃增使臣」，即意謂歲課額要爲河北轉運使所建議三千緡
的一倍以上，即超過六千緡，才以三班使臣擔任監當官，否則就以當地的縣
官兼領或百姓買撲，這是場務設置監當官的下限。英宗時則規定：「官監一年
不及三千緡以上，即令買撲如故。」〔註49〕此舉可能是爲了因應宋代「官多
闕少」的問題，故將設置監當官的下限又降爲三千緡，使得朝廷可以增置更
多的專任監當官。

三萬貫以上場務不但須由親民官擔任，而且還須有人奏舉，才能充任三

〔註46〕趙善沛《元豐官制》（台北：文海出版社影印），〈吏部尚書〉條，頁46～47。
〔註47〕《續資治通鑑長編》卷60～11b，景德二年六月癸未。
〔註48〕《續資治通鑑長編》卷106～19b，天聖六年十月甲戌。
〔註49〕《宋會要輯稿・食貨》20～9a，英宗治平四年五月十九日。

萬貫以上場務的監當官。《續資治通鑑長編》記載：

> （仁宗景祐二年正月甲午）殿中侍御史裏行高若訥言：「甲戌赦書，
> 選人滿十二考並磨勘引見，今猥進者多，請以歷任無贓私及非昏耄
> 者乃聽改官，仍具與監當一任。」詔：「須嘗有人奏舉者方得施行，
> 從之。」〔註50〕

可見選人須經十二考才能升遷爲京朝官。但仁宗時因爲「猥進者多」，因此對
於無贓私、非昏耄、以及有舉主奏舉的選人，雖可以升遷爲京朝官，但仍授
與監當差遣。這種監當差遣應該即是三萬貫以上的場務。慶曆四年（1044）
二月，仁宗下詔：

> 舊制諸道榷酤課滿三萬貫，舉官監臨，歲滿而課贏者特獎之。如聞
> 州縣吏不務民政，多干請爲監臨官，自今滿五百萬以上，方聽舉官。
> 〔註51〕

「五百萬」似爲「五萬貫」之誤。原先三萬貫以上的酒務，由於收入課利甚
多，用人須較爲謹愼，因此必須由官員奏舉，才能擔任三萬貫以上酒務的監
當官。仁宗此時將舉官的標準改爲五萬貫。皇祐五年又規定：「場務課利不及
七萬貫者悉罷之，令有司選差人。」〔註52〕將薦舉監當官的標準提升爲七萬
貫。七萬貫以下就由審官院差注。但是此後，薦舉京朝官任監當官仍以「三
萬貫」爲標準。例如《資治通鑑長編紀事本末》記載：

> （紹聖三年四月乙酉）戶部是郎吳居厚言：諸路課利場務及三萬貫
> 以上者，並依元豐條舉官監，仍各委本路轉運司奏舉，從之。〔註53〕

可見元豐時期的條令規定仍是三萬貫以上，舉官的責任由各路轉運使負責。
哲宗元祐二年時亦謂：

> 吏部言：請諸路科利場務，三萬貫以上舉官如故，其不及處從本部
> 差注。〔註54〕

此處所言舉官，仍是指奏舉京朝官而言。引文中又提及「其不及處，從本部
差注。」則意謂若場務收入不及三萬貫，則由吏部差注幕職州縣官來擔任。

〔註50〕《續資治通鑑長編》卷116～1a，景祐二年正月甲午。
〔註51〕《續資治通鑑長編》卷146～15a，慶曆四年二月辛亥。
〔註52〕《續資治通鑑長編》卷175～16b，皇祐五年十月壬子。
〔註53〕楊仲良《資治通鑑長編紀事本末》卷100〈紹述〉，紹聖三年四月乙酉，頁10b
　　　～11a。
〔註54〕《續資治通鑑長編》卷396～3a，元祐二年三月戊午。

　　至於收入較少的場務，則由幕職州縣官來擔任監當官。慶曆七年（1046），仁宗下詔：「應納粟授官人，不除司理、司法參軍洎上州判官。資考深，無過犯，方注主簿縣尉。如循資入縣令、錄事參軍者，銓司依格注擬，止令臨監物務。」〔註55〕亦即對於無出身的納粟授官人，限制其擔任幕職州縣官中較重要的職務（如司理、司法參軍、上州判官、主簿、縣尉等），這一作法無可厚非；而這些納粟授官人在升至「縣令、錄事參軍」（選人第五階）後，就只能擔任一般場務的監當官了。

　　至於任子出身者，神宗熙寧四年規定：「若年及二十（歲）授官，已及三年，出官亦不用試。若秩入京朝，即展任監當三年，在任有二人薦之，免展。」〔註56〕可見任子出身者升爲京朝官時，若無二人薦舉，則需增加三年的監當官任期。這也是對無出身者的一種限制。實際上，由於官多闕少，親民官大多以有出身者擔任，無出身者即使升至親民資序，大多也只能在各種監當官差遣中調派。南宋的張即之就是一個例子：

> 張即之字溫夫，參知政事孝伯子，以父恩授承務郎。……歷監平江府糧料院，……監臨安府樓店務，……監臨安府龍山稅、寧國府城下酒麴務，……提領户部犒賞酒庫所幹辦公事，……行在檢點贍軍激賞酒庫所主管文字，監尚書六部門。……〔註57〕

　　除此之外，由於宋代官多闕少的情形日益普遍，一些應該擔任親民差遣的官吏，因無法得到實闕，故而暫時權攝監當官。《續資治通鑑長編》記載：

> （眞宗大中祥符七年十月）己卯，京東轉運使李湘言：「自今新授京官，合入遠地，未有闕而權蒞近州攝務者，望許敍爲勞考。」從之。〔註58〕

又如《續資治通鑑長編》記載天禧二年的詔令：

> （天禧二年正月）丙辰，詔：群臣所舉幕職州縣官改授京朝官與西川知縣者，如未有員闕，不得差權知縣，止令監蒞場務。先是，命權近邑不過三數月即徙之，以其終不考任，因循民政，吏得欺罔，送故逆新，頗爲騷擾，故條約之。〔註59〕

〔註55〕《續資治通鑑長編》卷160〜3b，慶曆七年二月丁未。
〔註56〕《宋史》卷158〈選舉四・銓法上〉，頁3705。
〔註57〕《宋史》卷445〈文苑七・張即之〉，頁13145。
〔註58〕《續資治通鑑長編》卷83〜12b〜13a，大中祥符七年十月己卯。
〔註59〕《續資治通鑑長編》卷91〜2b，天禧二年正月丙辰。

意即要到西川擔任知縣的官員，如無實闕，亦不得權攝內地知縣闕，只能擔任監當官。但是官多闕少的情形實在過於嚴重，連監當職務都不敷所需。《續資治通鑑長編》又記載道：

> （天禧五年八月）庚申，審官院言：「前準詔旨，新授京朝官，川峽未有見闕者，止令權近地監當。今監當闕少，望差近便知縣，俟川峽有見闕及依次移補。」從之。〔註60〕

在急於讓官員就任的情形下，朝廷終究只能同意讓西川知縣權近地知縣，至於天禧二年時所擔心的「因循民政，吏得欺罔，送故逆新，頗爲騷擾」的問題，大概只好睜隻眼閉隻眼了。

神宗時，由於官多闕少，中書奏言：「宰臣以下奏薦，……如乞試校書郎以下，循資並與初等職官監當，即不得以合奏選人恩例乞選人轉京官。」〔註61〕意謂選人雖有宰臣以下官吏奏薦，只能以初等職官（選人第四階）的官階擔任監當官，而不能升遷爲京官。《宋史》也記載：「元豐進納官法，多所裁抑，應入令錄及因賞得職官，止與監當。」〔註62〕爲了緩和官多闕少、升遷困難的問題，只好將無法升遷的官員，派任爲監當官。

另一個緩和官多闕少的方式，則是設置「添差」官。意即一個官職卻任用數人。王化基曾說：「臣任揚州時，朝廷添置監臨使臣等職，實逾本州官數。」〔註63〕添差官雖有監當官之名，但實際上卻不干預職事，只是坐領薪俸而已。南宋時，戶部奏言：「稅務監官自有舊額，添差官與正官通不得過三員。竊緣既有正官主管，其添差官自不須干預職事；兼從來監官從隸元無定數，往往於稅錢內侵耗，作弊百端。欲令今後應酒稅務添差釐務官更不許干預職事。如或違戾，並仰通知監官按劾，取旨重賜施行。」〔註64〕

對於武職出任監當官者，一般三班使臣初任官職，大多先擔任監當官，而非擔任眞正的武職。宋代規定：「凡三班院，二十（歲）以上聽差使，初任皆監當，次任爲監押、巡檢、知縣。」〔註65〕宋人對此一作法亦有所批評。蘇紳即曾說道：「比年設武舉，所得人不過授以三班官，使人監臨，欲圖其建

〔註60〕《續資治通鑑長編》卷97～11b，天禧五年八月庚申。
〔註61〕《續資治通鑑長編》卷228～7a，熙寧四年十一月戊申。
〔註62〕《宋史》卷158〈選舉四・銓法上〉，頁3711。
〔註63〕《宋史》卷266〈王化基傳〉，頁9185。
〔註64〕《宋會要輯稿・食貨》17～38b～39a。
〔註65〕《宋史》卷158〈選舉四・銓法上〉，頁3695。

功立事，何可得也？」〔註66〕

　　另一方面，雖然地方上負責場務的監當官，大致上有任用的標準。而在京師的各種監當官職務，任用上就顯得較無章法。例如：

> （慶曆六年十月）甲子，詔三司：比舉選人監在京新城門，如聞所舉者多權富干請，無益於事，其罷之。〔註67〕

由於京師為財賦所聚，且高官大臣眾多，請託求官之事難以避免，故京師監當官的任用，不如地方場務監當官之有法令可循。蔡襄也說道：

> 臣伏見在京倉場庫務，有係舉官監當去處，近年多是大臣之家陳乞子弟監當，就便勾當家務。臣竊以外州軍場務錢數三萬貫以上、及茶鹽轉般倉等，并是舉官監當，蓋朝廷以官物出入，必在擇人。今京師倉場庫務受納天下所輸之物，招來四方商賈之資，計利最多，號為繁重，卻陳乞監當，未為便允。……臣乞下三司詳定，若於倉場庫務合係舉官監當，所舉之官并委三司舉曾歷外任、無贓污之人，更不在臣寮陳乞之限。〔註68〕

因此，仁宗特地對京師的監當官，做了更嚴格的限制：「自請鹽物務于京師，五年一磨勘。」〔註69〕與一般官吏三年可以磨勘遷官相比，自請擔任京師監當官者，五年才得升遷，此為抑僥倖之法也。

三、以貶降者為監當官

　　宋代經常將各級官員貶降為監當官。貶降的原因甚多。真宗景德二年曾有詔令：「自今失入死罪不致追官者，……知令錄幕職受遠處監當。」〔註70〕這是規定選人（知令錄）若因審斷刑獄有過失，導致無辜者被判死罪，則將貶為偏遠處監當官。南宋高宗時也下詔：「用刑慘酷責降之人，勿堂除及親民，止與遠小監當差遣。」〔註71〕

　　又有因官員違法亂紀而貶為監當官者，例如仁宗時的桂州知州潘夙，「坐在湖北時匿名書誣判官韓繹，謫監隨州酒稅。」〔註72〕又如廣西鈐轄張整，「坐殺

〔註66〕《宋史》卷294〈蘇紳傳〉，頁9812。

〔註67〕《續資治通鑑長編》卷159～8a-b，慶曆六年十月甲子。

〔註68〕蔡襄〈乞商稅院不用贓吏奏〉，收於《全宋文》第23冊，頁678～679。

〔註69〕《宋史》卷160〈選舉六・考課〉，頁3759。

〔註70〕《續資治通鑑長編》卷60～15b，景德二年七月辛亥。

〔註71〕《宋史》卷200〈刑法二〉，頁4991。

〔註72〕《宋史》卷333〈潘夙傳〉，頁10718。

降猛，責監江州酒稅。」〔註73〕又如判尚書刑部江休復，「坐預進奏院祠神會，落職，監蔡州商稅。」〔註74〕徽宗政和五年，「提舉河東給地牧馬尙中行，以奏報稽違，且欲擅更法，詔授遠小監當官。」〔註75〕南宋紹熙三年三月，「詔前襄陽府宜城縣令持服錢迺降兩資，候服闋日與遠小監當差遣。迺居天台，貸米穀與逃軍周念二等，令各持凶器，護送私鹽，藏於其家，爲縣尉捕獲。」〔註76〕

此外，有因考績不佳而貶爲監當官者，例如晉州知州焦敏，「報政蔑聞，隳官有素，罔念靖共之訓，備彰趨附之蹤。」因此被貶爲監渭州酒務。〔註77〕又如英宗治平時，「吏部郎中知磁州李田監淄州鹽酒稅。嘉祐六年始置考課法，至是考課院言田再考在劣等，故有是命。」〔註78〕

也有御史等言官因言事而獲罪，被貶爲監當官者。例如：仁宗時，御史台推直官段少連「論劉從德遺奏恩濫，降秘書丞，監漣水軍酒稅。」〔註79〕宋徽宗宣和元年，李綱上疏言：「陰氣太盛，當以盜賊外患爲憂。」結果朝廷「惡其言，謫監南劍州沙縣稅務。」〔註80〕宋欽宗靖康元年七月壬辰，「侍御史李光坐言事貶監當。」〔註81〕

有因官員結黨而被貶爲監當官者。如尹洙，被指爲是范仲淹之黨，而被「落校勘，復爲掌書記，監唐州酒稅。」〔註82〕又如右正言王希呂於南宋孝宗時，「上疑其合黨邀名，則遠小監當。」〔註83〕

有因判獄違背親屬迴避的原則，而被貶官者。如閻詢，「詔治王素獄，坐有姻嫌不以聞，降監河陽酒稅。」〔註84〕

有因官員交友不當而貶爲監當官者。如李惟清子李永錫「坐交游非類，監和州商稅。」〔註85〕

〔註73〕《宋史》卷350〈張整傳〉，頁11087。
〔註74〕《宋史》卷443〈文苑五・江休復〉，頁13092。
〔註75〕《宋史》卷198〈兵十二・馬政〉，頁4945。
〔註76〕《宋會要輯稿・職官》73～12b～13a，紹熙三年八月十八日。
〔註77〕宋仁宗〈焦敏職方員外郎監渭州酒務制〉，收於《全宋文》第22冊，頁395。
〔註78〕《續資治通鑑長編》卷208～6a-b，治平三年六月乙酉。
〔註79〕《宋史》卷297〈段少連傳〉，頁9894。
〔註80〕《宋史》卷358〈李綱傳上〉，頁11241。
〔註81〕《宋史》卷23〈欽宗本紀〉，頁429。
〔註82〕《宋史》卷295〈尹洙傳〉，頁9831。
〔註83〕《宋史》卷388〈王希呂傳〉，頁11900。
〔註84〕《宋史》卷333〈閻詢傳〉，頁10703。
〔註85〕《宋史》卷267〈李惟清傳〉，頁9218。

　　參加科舉考試的舉人，如果程度太差。那麼地方上負責舉人「解試」的
官員也會遭到責罰，貶爲監當官是責罰的方式之一。宋眞宗時規定：

> 諸科三場内有十「不」，進士詞理紕繆者各一人以上，監試、考試官
> 從違制失論，幕職州縣官得代日殿一選，京朝官降監場務，嘗監當
> 者與遠地。有三人，則監試、考試官亦從違制失論，幕職州縣官衝
> 替，京朝官遠地監當。有五人，則監試以下皆停見任，舉送守倅。
> 諸科五十人以上有一人十「不」，即罰銅與免殿選監當，進士詞理紕
> 繆亦如之。〔註86〕

甚至有因家庭糾紛而被貶爲監當官者。例如：

> 國子博士通判臺州龔綬，治家無狀，不能制悍妻，準敕斷離，取笑
> 朝列，不當親民。詔徙監場務。〔註87〕

　　對於因罪貶爲監當官者，其權力也有所限制。《續資治通鑑長編》記載：

> （眞宗天禧元年五月）壬戌，刑部員外郎兼侍御史知雜事呂夷簡請：
> 「自今止令轉運使副、提點刑獄、知州、通判舉本部官屬。其監當
> 務物、知縣京朝官及在京常參官勿使奏舉。」詔：「因罪犯監當人不
> 得舉官。」〔註88〕

意即呂夷簡希望限制官吏薦舉的權力，讓知縣及監當官不得薦舉所屬官吏。
但是眞宗並不同意，只決定限制因罪而被貶爲監當官者，不得薦舉官吏。

　　又如：眞宗乾興元年曾下詔諸路轉運使：「自今因事降充監當人，不得差
權知縣事。」〔註89〕若有知縣出缺未補，轉運使可以命令監當官權攝其職，
以待繼任者的到來。但是因罪貶降的監當官則不能權攝知縣。至仁宗時，對
因罪貶降的監當官，限制更趨於嚴格：

> （慶曆三年七月丙寅）兵部員外郎兼侍御史知雜事方偕，請：「文武
> 官以罪謫監當者，轉運、提點刑獄司毋得差權知州軍、通判、知縣、
> 監押、巡檢。」詔從其請。〔註90〕

上至知州通判，下至縣以下的監押巡檢，都不准因罪貶降的監當官權攝。這

〔註86〕《宋史》卷155〈選舉一〉，頁3610～3611。
〔註87〕《續資治通鑑長編》卷65～18b，景德四年六月己酉。
〔註88〕《續資治通鑑長編》卷89～22b～23a，天禧元年五月壬戌。
〔註89〕《續資治通鑑長編》卷98～12a，乾興元年五月丁酉。
〔註90〕《續資治通鑑長編》卷142～1a，慶曆三年七月丙寅。《宋史·方偕傳》亦載：
「以罪謫監當者，監司勿得差權民官。」，頁10070。

是限制因罪貶降的監當官權任其他職務的規定。

　　雖然以有罪、貶降者擔任監當官的例子甚爲普遍。但是對於一些地位重要的監當差遣，則不准有罪者擔任其職務。例如：仁宗至和二年曾詔審官院：「京朝官曾犯贓私若公坐至徒者，毋得差監在京倉場庫務。」〔註91〕京師的倉庫爲全國財賦集中之處，故選官用人自需格外愼重。

四、其　他

　　在特殊情形之下，一般百姓與少數民族的酋領，也會被任命爲監當官。例如：仁宗慶曆二年，泉州商人邵保協助官府在占城國捉獲逃賊，被授與三班使臣、監南劍州昌順縣酒稅。〔註92〕又仁宗時，西夏人「剛浪凌令浪埋、賞乞、媚娘等三人詣（種）世衡請降，世衡知其詐，曰：『與其殺之，不若因以爲間。』留使監商稅。」〔註93〕神宗熙寧時，荊湖南路歸降的少數民族首領舒光勇，則被授以三班使臣監安州酒稅。〔註94〕

　　此外，內侍宦官也經常被皇帝派遣出外擔任監當官。本文第三章之中所列舉的中央監當機構，就有許多以內侍充當監當官的例子。神宗熙寧三年十月乙酉，「詔罷諸場務內侍監當。」〔註95〕不過此一規定似乎形同具文，一直到南宋，以內侍爲監當官都不乏其例。

第三節　宋代監當官的考核

　　南宋王栐在《燕翼貽謀錄》一書中說道：

> 商稅之任，今付之初官小使臣，或流外校尉、副尉，州郡縣令亦鄙賤之。曾不思客旅往來，鄉民入市，動遭竭澤，又復營私，掩爲己有，害民有甚焉者。眞宗景德二年三月癸未，詔商稅三萬貫以上，選親民官監，給通判添支。所以重譏征之寄。近時理親民資序爲監當者，未之聞也，往往以爲浣己不肯褻就矣。然朝廷以場務之寄，責之長貳、縣令，知監當之難於其人也。故康定元年六月壬子，詔：

〔註91〕《續資治通鑑長編》卷181～4b，至和二年九月丁丑。
〔註92〕《續資治通鑑長編》卷137～10b，慶曆二年七月己巳。
〔註93〕《宋史》卷335〈种世衡傳〉，頁10743。
〔註94〕王銍《默記》（標點本，北京：中華書局，1981年）卷中，頁33～34。
〔註95〕《宋史》卷15〈神宗紀二〉，頁277。

「天下州縣課利場務，十分虧五釐以下，知州、通判、縣令罰俸一月；一分以下，兩月；二分降差遣。增二分，陞陟差遣。」賞罰不及於監當，有深旨矣。〔註96〕

此處有一錯誤之處，亟待辨正。宋代對於監當官的考核，是否「賞罰不及於監當」？此書作者爲南宋人，對於北宋仁宗康定元年的詔令，或有誤解；此外，此書作者認爲：「建隆迄於嘉祐，良法美意，燦然具陳；治平以後，此意泯矣。」〔註97〕對於太祖至仁宗時期的政事，加以高度的理想化。因此，「賞罰不及於監當」是否確有其事？抑或只是該書作者孺慕先人的想像？這是有必要加以釐清的。本節即是對監當官的考核，進行探討。

一、考核的原則

宋代對於監當官考核的原則，基本上是以其收入多寡爲考課的標準。此一作法在太祖時即已開始。據《續資治通鑑長編》的記載：

（建隆二年五月己卯）舊制，文武常參官各以曹務閑劇爲月限，考滿即遷。上謂宰相曰：「若是非循名責實之道。」會監門衛將軍魏仁滌等治市征有羨利，己卯，並詔增秩，因罷歲月序遷之制。〔註98〕

監當官的考核「以課績爲上」的原則，已於此可見。太宗時也下詔：

諸道州府知州、通判及監臨事務官吏，宜令諸路轉運司廉訪其能否，第爲三等，歲終以聞。以臨事簡慢、所蒞無狀者爲下，恪居官次，職務粗治者爲中，治狀尤異、大有殊績者爲上。當行賞罰。〔註99〕

不過，這裡雖然說要「罷歲月序遷之制」，但是宋朝日後仍然採取了「文官三（四）年遷一官，武官五年遷一官」的寄祿官升遷方式。例如仁宗時從三司判官鄭戩之請，下詔：「內外京朝官釐務者，並三歲一遷官。」〔註100〕符合京朝官三年一遷的原則。但是不久之後又規定：「其因事替移及嘗降差遣者須四周年。」〔註101〕對於曾經犯有過失的官吏，延長其升官的年限，以示懲重。

〔註96〕王栐《燕翼貽謀錄》（北京：中華書局標點本，1981 年 9 月初版）卷五，頁47。
〔註97〕《燕翼貽謀錄》序，頁 57。
〔註98〕《續資治通鑑長編》卷2～7b，建隆二年五月己卯。
〔註99〕宋太宗〈轉運司察知州能否第爲三等以行賞罰詔〉，收於《全宋文》第2冊，頁 302。
〔註100〕《續資治通鑑長編》卷113～7b～8a，明道二年十月辛亥。
〔註101〕《續資治通鑑長編》卷114～3a，景祐元年正月甲申。

又如神宗熙寧八年九月乙丑下詔：「自今句當御藥院使臣，滿五年與轉一官，仍不隔磨勘。」〔註102〕意謂御藥院的武職監當官，寄祿官升遷滿五年即可直接再升遷官階。可知對於「寄祿官」的升轉而言，理論上是採取年滿即升遷的原則，應該與監當官在任期間的課利多寡無關。

不過，實際上，宋朝政府常以「減磨勘年限」、「展磨勘年限」作爲賞罰官吏（包括監當官）的手段。監當官若是課利多、表現優異，可以獲得「減磨勘年限」的獎勵。也就是說，原本寄祿官文官三年一遷、武官五年一遷，表現優異的監當官則可減少年數即予磨勘，提前升官。相反的，課利有虧、表現不佳的監當官，則要受到「展磨勘年限」的處分，意即延長年數才能磨勘升官。本文下面將談到的監當官的獎懲，即有許多以「減、展磨勘年數」作爲獎懲方式的例子。

此外，宋代的監當官在資序與差遣職務的升遷時，課利之多寡則關係著官員未來職務的好壞，太宗太平興國八年曾下詔：「自今京朝官釐務於外，秩滿，曾經責罰及弛慢者授以邊遠，其課績高者任以近地。」〔註103〕且監當官升遷時必須先呈報任內課利之多寡。天禧五年十月，官員周實上言：「監當場務官得替，須批書一界，課利增損畢，方聽發遣赴闕。」〔註104〕眞宗也同意了他的奏請。可見監當官如果想要在升遷時得到較好的職務，則必須注意課績的高低。在「增課有重賞」的利誘之下，監當官對百姓唯恐搜隱之不至，使得百姓的負擔加重。

二、獎　賞

（一）監督商稅的監當官

監當官的考核既以課利之多寡爲準，對於課利較多的監當官，朝廷訂有獎賞的標準。例如對於監收商稅的監當官與其下的專知、欄頭等吏人，即規定：「諸稅務監、專、欄頭，搜檢稅物而獲私茶鹽者，並依格法推賞。」〔註105〕

（二）從事倉儲出納管理的監當官

對於京師諸倉，由於負責收儲地方轉運上供的米麥，因此本無課利歲額

〔註102〕《續資治通鑑長編》卷268～2a-b，熙寧八年九月乙丑。
〔註103〕《續資治通鑑長編》卷24～5b，太平興國八年四月辛卯。
〔註104〕《續資治通鑑長編》卷97～15b，天禧五年十月乙卯。
〔註105〕《慶元條法事類》卷二十八，〈茶鹽礬〉，頁10b。

的要求。眞宗咸平元年八月下詔：「監倉京朝官無得以羨餘爲課。」〔註 106〕咸平五年二月眞宗又說：「倉廩府庫多收出羨，以爲勞績。若非常納之際重斂，即是支給之際減剋。……不得收其羨餘，敘爲勞績。」〔註 107〕可見眞宗也清楚，若對監倉官也有課利要求，則重斂、減剋的弊端將不可免。但是到了仁宗天聖六年，「以監順城小麥倉左侍禁高延偉，受納給遣，收到羨餘斛斗萬數甚多，與家便監押差遣。」〔註 108〕南宋亦復如是，高宗紹興八年十月下詔：「南北倉各糶米每及五萬石，監官減半年磨勘。」〔註 109〕

又在倉場之中，監官以下的專副等人，眞宗天禧七年九月規定：「斛斗漏底如不少欠，元收、出剩亦不破雀鼠耗，及無損惡官物，其支使不盡頭子錢，不以三年內外，並將一半納官，餘一半支與專副。」〔註 110〕意即將倉場收入之頭子錢，除本倉開支外，剩下的頭子錢一半上繳，一半賞給表現良好的專副等人。

對於在京師審核、發放文武官員薪俸的諸司、諸軍糧料院與專勾（審計）司，其監當官若有優異表現，任內無缺失，都可以得到獎賞。例如南宋高宗紹興三年二月，「詔監行在諸司審計司何汝能與減二年磨勘，都主押官李祐與補守闕進義副尉，更不支給賞錢，以驗獲揩改綾紙僞冒故也。」〔註 111〕紹興七年十二月又詔：「審計司監官任滿，合得減三年磨勘，依南北倉監官例計日推賞。」〔註 112〕

（三）與馬政有關的監當官

對於在牧監負責養馬的監當官，若馬匹病死數目少，監當官可以得到獎賞。眞宗大中祥符二年七月規定：「群牧司在京及外坊監，自今息及五分，死失不及分者，使臣、軍校第賜器幣。孳育不及數而死失踰分者，節級科罪。」〔註 113〕似僅有籠統的規定。到了大中祥符四年，眞宗對牧養上下監內的使臣有如下的規定：

〔註 106〕《宋會要輯稿・食貨》62～4a-b。
〔註 107〕《宋會要輯稿・食貨》62～4b。
〔註 108〕《宋會要輯稿・食貨》62～8b。
〔註 109〕《宋會要輯稿・食貨》62～14a-b。
〔註 110〕《宋會要輯稿・食貨》54～4a。
〔註 111〕《宋會要輯稿・職官》27～61b。
〔註 112〕《宋會要輯稿・職官》27～62a。
〔註 113〕《續資治通鑑長編》卷72～2b，大中祥符二年七月辛酉。

年終據本務應管病馬內拋死數目比較。其使臣勾當二週年，即將前
界醫較拋馬比較分數開坐。以拋馬一分至三分，乞與改轉；二分以
下賞錢五十貫；三分以上一十六（按：「六」為「貫」字之誤）；四
分五分以上不支賞；六分以上罰一月俸；七分以上罰一季俸；八分
以上勘罪以聞，乞行嚴斷。〔註114〕

獎懲的規定越來越細密。

南宋時，對於照顧病馬的監官也規定比較馬匹出生與死亡的數目：

如倒斃一斃以下，生駒五分，監官轉一官；倒斃三斃以下，生駒四
分，減三年磨勘；倒斃六斃以下，生駒三分，減二年磨勘。〔註115〕

死亡的馬少而出生的馬多，監當官即可得到升官或減磨勘年數的獎賞。

至於在買馬務負責買馬的監當官，也依其買馬的多寡而有獎賞的規定。
北宋神宗時：

（熙寧三年十二月癸未）詔：原渭州德順軍，自今三年買馬三萬匹。
買馬官以十分為率，買及六分七斃轉一官，餘三分三斃均為三等，
每增一等減磨勘一年。〔註116〕

這是對買馬官的獎勵措施，達到三分之二目標者可升一官，每再增加一分一
斃則可減少磨勘年數一年，以便提早升官。

南宋時，則針對不同的地區，對買馬的官員有不同的獎勵。在南平軍：「每
歲買及四百匹，與減半年磨勘；及五百匹，減一年磨勘。」〔註117〕在廣西則
規定：「買馬官於歲額外買到溢額馬及二百匹，招買官各通減一年磨勘。四百
匹減二年，六百匹減三年，八百匹減四年磨勘，一千匹轉一官。」〔註118〕

（四）對於官營商業機構的監當官

對於在官營商業機構直接從事商業經營的監當官，宋代對於課利多者有
更優厚的獎賞。例如雜賣場的監當官，紹興八年十一月，「詔監雜賣場劉彥
昭任內收趁錢三十一萬四千餘貫，減二年磨勘。」〔註119〕紹興十年六月，「詔

〔註114〕《宋會要輯稿・兵》21～2a-b。
〔註115〕《宋會要輯稿・兵》21～11a-b。
〔註116〕《續資治通鑑長編》卷218～18a，熙寧三年十二月癸未。
〔註117〕《宋會要輯稿・兵》22～29b。
〔註118〕《宋會要輯稿・兵》22～30b。
〔註119〕《宋會要輯稿・食貨》54～20a。

監雜賣場王植任內收趁錢五十一萬八千九百餘貫，減三年磨勘。」〔註 120〕
紹興二十二年十月，「詔權監雜賣場鄭穀在任九個月，收錢三十三萬四千餘
貫，比附前任正官劉彥昭例，減半推賞，減一年磨勘。」〔註 121〕紹興二十
六年，「詔雜賣場監官趙孟在任一年零十個月，賣到錢八十八萬九千餘貫，
減三年磨勘。」〔註 122〕紹興二十九年，「詔成忠郎監建康府行宮雜賣場慕師
賢，任內賣到一十一萬二千餘貫，特與減一年磨勘。」〔註 123〕

又如在榷貨務進行茶鹽鈔與交引買賣的監當官與上級監督官吏，也依課
利的多寡而進行賞罰。建炎二年十月，「詔提領措置茶鹽司官吏、并行在都茶
場榷貨務官吏，依自來實合推恩人例，各轉一官。以在京榷貨務都茶場近移
眞州置司，措置東南茶鹽、印造鈔引、招誘請算，收課息五百餘萬貫故也。」
〔註 124〕紹興元年，「詔以榷貨務都茶場自建炎四年五月十五日至紹興元年七月
三日終，收到茶鹽香錢六百八萬九千餘貫，左右司官吏各轉二官。左司員外
郎林平之已離任，與減二年磨勘。」〔註 125〕

王安石變法時期的市易務，是新法主要的理財機構。因此對於市易務中
課利多的監當官亦有優厚的獎賞。熙寧七年九月，神宗下詔：「新知常州國子
博士呂嘉問、監市易務上界職方員外郎劉佐、西頭供奉官吳直卿，並遷一官。
勾當公事項城縣尉劉迥爲奉禮郎，各減磨勘三年。餘官吏循資賜錢有差。以
三司驅磨市易上界課利，比（熙寧）六年增十餘萬緡。」〔註 126〕熙寧八年八
月，因爲三司驅磨市易務上界，自熙寧七年八月至熙寧八年七月終，收到息
錢、市利錢共一百三十三萬二千二百餘貫，因此神宗又下詔：「提舉官呂嘉問、
吳安持並各轉一官、升一任，支賜錢三百千。嘉問仍更減一年磨勘。餘監官
以下並等第推恩。仍自今二年一次比較酬獎。」〔註 127〕

南宋時期，對市易務（平準務）監當官課績的盈虧，也有獎賞與懲罰的
規定。紹興二十七年八月四日，戶部更奏請頒佈平準務監官的賞罰辦法。其
規定如下：

〔註 120〕《宋會要輯稿・食貨》54～20a。
〔註 121〕《宋會要輯稿・食貨》54～20b～21a。
〔註 122〕《宋會要輯稿・食貨》54～21a。
〔註 123〕《宋會要輯稿・食貨》54～21a。
〔註 124〕《宋會要輯稿・食貨》55～25b。
〔註 125〕《宋會要輯稿・食貨》55～25b～26a。
〔註 126〕《宋會要輯稿・食貨》55～38a。
〔註 127〕《宋會要輯稿・食貨》55～40a-b。

> 逐路常平司保明到：本路州縣所立平準務合用本錢，除不及一千貫
> 去處，不立賞罰外，今相度比擬條法。將立到本錢一千貫以上去處，
> 以本多寡參酌立定。監官候一歲終，以本計息。賞罰格：自收息及
> 三分以上，陞一季名次；不及一分五釐，展一季名次。五千貫以上，
> 收息及三分以上，陞半年；不及一分五釐，展半年。一萬貫以上，
> 收息三分以上，陞一年；不及一分五釐，展一年。三萬貫以上，收
> 息不及分（按：應爲及三分）以上，減一年磨勘；不及一分五釐，
> 展一年磨勘。〔註128〕

亦即將市易務、平準務的管理訂立條法，以盈虧爲賞罰的依據。

對於地方上酒坊的監官，課利多者也有獎賞，例如仁宗慶曆時，三司奏言：「陝西用兵，軍費不給，尤資榷酤之利，請較監臨官歲課，增者第賞之。」〔註129〕但結果導致官吏爲求課利而不擇手段，實有強逼百姓買賣的情事發生。因此，哲宗元祐七年（1092）八月丙辰，曾下旨「罷監酒稅務增剩給賞法。」〔註130〕但是，南宋高宗紹興二十一年（1151）有詔：「諸軍買撲酒坊賞格依舊」。其賞格爲：

> 四萬、三萬貫已上場務：增及一倍，減一年磨勘，二倍減二年磨勘，
> 三倍減三年磨勘，四倍減四年磨勘。二萬、一萬貫已上場務：增及一
> 倍，減三季磨勘，二倍減一年磨勘，三倍減三年磨勘。七千貫以上場
> 務：增及一倍，升三季名次，二倍減一年磨勘，三倍減一年半磨勘，
> 四倍減二年磨勘。七千貫以下場務：增及一萬貫，減一年磨勘，二萬
> 貫減二年磨勘，三萬貫減三年磨勘，四萬貫減四年磨勘。〔註131〕

此外，南宋時，由於公使庫、激賞庫等新酒庫的設置，使得傳統酒務的課利大減。孝宗乾道四年九月，並對四川酒務能達成課利歲額者，制訂了更優厚的獎賞規定：

> 十萬貫以上場務酒官任滿，與減四年磨勘。五萬貫以上場務任滿，
> 與減三年磨勘。三萬貫以上場務任滿，與減二年磨勘，更占射差遣
> 一次。不滿三萬貫場務任滿減二年磨勘。以上選人比類施行。並以

〔註128〕《宋會要輯稿・職官》43～30a-b。
〔註129〕《宋史》卷185〈食貨下七・酒〉，頁4516。
〔註130〕《宋史》卷17〈哲宗本紀一〉，頁335。
〔註131〕《宋史》卷185〈食貨下七・酒〉，頁4521。

三年爲任，若任滿三年即推全賞，成資（二年）替者減三分之一推

賞。兼監官知縣並本州知、通比正監官減半賞罰。〔註132〕

對於市舶司中的監當官，南宋高宗紹興六年規定：「閩、廣舶務監官抽買

乳香每及一百萬兩，轉一官；又招商入蕃興販，舟還在罷任後，亦依此推賞。」

〔註133〕

（五）生產製造機構的監當官

對於負責坑冶的監當官，若坑冶收入超過祖額甚多、對國家財政助益甚大，

則朝廷對監當官亦有獎賞。北宋徽宗政和二年九月，「措置陝西坑冶蔣彝奏：本

路坑冶收金千六百兩，他物有差。詔輸大觀西庫，彝增秩，官屬各減磨勘年。」

〔註134〕政和六年五月，「中書言：劉已計置萬永州產金，甫及一歲，收二千四

百餘兩。詔特與增秩。」〔註135〕南宋時，孝宗隆興二年（1164）規定：「阬冶

監官歲收買金及四千兩、銀及十萬兩、銅錫及四十萬斤、鉛及一百二十萬斤者，

轉一官。守倅（按：指知州、通判）部內歲比祖額增金一萬兩，銀十萬兩，銅

一百萬斤，亦轉一官。」〔註136〕不過孝宗乾道二年時，潼川、湖南、利州、廣

東、浙東、廣西、江東、江西、福建等路，銅產量總計不過二十六萬三千一百

六十斤（見本文第二章第一節坑冶），要達到這一獎賞的標準，實在難上加難。

三、懲　處

對於課利有虧的監當官，宋代有懲處的規定。《宋史·職官九·流內銓》

說道：「監當虧少課利罰半月奉者添攝一任，罰一月奉者添攝兩任。」〔註137〕

意謂課利有虧而受罰者，將增加其監當官的任期，使之無法順利升爲親民

官，作爲處罰。但這僅是籠統而言之。實際上，對於各種不同性質、職務的

監當官，宋代由中央到地方都訂有各種不同的懲罰方式。太宗時規定：「罷

三司大將及軍將主諸州權課，命使臣分掌，掌務官吏虧課當罰，長吏以下分

等連坐。」〔註138〕南宋時也規定：凡場務監官虧欠課利者，添支的薪俸將

〔註132〕《宋會要輯稿·食貨》21～7b。

〔註133〕《宋史》卷185〈食貨七下·香〉，頁4538。

〔註134〕《文獻通考》卷18〈征榷五〉，頁180中。

〔註135〕《文獻通考》卷18〈征榷五〉，頁180中。

〔註136〕《宋會要輯稿·食貨》34～36b～37a。

〔註137〕《宋史》卷169〈職官九·流內銓〉，頁4043。

〔註138〕《宋史》卷179〈食貨下一·會計〉，頁4348。

被剗除。〔註139〕可見若對監當官進行懲罰，課利虧少是一個很重要的原因。以下按照監當官的類別分述之：

（一）各種稅務的監當官

對於徵收商稅的監當官，南宋時規定：「諸商稅不即時，並船筏不於當日內檢納，及去申帶或攔無稅人入務，若巡攔人離城五里外巡察者，各杖八十。其婦女在舟車兜擔內，輒入檢視，及於緣身搜索；若攔入務或拆剝稜裏成器之物者，加一等。留難邀阻一日以上，又加一等。」〔註140〕此外又規定：「諸稅物入門，應批引赴務而公人兵級邀阻留難過一時，及於物數有所增減、若故爲透漏者，各杖一百。因而乞取贓輕者准此。留難一日以上致損敗者，鄰編管。並許人告。」〔註141〕意即商稅場務的監官如果留難商旅，或將不必納稅之人帶入場務中強令納稅，或破壞商旅所攜帶的器物，甚至藉搜索之名騷擾婦女者，監當官與吏人要受到杖刑以上的處分。稅物監官若「買商稅人物者，徒一年。若爲人買及託買者，各杖一百。」〔註142〕這是對強買民物者所做出的處分規定。

對於海外的商貨，南宋時規定：「諸商舶興販，已經抽解與免兩州商稅外，其餘合收稅場務不即檢稅，若收納力勝錢過數，各杖一百。留滯三日加一等罪，止徒二年。因而乞取財物贓輕者徒一年。」〔註143〕也就是規定海外商人在市舶務中納稅之後，可以免除經過二州的商稅，但經過其他州府時仍須繳稅。若商稅場務故意留難而不立即檢查徵稅，或濫收稅錢，都要受到杖刑的處分，求取賄賂者甚至要下獄坐牢。

對於地方官非法私設的場務，南宋規定：「諸稅務創置不申尚書、戶部待報，及雖申而不應置者，并陳請人各杖一百。」〔註144〕私設商稅場務者也要受杖刑的處分。

（二）官營商業機構中的監當官

對於官營商業機構中的監當官，也要求每年課利需達到年額，如不及額，亦加以懲罰。南宋孝宗乾道六年規定行在、建康、鎮江榷貨務之年額分別爲

〔註139〕《慶元條法事類》卷三十六〈場務〉，頁 1b。。
〔註140〕《慶元條法事類》卷三十六〈商稅〉，頁 12a。
〔註141〕《慶元條法事類》卷三十六〈商稅〉，頁 12b。
〔註142〕《慶元條法事類》卷三十六〈商稅〉，頁 14b。
〔註143〕《慶元條法事類》卷三十六〈商稅〉，頁 12b。
〔註144〕《慶元條法事類》卷三十六〈商稅〉，頁 13b。

八百萬貫、一千二百萬貫、四百萬貫。如收入少於年額,「如虧及一分已上,各降一官。吏各從杖一百科斷。」〔註145〕甚至對於場務中的吏人,「諸買納官物,有巧偽濕惡,或正數有虧,元買納公人理欠限滿,償不足者,勒停,永不收敘。」〔註146〕也就是說,收買的官物如有損壞或不足額,負責採買的吏人要負責賠償,無法賠償者要停職,甚至永不敘用。

對於酒坊中賣酒的監當官與吏人,南宋時規定:「諸課利場務年中比較租額,虧二釐,酒匠笞五十,專副減一等,並聽贖。滿五釐各加一等,監官罰俸半月。每一分又各加一等,至三分五釐止。」〔註147〕可見酒坊收入如有虧欠,不但監官要罰俸,其下的吏人(如酒匠、專副之類)更要受到笞刑的嚴厲懲處。此外酒務之中,需有人值夜班留守,「酒務監、專應宿不宿者,杖一百。」〔註148〕對於值夜班時擅離職守者,要處以杖刑的處分。

(三)與馬政有關的監當官

對於負責牧監的監當官,真宗於大中祥符元年立「牧監賞罰之令」,規定:「外監息馬,一歲終以十分為率,死一分以上勾當官罰一月奉,餘等第決杖。牧倍多而死少者,給賞繒有差。」〔註149〕南宋紹興十九年也規定,對於收養病馬的監官,「倒斃及二分,生駒三分,監官罰俸一月;倒斃及三分,生駒二分,展一年磨勘;倒斃及四分,生駒一分,展二年磨勘;倒斃及五分,生駒不及一分,展三年磨勘。」〔註150〕是按馬匹死亡數的多寡來懲處。

對於買馬的監當官,若不能達成買馬的數額,則會遭到懲罰。神宗元豐七年七月即下詔:「提舉陝西買馬官,展磨勘二年,以有司言歲買馬不及額也。」〔註151〕南宋時,對各地區買馬官有不同的獎懲標準。在南平軍,買馬官買馬「不及四百匹,展半年磨勘。」〔註152〕在廣西,買馬官「如買不及一千五百匹,各展一年磨勘。」〔註153〕

〔註145〕《宋會要輯稿‧食貨》55～30b。
〔註146〕《慶元條法事類》卷三十二〈理欠〉,頁 14a。
〔註147〕《慶元條法事類》卷三十二〈理欠〉,頁 14a-b。
〔註148〕《慶元條法事類》卷三十六〈場務〉,頁 2a。
〔註149〕《宋史》卷 198〈兵十二‧馬政〉,頁 4929。
〔註150〕《宋會要輯稿‧兵》21～11b。
〔註151〕《宋會要輯稿‧兵》22～12a。
〔註152〕《宋會要輯稿‧兵》22～29b。
〔註153〕《宋會要輯稿‧兵》22～30b。

買馬官所買之馬若不堪使用，也會遭到懲處。南宋高宗紹興五年正月三日，「詔以廣西買馬司起發到馬，不堪披帶。提舉李預特降兩官。本司買馬官武翼郎右江都巡檢蘇述、進武校尉邕州橫山知寨徐大烈、承節郎橫山寨兵馬監押李循、并招馬官忠翊郎黃光旼、康義郎黃洎，各特降一官資。」〔註154〕

（四）倉儲出納管理機構的監當官

對於主管倉庫的監當官與其下的吏人，太宗時規定：「凡左藏及諸庫受納諸州上供均輸金銀、絲帛暨他物，令監臨官謹視之。欺而多取，主稱、藏吏皆斬，監臨官亦寘重罪。」〔註155〕這是對於貪污舞弊者的嚴厲懲處。南宋時規定：「諸給納官物，不正行支收，及敖庫不封鎖者，杖八十。」〔註156〕不按照法定程序收支官物，或倉庫門不上鎖，官吏要受到杖刑的處分。「諸倉庫收支曆，輒不封鎖交受，若收留私家經宿者，各徒二年。許人告。不驅磨架閣者減二等。」〔註157〕若官吏將「曆」帶回家中，或官吏不清點庫藏者，則要受徒刑的處罰。「諸收支官物，不即書曆，及別置私曆者，各徒二年。」〔註158〕不將倉庫之出入情形登記在「曆」上，監當官吏要受到徒刑二年的懲罰。以上種種規定，都是為了防範監當官吏的貪瀆。

此外，對於倉庫的細部管理方面，若監倉官吏疏忽粗心，致收藏之物有損耗者，監當官也須受處分。英宗時，「富國倉監官受米濕惡，壞十八萬石，會恩當減，帝特命奪官停之。」〔註159〕南宋時也規定：「諸官物安置不如法，暴晾不以時，致損敗者」，監當官與所屬的專副、乃至監督監當官的知州、通判，均應受罰。〔註160〕倉庫官吏每日當班皆有時間規定，「諸倉庫監、專，應早入晚出。而違者一時杖一百，一時加一等罪，止徒二年。」〔註161〕一時約現在的兩小時，若倉庫官吏遲到兩小時，就要受到杖刑一百的處分。

對於負責發放文武官員薪俸的糧料院，南宋時規定：「諸請給，糧院審失點檢，致誤支錢物者，各杖八十。累及五百貫杖一百，命官降半年，各例吏

〔註154〕《宋會要輯稿・兵》22～22a-b。
〔註155〕《宋史》卷179〈食貨下一・會計〉，頁4348。
〔註156〕《慶元條法事類》卷三十七〈給納〉，頁9a。
〔註157〕《慶元條法事類》卷三十七〈給納〉，頁9a。
〔註158〕《慶元條法事類》卷三十七〈給納〉，頁9a。
〔註159〕《宋史》卷200〈刑法二〉，頁4989。
〔註160〕《慶元條法事類》卷三十二〈理欠〉，頁13b；卷三十六〈場務〉，頁1b。
〔註161〕《慶元條法事類》卷三十六〈場務〉，頁1b～2a。

人勒停。一千貫以上，命官降一年名次，吏人仍永不收敘。」〔註 162〕糧料院官吏若審核失誤，對於監官大致是降半年到一年名次（展半年至一年磨勘）的處分，而對於吏人，則有停職甚至杖刑的懲罰。

（五）生產製造機構的監當官

對於錢監之中負責鑄錢的監當官，若所鑄之錢質量不精，監當官以及監督監當官的上級管理者亦當受罰。南宋孝宗乾道八年卷（1172），「以新鑄錢殽雜，提點鑄錢及永平監官、左藏西庫監官、戶部工部長貳官責降有差。」〔註 163〕

小型場務不設置監當官，而由地方官兼領者，若課利有虧也當受罰，但處分較專職的監當官為輕。仁宗景祐四年（1037）八月詔：「自今諸路外縣鹽茶酒稅務，除有正官專監，其比較虧少課額，令佐自來係兼監去處，所有賞罰一依都監、監押兼監賞罰條例，減專監一等。」〔註 164〕

若監當官在任期間違法亂紀，宋朝亦有懲處之規定。太宗太平興國二年二月下詔：「榷務主吏盜官茶販鬻錢五百以下，徒三年；三貫以上，黥面送闕下。」〔註 165〕同時又規定：「諸處池監監臨主者盜官鹽販鬻以規利，亦如盜煮鹽之法。」「主吏盜販至百斤以上，……並杖背黥面送闕下。」〔註 166〕南宋時亦規定：「諸監臨主守，自盜財物罪，至流配本州。三十五匹絞。」〔註 167〕監守自盜者，罪至流放，甚至處以絞刑。

對於監當機構中的人員任免考核，監當官也負其責任。太祖開寶六年十一月丁卯曾下詔：「諸州長吏及監當官等無或隱庇得替人，事覺當重寘其罪。」〔註 168〕

若監當機構中的官員有違法情事，監當官亦須負連帶責任。如倉庫之中，「守卒掃遺稈自入，（王）凱禁絕，……事覺，他監官皆坐故縱，凱獨得免。」〔註 169〕石元孫於仁宗時勾當法酒庫，「吏盜酒，坐失察，追二官。」〔註 170〕

〔註 162〕《慶元條法事類》卷三十二〈理欠〉，頁 14a。

〔註 163〕《宋史》卷 180〈食貨下二・錢幣〉，頁 4396。

〔註 164〕《宋會要輯稿・食貨》17～23b。

〔註 165〕《續資治通鑑長編》卷 18～6b，太平興國二年二月丁未。

〔註 166〕《續資治通鑑長編》卷 18～6b～7a，太平興國二年二月丁未。

〔註 167〕《慶元條法事類》卷三十二，〈點磨隱陷〉，頁 11a。

〔註 168〕《續資治通鑑長編》卷 14～14a，開寶六年十一月丁卯。

〔註 169〕《宋史》卷 255〈王全斌傳附曾孫王凱〉，頁 8925。

〔註 170〕《宋史》卷 250〈石守信傳附石元孫〉，頁 8814。

徽宗宣和二年規定：「公使庫假用米麴及因耗官課者，以坐贓罪之，監官移替。」
〔註171〕

　　對監當官的處罰，以課利有虧的情形最為常見。雖然如此常導致官吏畏罰，不惜對百姓百般剝削，以求課利增加。也常有官吏請求廢止監當官課利有虧的罰則，但是往往是罰則取消後不久即重新恢復。哲宗元祐二年七月，即「復課利場務虧額科罰。」〔註172〕這是道德理想與現實利益的矛盾，而朝廷往往捨前者而取後者。

四、升　遷

　　一般的監當官（幕職州縣官擔任者）兩任任滿之後，通常可以關陞為親民資序，擔任知縣一級的親民差遣。一任的任期通常為二年，《宋史‧職官九‧流內銓》記載：「如差監當、監稅，即以二年為一任，理兩攝（即兩任），並解發赴銓。」〔註173〕太宗時曾下詔：「諸道知州、通判、知軍監及監榷物務官任內地滿三年，川廣福建滿四年者，並與除代。」〔註174〕三到四年，即約為兩任的任期。

　　但是在監當官關陞親民資序時，舉主是相當重要的。《宋史‧選舉四‧銓法上》說道：「京官……兩任無私罪而有部使、州守倅舉者五人，入親民。舉者三人，惟與下等釐物務官。」〔註175〕仁宗時也規定：「監物務入親民，次升通判，通判升知州，皆用舉者。舉數不足，毋輒關升。」〔註176〕可見升遷時若舉主不足，則不能升為親民資序，只能繼續擔任監當官。

　　對於蔭補等無出身的監當官，仁宗在天聖元年曾下詔：「蔭補京朝官監當六年，無贓私罪者與親民，嘗坐贓私者聽旨。」〔註177〕這是對蔭補出身的監當官，加以更嚴格的限制，必須滿六年（三任）且無贓私之罪，才能擔任親民官。對於犯有贓私罪者，仁宗又規定：「蔭補京朝官監當有私罪者及八年與親民，嘗坐贓者聽裁。」〔註178〕可見仁宗對於曾有貪贓枉法紀錄的監當官，

〔註171〕《宋史》卷185〈食貨下七‧酒〉，頁4519。
〔註172〕《宋史》卷17〈哲宗本紀一〉，頁325。
〔註173〕《宋史》卷169〈職官九‧流內銓〉，頁4043。
〔註174〕《續資治通鑑長編》卷22～6a，太平興國六年八月乙酉。
〔註175〕《宋史》卷158〈選舉四‧銓法上〉，頁3704。
〔註176〕《宋史》卷160〈選舉六‧考課〉，頁3759～3760。
〔註177〕《續資治通鑑長編》卷101～3a，天聖元年八月己未。
〔註178〕《續資治通鑑長編》卷101～8b，天聖元年十月癸亥。

在升遷上是採取愼之又愼的態度。天聖四年，仁宗再下詔：「蔭補京朝官監當六年而課不登者，更令監當一任。」〔註179〕天聖六年，仁宗詔審官院：「蔭補京朝官監當八年而無私罪者，不以課利增虧，與親民。」〔註180〕可見仁宗對與蔭補出身的監當官，限制越來越多，升遷的規定也越來越嚴格。

對於有特殊才能的官員，宋朝則給予縮短監當官任期，使之儘早升遷，既可做爲獎勵的手段，也可以達到人盡其才的目的，不使具有特長的官員在監當場務中消磨時間。例如神宗元豐元年制訂的「大小使臣試弓馬藝業出官法」中規定：

> 第一等，步射一石，矢十發三中，馬射七斗，馬上武藝五種，孫、
> 吳義十通七，時務邊防策五道文理優長，律令義十通七，中五事以
> 上免短使、減一任監當。〔註181〕

對於武藝高強、通曉兵法及邊防策略的三班使臣，可以減一任監當，使之盡快進入行伍之中。

宋代由於官多闕少的情形越來越普遍，因此監當官任滿後如何升遷，成爲一大問題。天聖六年正月，有上封事者言：「三班使臣一任監當，入監押、巡檢，資任太速，請各增一任。」〔註182〕但是監當差遣的數目也有限，天聖八年十月，仁宗下詔：「三班使臣監當一任回，別無遺闕，並依舊條，卻與監押、巡檢差遣，所有天聖六年正月敕勿行。」〔註183〕到了景祐元年，朝廷還是認爲三班使臣一任監當即升至監押、巡檢，過於快速，因此仁宗又下詔於三班院：「舊制使臣監當一任，即爲巡檢、監押，自今更增近地監當一任。」〔註184〕可見朝廷還是決定三班使臣必須經過兩任監當，才能升爲監押、巡檢，緩和了武職升遷過速的趨勢。

神宗時，同樣由於官多闕少，升遷困難。神宗下詔：「京朝官展三年監當，如歷任於合用舉主外更有二人，即免展年。」〔註185〕意即除了舉主人數較一般標準多出二人的少數優秀官吏外，一般初升任京朝官者都需多做三年的監

〔註179〕《續資治通鑑長編》卷104～24b，天聖四年十一月庚申。
〔註180〕《續資治通鑑長編》卷106～21a，天聖六年十一月甲辰。
〔註181〕《宋史》卷157〈選舉三・武舉武選〉，頁3681。
〔註182〕《續資治通鑑長編》卷106～2a，天聖六年正月庚申。
〔註183〕《續資治通鑑長編》卷109～13a，天聖八年十月癸卯。
〔註184〕《續資治通鑑長編》卷114～17a，景祐元年六月丙申。
〔註185〕《續資治通鑑長編》卷227～1b，熙寧四年十月壬子。

當官。

南宋高宗建炎初，規定：「監當官闕，許轉運司具名奏辟一次，以二年爲任，實有六考，方許闕升。」〔註186〕可見理監當資序者，必須監當三任（六年），才能升親民資序。但建炎二年又規定：「在部知州軍、通判、僉判及京朝官知縣、監當三年爲任者，權改爲二年，以赴調者萃東南，選法留滯故也。」〔註187〕這與前面延長任期相反，是縮短任期，使監當官闕儘快出缺，以方便待選者遞補登用。

理宗紹定元年（1228），有臣僚奏言：「銓曹之患，員多闕少，注擬甚難。……大率三四人共注一闕，宜其膠滯壅積而不可行。乞命吏部錄參、司理、司法、令、丞、監當酒官，於元展限之上更展半年。」〔註188〕意即一再延長任期，以暫時解決官員任滿赴吏部銓注新職的問題。

大體而言，宋代朝廷用人之際，如監當官任滿者多，而無知縣以上差遣可供升遷時，則延長監當官的任期。若應升遷爲監當官者多，則縮短監當官的任期，以方便新官儘快上任。宋代是利用任期的長短，作爲官多闕少時的調節之道。

此外，熙寧四年十一月，中書奏言：「宰臣以下奏薦，……內京朝官監當未滿，若闕陞舉主未足，不得與陞親民。」〔註189〕據此似可推論：若有舉主薦舉，則監當官雖任期未滿，也可升任親民差遣。可見京朝官若有舉主推薦，則可以不待兩任監當任滿即升任親民差遣，舉主之重要性可見一斑。

在國家發生特殊危機之時，武職監當官則經常被調離監當職務，派赴前線。例如：

> （寶元二年六月）癸酉，詔：應武舉授班行者多在內地爲監當官，
> 宜並從陝西緣邊軍寨及捉賊任使，以試其能。〔註190〕

寶元二年，正是西夏元昊稱帝叛宋的第二年，因此宋朝調遣武舉出身的監當官赴陝西備戰。

當監當官升遷時，場務內的各種收支文簿必須清楚完整的交接，否則便不能順利升遷。太宗曾經對臣下說道：「只如京城倉庫，主吏當改職者，簿領

〔註186〕《宋史》卷167〈職官七・監當官〉，頁3983。
〔註187〕《宋史》卷158〈選舉四・銓法上〉，頁3712。
〔註188〕《宋史》卷158〈選舉四・銓法上〉，頁3716。
〔註189〕《續資治通鑑長編》卷228～7a，熙寧四年十一月戊申。
〔註190〕《續資治通鑑長編》卷123～16a，寶元二年六月癸酉。

中壹處節目未備，即至十年五年不決，以致貧無資給，轉徙溝壑。此卿等之過，豈不傷和氣哉？」〔註191〕可見京城倉庫監官交接時程序之嚴格。

五、對贓官的處分

由於監當官掌管國家重要的財政收入，因此，在太祖、太宗時期，對於貪贓枉法的監當官，懲處相當嚴厲。據《續資治通鑑長編》記載：

> （建隆二年六月丁巳）吏部郎中閻式奪兩任官，式監納河陽夏稅倉，
> 上得式所收一斛有五升之羨，故黜之。其後右衛率府率薛勳、著作
> 佐郎徐雄亦坐監納民租概量失平，爲偵者所告，皆免官。〔註192〕

這只是「監倉」的監當官溢收百姓稅糧，便遭到了降職或免官的處分。又如「兵部郎中監秦州稅曹匪躬棄市，……坐令人齎輕貨往江南兩浙販易，爲人所發故也。」〔註193〕這是監當官私下經商而被處死的例子。對於監當官在其職務上貪污的行爲，其懲處更爲嚴重。例如「蔡河務綱官王訓等四人坐以糠土雜軍糧，磔於市。」〔註194〕此爲盜賣軍糧之例。又如「右贊善大夫王昭坐監大盈倉，其子與倉吏爲姦贓，奪兩任，配隸汝州。」〔註195〕是監當官有失察與連坐之罪也。「右領軍衛將軍石延祚棄市，坐監廣積倉與吏爲姦也。」〔註196〕「右千牛衛大將軍桑進興棄市，坐監陳州倉受賕故也。」〔註197〕「內班董延諤坐監務盜芻粟，杖殺之。」〔註198〕清代學者趙翼在其《廿二史箚記》中，對宋太祖嚴懲贓吏的作法加以評論：

> 宋以忠厚開國，凡罪罰悉從輕減，獨於治贓吏最嚴。蓋宋祖親見五
> 代時，貪吏恣橫，民不聊生，故御極以後，用重法治之，所以塞濁
> 亂之源也。〔註199〕

由此可見宋太祖的用心所在。

〔註191〕《宋史》卷267〈陳恕傳〉，頁9201。
〔註192〕《續資治通鑑長編》卷2～9b，建隆二年六月丁巳。
〔註193〕《續資治通鑑長編》卷4～7b～8a，乾德元年四月丙申。
〔註194〕《宋史》卷1〈太祖紀一〉，頁12。
〔註195〕《宋史》卷2〈太祖紀二〉，頁30。
〔註196〕《續資治通鑑長編》卷11～10b，開寶三年十月癸丑。
〔註197〕《續資治通鑑長編》卷12～1a，開寶四年正月丁未。
〔註198〕《宋史》卷3〈太祖紀三〉，頁39。
〔註199〕趙翼《廿二史箚記》（台北：世界書局，1986年10月9版）卷24，「宋初嚴懲贓吏」條。頁326。

　　太宗時期，一開始仍然延續太祖嚴懲贓吏的政策。太平興國二年七月，太宗下詔：「諸庫藏敢變權衡以取羨餘者死。」〔註200〕對於監倉官私自改變度量衡，以溢收百姓稅糧的行為，其處分較太祖時更重。對於貪贓枉法的官吏，懲處亦重。例如：「斬侍御史趙承嗣，坐監鄭州市征與吏為姦，隱沒官錢巨萬計。」〔註201〕不過日本學者幸徹認為：太宗後期，對於貪污官員的處分，只有奪官或貶為吏人、兵士、編戶，刑罰放寬了許多。〔註202〕到了仁宗時期，則「杖流之例，亦不復見。」神宗時，「自是宋代命官犯贓抵死者，例不加刑。」故清代學者趙翼認為北宋中期以後「益可見姑息成風，反以庇奸養貪為善政。」〔註203〕

　　從本節的討論中，我們可以看出，宋代對於監當官的考核，主要是以課利多寡為依據，課利多者有賞，課利虧者有罰。而且這種作法自太祖、太宗時期即已開始。《燕翼貽謀錄》一書所言「賞罰不及監當」的良法美意，絕非歷史事實。宋朝對於監當官「以課利多寡為殿最」的考核方式，甚至造成監當官為了達到要求，不惜以種種手段剝削、強斂，以達到「增羨」的目標。

〔註200〕《宋史·太宗紀一》，頁56。
〔註201〕《續資治通鑑長編》卷19～6b，太平興國三年四月辛巳。
〔註202〕幸徹〈北宋時代に於ける監當官の地位〉，收於《東洋史學》第26輯，頁52。
〔註203〕趙翼《廿二史劄記》卷24，「宋初嚴懲贓吏」條。頁327。並可參考金中樞〈宋初嚴懲贓吏〉，收於《宋史研究集》第22輯（台北：國立編譯館，民國81年）。

第六章　監當官體系和宋代政經社會的關係

第一節　監當官體系與宋代的財賦流通

　　隨著宋代經濟的蓬勃發展，各地的監當機構爲宋朝政府帶來了大量的財富。據統計：太宗至道年間，兩京諸州收榷酒歲課銅錢一百二十一萬四千餘貫，鐵錢一百五十六萬五千餘貫，京城賣麴錢四十八萬貫；至眞宗天禧年間，榷課銅錢七百七十九萬六千餘貫（爲至道年間的 6.42 倍），鐵錢增一百三十五萬四千餘貫（增幅爲 86.5%），賣麴錢增三十九萬一千貫（增幅爲 81.46%）。又太宗至道時，關市津渡等商稅收入僅四百萬貫，至眞宗天禧五年，增加爲八百四萬貫（總數爲至道時的兩倍）。〔註1〕仁宗皇祐年間，商稅「歲課緡錢七百八十六萬三千九百。……至（英宗）治平中，歲課增六十餘萬。」〔註2〕神宗熙寧十年前，官設稅務有 1846 處，近二千處的商稅務，爲宋朝帶來可觀的收入，熙寧十年商稅收入達八百七十四萬六千六百五十二貫。〔註3〕又如酒務，熙寧十年之前，各地酒務有 1861 處。〔註4〕又如坑冶場務，《文獻通考‧征榷考五》的記載，宋代金銀銅鐵等坑冶場務數量，有 271 處。〔註5〕

　　這樣一筆可觀的財政收入，對於宋朝政府而言，自然可以充分運用，作

〔註1〕《續資治通鑑長編》卷 97～21b，天禧五年年末。

〔註2〕《宋史》卷 186〈食貨下八‧商稅〉，頁 4543。

〔註3〕各州商稅數字見《宋會要輯稿‧食貨》15、16、17。其總數見宋晞〈北宋商稅在國計中的地位與監稅官〉，收入《宋史研究論叢》（一），頁 67。

〔註4〕見《宋會要輯稿‧食貨》19「酒麴雜錄」。其總數見苗書梅〈宋代監當官初探〉，收於《歷史文化論叢》（開封：河南大學出版社，2000 年三月）頁 630。

〔註5〕《文獻通考》卷 18〈征榷考五〉，頁 179 中。

為安定天下、開創太平盛世的憑藉。我們一般討論北宋政治，經常討論「三冗」的弊病，也就是「冗兵」、「冗官」、「冗費」。趙翼《廿二史劄記》卷二十五便有〈宋郊祀之費〉、〈宋制祿之厚〉、〈宋祠祿之制〉、〈宋恩蔭之濫〉、〈宋恩賞之厚〉、〈宋冗官冗費〉等篇，詳述三冗的弊端。〔註6〕關於冗兵，北宋軍隊人數，據張方平所言：太祖開國時不及十五萬，太宗時四十餘萬，真宗時至五十餘萬人，仁宗時則在百萬以上。〔註7〕冗兵之外，又有冗官。宋代官吏，不但官俸逐步添增，又有「祠祿」為退職之恩禮，在此情形下，官吏日多，俸給日繁。據張方平在仁宗時的統計：仁宗天聖時，京朝官不及二千員，其後增為二千七百餘員。三班使臣的人數，仁宗景祐時不及四千員，後增為六千餘員。由吏部流內銓掌管的幕職州縣官，人數則在萬員以上。〔註8〕國家需要這麼多的錢財來養官與養兵，而監當場務適時提供了大量的財賦經費，當然對於宋朝政府掌握官僚與軍隊，有效控制全國，有莫大的幫助。

再從經濟發展的角度來看，宋代商業經濟的蓬勃發展，已為許多研究宋史的專家學者所指出，茲不贅述。不過，值得注意的一點是：宋代官府在商業活動中，也扮演著相當重要的角色。近代西方社會學家艾森斯塔得（S. N. Eisenstadt），為西方社會學結構功能學派的代表人物之一，他在 1963 年出版的著作《帝國的政治體系》（*The Political Systems of Empires*）一書中，曾經說道：在宋代，國內外貿易和製造業活動大為發展，參與其間的城市群體（商人），儘管他們的地位仍然十分低下，他們仍然投身於更具自主性的社會活動與經濟活動，並對官場帶來重大影響。這種發展在明清時期再次低落。在整個中國歷史上，商人只被官吏視為較次要的合作者，商人的活動也在於服務官僚階級以及滿足國家的利益。商業交易總是屈從於官吏的管制與征斂，而政府對主要貨品的壟斷——在較早期是鹽鐵，後來包括了茶葉、絲綢、鴉片、煙草和食鹽——是國家凌駕一切的經濟特權之表現。商人階級的獨立發展和對這些特權的侵犯，是不被允許的。

艾氏又指出：然而，在商人與官吏之間形成緊密的利益共同體通常是有可能的，因為官方的庇護和支持，對於任何大型商業經營都必不可少。各種商人、錢莊老闆、掮客與販運者，由此就構成了一個依附於官僚體制的從屬

〔註6〕見趙翼《廿二史劄記》卷25，頁329～334。
〔註7〕張方平〈再上國計事〉，收於《張方平集》卷23，頁336～337。
〔註8〕張方平〈請議吏員事〉，收於《張方平集》卷25，頁378。

階級。〔註9〕

　　根據艾氏的說法，宋代的經濟雖然蓬勃發展，但是商人並沒有太大的獨立性，商業活動要受到官府的制約。反而是官府的經濟政策，卻常常主導著全國的經濟發展，商人一般只能跟隨政策來求取利益，而不是政策的決定者。因此官方的力量在宋代經濟發展中，有著相當重要的地位。

　　更進一步，從宏觀的角度言之，宋代整個國家的經濟循環之中，監當官扮演了相當重要的角色。各地的商稅、酒務等徵稅機構，與坑冶、鑄錢等生產機構，增加了政府的財政收入。而政府將這些收入存積於中央（由左藏庫、內藏庫及其他諸倉收儲），其後或用於軍隊、官員的俸祿（由諸軍、諸司糧料院負責發放），或用於皇室、官署的消費支出與修繕營造，再將財富發散於地方。由於北宋建都於北方的汴京，大量軍隊部署於北邊的宋遼邊境與西北的宋夏邊境，因此在國家財賦的收入與支出之間，無形中以南方的財賦收入，繁榮了北方的經濟，促進了北宋整體經濟的均衡發展。其運作方式，見圖 6－1「宋代監當官體系與財賦循環關係圖」。

圖6－1：宋代監當官體系與財賦循環關係圖

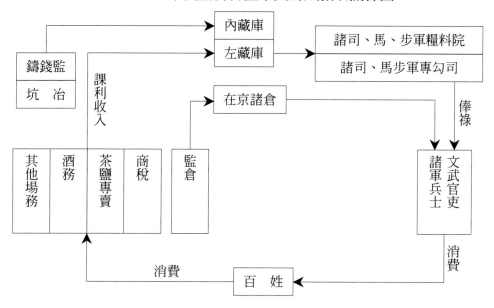

〔註9〕艾森斯塔得著，閻步克譯《帝國的政治體系》（貴陽：貴州人民出版社，1992年2月），頁45。

　　由上圖中，我們可以看出監當官體系在北宋財賦循環與流通的過程中，扮演了十分重要的角色。在宋代，商業雖然蓬勃發展，但是足以影響全國經濟的大商人、商幫似乎尚未興起。因此，國家（政府部門）在全國財賦循環與流通的過程中所扮演的角色，便顯得相當重要。一方面，國家利用監當官體系徵收各種專賣稅收，並且將百姓繳納的稅賦收於倉庫之中，是一種聚積財賦的手段，並且將全國各地財賦之大部分，集中到中央（汴京）。另一方面，朝廷又通過發放俸祿（由糧料院等機構負責）的方式，將這些財賦重新分配到文武官吏與軍隊兵士的手中。在全國各地任官的官員，以及駐紮在全國各地的兵士，其日常生活所需，就必須用他們的俸祿向各地的百姓、商人購買，財賦因而又回到了百姓的手中。這種財賦重分配的過程，這便形成了宋代財賦的循環的主要途徑。

　　此外，全國各地的經濟水平不一，有些地方商業發達，有些地方則蕭條落後，在徵收商稅及茶鹽酒稅的過程中，經濟發達的地區自然會繳納較多的財賦。但是，國家是在全國各地都設置官吏（不分繁榮還是落後），大批軍隊駐紮之處，也經常是邊界疾苦之地。因此，在這種全國性的財賦循環流通的過程中，繁榮地區的物產與貨幣，會隨著官吏軍隊俸祿的發放，流通到落後地區，進而刺激落後地區的產業發展。（如果落後地區的官吏與軍隊有足夠的俸祿收入，當地貧窮的百姓會想盡辦法提供各種消費與服務，以賺取官吏兵士手中的錢。）因此，這種全國性的財賦流通，對於宋代較貧窮落後地區的開發，也是有相當大的助益。

　　最明顯的例子是北方三重路（河北路、河東路、陝西路）的經濟。當時宋朝政府為了防範遼國與西夏，在此三路駐紮重兵。宋朝利用各種方式，將兵餉俸祿送至沿邊諸軍，沿邊諸軍的兵士就在當地消費，這當然對北方三重路的經濟發展，有相當大的助益。日本學者宮澤知之在〈北宋的財政與貨幣經濟〉一文中，就指出北宋的財政體系是一種「軍事財政」體系，宮澤知之以榷鹽的「入中法」為例，強調北宋時期的榷鹽法，要求商人運送粟米至沿邊諸軍，再至京師榷貨務換取鹽引，然後至鹽產地解州取鹽。這一路上，商人可以附帶從沿邊購買商品至京師販賣，因此加速了北邊的商業發展。〔註10〕由此我們可以看出，透過監當官體系的運作，宋朝政府和百姓、商人之間的

〔註10〕宮澤知之〈北宋的財政與貨幣經濟〉，收入《日本中青年學者論中國史：宋元明清卷》，頁 86～92。

經濟活動聯繫了起來。促進了當時全國範圍內的財賦流通，使得北方較貧窮的地區，其經濟得以持續發展與維持。

　　但是，到了南宋時期，財賦循環的情形有了很大的改變。當時的行在（臨時首都）在臨安府（杭州），由於臨安府本屬經濟繁榮之地，因此所需的「上供」較北宋時期爲少。另一方面，各路轉運司上供朝廷的財賦，多由淮東、淮西、湖廣、四川四個總領所掌理。近代學者汪聖鐸先生指出：四總領所將上供財賦之大部分直接供應沿邊駐屯各軍。形成了兩浙財賦上供行在（臨安），江東供淮東，江西供淮西，荊湖供鄂州、岳州，四川自給自足的局面。運路的分散，是南宋轉運財賦的特色。〔註11〕因此，南宋財賦循環的情形，形成了兩浙、淮東江東、淮西江西、湖廣、四川等幾個區域，與北宋全國性的循環流通大不相同。當然，這是當時的地理形勢使然。財賦的轉運，沒有必要全部運至行在（臨安）再轉送至邊防各軍；設置總領所，直接將大部分上供財賦供應軍隊，是更爲直接有效的辦法。不過，這也說明，南宋的京師臨安府，並不能像北宋的汴京一樣，扮演全國性財政轉運中心的角色。「蘇常熟，天下足」的「天下」，可能僅限於臨安附近地區。四川、湖廣、淮東、淮西，各自形成一個財賦轉運區，而各區之間即使有交流貿易，只能算是商業供需本身所造成的結果，並不是監當官體系所帶來的直接影響。南宋時期監當官體系對於全國性財賦流通與經濟發展的貢獻，應該較北宋爲小。同時，各區之間的相互依存度降低。例如蒙古人進攻四川，圍攻襄陽，在臨安府的南宋宰相賈似道都可以若無其事。賈似道是奸佞之臣，《宋史》自有論斷，本文不在此作褒貶。本文要說明的，就是賈似道之所以能夠裝作若無其事，這是因爲南宋時已非「全國性的財賦流通」，各區的財賦管理較具自主性。各地監當官徵收而來的茶鹽酒稅，大多送到總領所維持軍需。因此，南宋時期的監當官，在經濟上較不具有「全國性財賦流通」的積極意義。

　　最後要加以說明的是，雖然在北宋時期，監當官體系對於促進的全國性財賦流通，扮演著相當重要的角色。但是監當官只是基層的執行者，並沒有規劃全國經濟政策的權力。與監當官體系有關的財經政策（如「入中」法），是由上級決策者（三司或戶部）所決定。筆者也不認爲當時這些決策者想要推行「促進全國性的財賦流通」或「繁榮北方三重路之經濟」等現代概念中的財經政策。只是在財賦收支的過程中，北方有邊防需求，自然需要全國各地的財賦供給，

〔註11〕參閱汪聖鐸《兩宋財政史》下冊，頁 566～567。

朝廷也利用各種方式來達到這一目的；京師需要龐大的財賦來滿足各種冗官、冗兵、冗費的支出，這些財賦自然也只能由全國各地的百姓來負擔。監當官體系負責徵收各類稅收、從事商業經營、從事倉儲管理，只是為了讓這個財賦轉運體系得以正常運作，使國用不虞匱乏。但是在整個監當官體系開始運作之後，我們卻可以發現監當官體系的運作帶來了當時官員們並未想到的「額外的經濟效果」，促進了全國性的財賦流通與刺激了北方的經濟發展。

第二節　王安石變法時期與監當官體系的關係

宋神宗時期，王安石推行變法改革運動，成為宋朝歷史上重要的轉捩點。對此，前輩們的研究成果已經相當多，早年有梁啟超《王安石評傳》將王安石列為中國六大政治家之一；其後又有鄧廣銘先生《北宋政治改革家：王安石》一書，對王安石的變法政策有詳細的介紹。本節限於篇幅，只能探討王安石改革政策中與監當官有關的部分。一般說來，王安石的改革，強調富國強兵。為了達到富國的目的，因此推行許多新的財經政策，也因此對當時的監當官體系，產生了甚大的影響。茲就王安石變法的過程中與監當官體系有關者，略述於後：

一、施行免役、市易、青苗法

王安石的「免役法」，免除百姓原先須服的「衙前」、「里正」等職役，改由官府募人服役。百姓則出「免役錢」。《宋史・食貨上五・役法上》說道：

> 衙前既用重難分數，凡買撲酒稅坊場，舊以酬衙前者，從官自賣。以其錢同役錢隨分數給之。其廟鎮場務之類，舊酬獎衙前、不可令民買占者，即用舊定分數為「投名衙前」酬獎。如部水陸運及領倉驛、場務、公使庫之類，其舊煩擾且使陪（賠）備者，今當省使毋費。〔註12〕

變法之前，由於衙前之役十分繁重，故官府經常將一些小型場務，交由衙前役者買撲，使之能夠從中得利，算是官府對他的酬獎。變法之後，則將這些買撲的小場務「從官自賣」，一些不設監當官的場務則以「投名衙前」（募役而來服衙前役者）〔註13〕來管理。換言之，就是將這些小場務的利潤收歸公

〔註12〕《宋史》卷177〈食貨上五・役法上〉，頁4299。
〔註13〕所謂「投名衙前」，《宋史》卷177〈食貨上五・役法上〉記載：「凡州縣之役，

有，用以支付推動募役所需的部分經費。至於一些沒有利潤的倉驛、場務、公使庫，則加以裁減。可見由於免役法的推行，使得北宋前期以衙前買撲酒稅場務的方式也必須改變，改以募役來管理不設監當官的小型場務。

關於「市易法」的推行，熙寧五年在京師設置市易務，以呂嘉問爲提舉官。市易務中設置行人、牙人（仲介），向商人購買貨品以賣出，賺取利潤；同時也接受商人抵當貨物，收取息錢。全國各地並陸續設置市易司。（詳見本文第二章第四節、第三章第四節）市易法的推行，使得宋代的財政收入大增，呂嘉問等人也屢屢因課利多而升遷轉官。（見本文第五章第三節）

但是市易務也並非沒有弊端，文彥博就曾經奏言：

> 臣近因赴相國寺行香，見市易司於御街東廊置叉子數十間，前後累
> 積果實，逐日差官就彼監賣，分取牙利。且瓜果之微，錐刀是競，
> 竭澤專利，所得無幾，徒損大國之體，祇斂小民之怨。〔註14〕

可見市易司連水果都在進行買賣，與小民爭小利，自然爲大臣所反對。到了熙寧七年三月，權三司使曾布向神宗指出：「提舉市易司指使魏繼宗稱：市易務近日以來，主者多收息以干賞。凡商旅所有，必賣於市易；或市肆所無，必買於市易。而本物率皆賤以買、貴以賣，廣收贏錢。誠如此言，則是挾官府而爲兼併之事也。」〔註15〕意即市易務強迫商人賤賣貨物，又強迫百姓貴買，從中賺取暴利。

此外，關於「青苗法」的推行，熙寧二年九月，制置三司條例司奏請：

> 乞令河北、京東、淮南路轉運司施行常平倉、廣惠倉移那出納及預
> 散之法。委轉運司及提舉官，每州於通判、幕職官內選差一員專管
> 勾，令知道點檢在州及諸縣錢斛。廣惠倉斛斗，除依例合支老疾貧
> 窮乞丐人，據數量留外，其餘並令常平倉監官通管，一般轉易。其
> 兩倉見錢依陝西出俵青苗錢例，每於夏秋未熟以前，約逐處收成時
> 酌中物價，立定預支每斗價例，召人戶情願請領。〔註16〕

意即將常平倉、廣惠倉（用以賑濟老弱）所儲存的錢穀，除少數用於賑濟老

無不可募人之理。今投名衙前半天下，未嘗不典主倉庫、場務、綱運。」，頁4304。

〔註14〕文彥博〈言市易奏〉，收於《文潞公集》卷二十；又收於《全宋文》第15冊，頁555。

〔註15〕《宋會要輯稿・食貨》37～18b～19a。

〔註16〕《宋會要輯稿・食貨》53～8a-b。

弱孤貧者外，其餘皆可按青苗法，於穀未熟時貸於百姓，穀熟後再加計利息歸還。而青苗法的借貸，是要百姓「情願請領」。不過，青苗法推行後，地方官員卻爲了爭取績效，往往強迫百姓借貸青苗錢。這一流弊甚至連神宗與王安石都十分清楚。熙寧三年神宗下詔諸路常平、廣惠倉：

> 青苗錢本爲農種之時，會卹貧乏。元令取人戶情願。今慮諸處當職
> 官吏，不體朝廷本意，不問民間願與不願，輒行追呼，或即均配，
> 反爲騷擾。今仰諸路提點刑獄臣僚體量覺察。如違，即一面禁止，
> 具官吏姓名以聞。當議重行朝典。〔註17〕

但此一詔令的效果如何，令人懷疑。元豐五年三月，下詔：「司農寺趣諸路提舉司起發常平拜（按：「拜」字似爲「并」字之誤）坊場積剩錢五百萬緡，輸元豐庫。」十月，又下詔：「戶部右曹於京東、淮、浙、江、湖、福建十二路，發常平錢八百萬緡輸元豐庫。」〔註18〕可見青苗法的推行，到後期完全以增羨、積剩爲功，則官吏爲求績效，強民借貸的事將無法避免。而且，青苗本錢原爲常平、廣惠倉的積蓄，在借貸後有積剩，是因百姓歸還時尚須繳納利息。元豐時不但「積剩錢」上繳元豐庫，連「常平錢」（常平倉的本錢）都一併上繳。將地方常平倉的積儲變成元豐庫的封樁內藏，此舉不啻爲削弱地方以富天子。

由於青苗法與市易法推行之後，執行的監當機構（如市易司、常平倉等）出現了種種流弊。因此引起不少官員的反對。例如蘇軾即認爲青苗法、市易法的推行，是「壞常平而言青苗之功，虧商稅而取均輸之利。」〔註19〕一直到了神宗崩逝，哲宗即位，高太皇太后垂簾聽政，重用司馬光等舊黨官員，才將王安石新法罷廢，並且貶斥變法派官員。元祐元年十一月，因右司諫王覿奏言：「緣市易冒賞人，獨呂嘉問降知淮陽軍，而其餘未追奪。」因此哲宗下詔戶部：「自置市易以來，應官吏以收息賞、轉官、減年磨勘、陞任、循資之類，已未收使，具職位姓名以聞。」〔註20〕次年五月，哲宗下詔：「應官員緣市易增羨酬獎，唯身亡、致仕及得減一年以上磨勘人並免，其轉官、陞任、減年磨勘、循資者，並各追一半。循一資、陞一任以磨勘年數比類減之。選

〔註17〕 《宋會要輯稿‧食貨》53～9a。
〔註18〕 《宋會要輯稿‧食貨》52～14a。
〔註19〕 《宋史》卷338〈蘇軾傳〉，頁10806。
〔註20〕 《宋會要輯稿‧食貨》55～44a。

人俟改官後展其循資。已改官并減年磨勘不成一資者，並以磨勘年限對展。內呂嘉問追三官，展四年磨勘；吳安持追兩官；賈昌衡追一官。」〔註21〕將市易務中因課利而升遷的官員，自前市易務提舉官呂嘉問以下，皆大加貶逐。

二、增加傳統場務的收入

王安石變法既以理財爲主要方向，自然重視傳統的課利來源：商稅與酒務。元豐三年六月，京東路轉運副使李察奏言：「近歲聽民買官監酒務，增羨則利入私家，虧折則逋負官課，由此暗失歲入。乞買酒務人欠淨利、若雖無欠而課贏可以官監者皆復之。乞仍不舉常制奏舉監官，增助財計。」〔註22〕將民間買撲的酒務收歸官營，希望藉此以增加財政收入。

對於商稅的歲額，元豐時似乎也有所增加。神宗崩，「元祐更化」時期雖一度罷廢，但哲宗親政後，又恢復神宗時的新法。例如紹聖元年（1094）九月，「詔府界并諸路稅務年終課利增額，並依元豐格。從三省請也。」〔註23〕將王安石變法時期所增加的商稅歲額加以恢復。

王安石變法既以理財爲主，對於善於理財的官員自然十分重視。而官員爲求得到重用，也以增加場務課利作爲晉升的敲門磚。例如元豐六年九月，京東路轉運副使吳居厚奏言：「本路元豐三年秋季至今年上半年終，酒稅課利比元豐二年前官任內祖額增百七十九萬五千餘緡。其前任內二年酒務比祖額虧二十一萬緡。」於是神宗批示：「居厚於二三年間，坐致財用數百萬計，三司可議賞典。」〔註24〕可見地方監當機構（如酒務）在上級的督促之下，不但增加了財賦收入，也使其善於理財的上級管理者受到獎賞。

三、將反對者貶爲監當官

新黨對於反對新法的官員，動輒加以彈劾貶斥，要使這些反對者離開朝廷論政議政之地，貶爲監當官就是其方法之一。雖然監當場務對於財政收入也相當重要，但是監當場務數量太多，個別場務的得失就顯得較不重要了。若被貶的職務是添差監當官，則根本不能干預場務之事，對於場務的營利也就不會有太多的影響。

〔註21〕　《宋會要輯稿・食貨》55～44b。
〔註22〕　《宋會要輯稿・食貨》20～10b。
〔註23〕　《宋會要輯稿・食貨》17～27a-b。
〔註24〕　《宋會要輯稿・食貨》17～26b。

舉例言之，前述呂陶言四川榷茶之弊後，新黨「劾其沮敗新法，責監懷安商稅。」〔註25〕唐坰批評變法派：「安石專作威福，曾布等表裡擅權，天下但知憚安石威權，不復知有陛下。」結果，唐坰被「改監廣州軍資庫，後徙吉州酒稅。」〔註26〕蘇轍也「坐兄軾以詩得罪，謫監筠州鹽酒稅，五年不得調。」〔註27〕

王安石的作法，引起了後世士大夫的反感。南宋《燕翼貽謀錄》一書即說：

> 舊制，朝臣、監司因事謫官，多為監當，雖在貶所，猶以前任舉官，言者以為無示貶抑之意，天禧元年五月壬戌，始制因罪監當，不得舉官充知縣，朝臣不得舉本州幕職官。前朝貶謫雖重，敘用亦驟，未聞其黜免而置之閒地也。王安石一時私意，貽害無窮，罪不勝誅，國猶為其所誤，而況士大夫乎？〔註28〕

該書抨擊王安石「罪不勝誅」、「誤國」，顯有將北宋的亂亡歸咎於王安石之意，故其批評可能流於主觀。不過若說王安石將反對者貶為監當官的作法「貽害無窮」，則是開了對付異己者的惡例，如徽宗時的蔡京、高宗時的黃潛善、汪伯彥、秦檜，都曾仿效這種方法，將不附己者貶降為監當官（參見本章三、四節）。

神宗崩，哲宗甫即位之初，高太皇太后垂簾聽政，重用司馬光等舊黨官員，舊黨掌握了朝中大權，對於新黨大加貶斥。如新黨的宦官宋用臣：「元祐初，言者論其罪，降為皇城使，謫監滁州、太平州酒稅。」〔註29〕

至哲宗親政時，重新重用新黨官員，又對舊黨人物則加以整肅。例如宦官陳衍，被御史來之邵批評：「衍在垂簾日，怙寵驕肆，交結戚里，進退大臣，力引所私，俾居耳目之地。」結果陳衍「坐貶，監郴州酒稅務。」〔註30〕常安民則因反對新黨官員彈劾蘇軾兄弟而被章惇「擬監滁州酒稅。」〔註31〕晁補之「坐修神宗實錄失實，降通判應天府、亳州，又貶監處、信二州酒稅。」〔註32〕秦觀則是「紹聖初，坐黨籍，出通判杭州，以御史劉拯論其增損實錄，

〔註25〕《宋史》卷346〈呂陶傳〉，頁10979。
〔註26〕《宋史》卷327〈王安石傳附唐坰傳〉，頁10552。
〔註27〕《宋史》卷339〈蘇轍傳〉，頁10823。
〔註28〕《燕翼貽謀錄》卷二，頁12～13。
〔註29〕《宋史》卷467〈宦者二‧宋用臣〉，頁13642。
〔註30〕《宋史》卷468〈宦者三‧陳衍〉，頁13650。
〔註31〕《宋史》卷346〈常安民傳〉，頁10991。
〔註32〕《宋史》卷444〈文苑六‧晁補之〉，頁13111。

貶監處州酒稅。」〔註33〕張耒則是「紹聖初，……坐黨籍徙宣州，謫監黃州酒稅。」〔註34〕

由上可見，在神宗、哲宗時期，新、舊黨雙方皆利用將反對者貶爲監當官的方式，作爲打擊異己的手段。

第三節　蔡京專權時期與監當官體系的關係

一、蔡京當政與打擊異己

徽宗即位後，蔡京亦逐漸掌握朝廷實權。他對於不附己者，採取了打擊整肅的手段。例如開化令李光「有政聲，召赴都堂審察，時宰不悅，處以監當。」〔註35〕蔡京又興蘇州錢獄，侍御史沈畸「閱實平反以聞」，結果「京大怒，削畸三秩，貶監信州酒稅。」〔註36〕左司員外郎倪濤因爲反對「聯金滅遼」的計畫，被「貶監朝城縣酒稅」。〔註37〕對於元祐黨的殘餘份子，蔡京也嚴加打擊。如家愿「以曾入黨籍，謫英州酒稅。」〔註38〕

這種作法，引起了一些敢言的官吏猛烈抨擊。中書舍人劉玨上書陳「十開端之戒」，其中之一就是「台諫言事失當，率責爲遠小監當，此言路壅塞之開端也。」〔註39〕不過，這種反抗似乎沒有太大的作用。蔡京利用將反對者貶爲監當官的方式，清除異己，這一風氣實由神宗時新舊黨爭開其端，蔡京只是採行了當時常見的政治鬥爭手段而已。這種將反對者貶爲監當官，藉以清除異己的作法，在南宋時也被權臣（如秦檜）所採用。

二、蔡京之聚斂財賦

蔡京當政時，即不斷的聚斂財賦。崇寧元年十二月四日，尚書省言：「諸路見椿管錢，朝廷及省曹諸司（需）金甚多，逐縣即無支用。」於是徽宗下詔：「令戶部指揮諸路諸司，將諸縣應見管金數並盡數發赴元豐庫送納。」〔註40〕即以

〔註33〕《宋史》卷444〈文苑六・秦觀〉，頁13113。
〔註34〕《宋史》卷444〈文苑六・張耒〉，頁13114。
〔註35〕《宋史》卷363〈李光傳〉，頁11335。
〔註36〕《宋史》卷348〈沈畸傳〉，頁11023。
〔註37〕《宋史》卷444〈文苑六・倪濤〉，頁13125。
〔註38〕《宋史》卷390〈家愿傳〉，頁11950。
〔註39〕《宋史》卷378〈劉玨傳〉，頁11665～11666。
〔註40〕《宋會要輯稿・食貨》52～15b。

中央缺錢，地方錢多無用爲藉口，將地方椿管存留的財賦完全送到中央，使得地方完全無力應付突然發生的災荒等事。

監當機構負責理財，蔡京自然不會放過利用監當機構來斂財的機會。例如榷貨務，崇寧二年，「置『買鈔所』於榷貨務，凡以鈔至者，並以末鹽、乳香、茶鈔并東北一分及官告、度牒、雜物等給換。」〔註41〕原本商人可以用鹽鈔至榷貨務兌換現錢，現在只能換得末鹽、度牒、官告等雜物。至於榷貨務的錢幣，「蔡京動以筆帖於榷貨務支賞給，有一紙至萬緡者。京所侵私，以千萬計，朝論喧然。」〔註42〕

茶鹽之利爲監當官體系所掌管，蔡京爲了聚斂錢財，也在茶鹽的運銷上下工夫。在茶的運銷方面，崇寧二年起推行「長短引法」，規定東南七路（荊湖、江淮、兩浙、福建）實施榷茶法，所有茶貨一律禁榷官買，凡產茶州軍，許當地百姓赴場輸息，量限斤數，給「短引」，於旁近郡縣便糶。至於商旅則於京師榷貨務納金銀緡錢，或於邊地入納糧草，可給鈔取便算請，並於算請之場別給「長引」，從所指州軍糶之。崇寧四年一度復行通商法，但政和二年，再度推行「合同場法」，進行茶的專賣。置「合同場」於產茶州軍負責專賣事務。〔註43〕

此外，蔡京當政之前，宋代實行的鹽法（通商法），行之已久。而蔡京爲聚斂錢財，擴大推行通商法，將許多原本實施官賣的地方改爲通商。並下令將舊鹽鈔換發爲新鹽鈔。《宋史‧食貨下四‧鹽中》記載：

> 初，鹽鈔法之行，……商人以物斛至邊入中，請鈔以歸。物斛至邊有數倍之息，惟患無回貨，故極利於得鈔，逕請鹽於解池，而解鹽通行地甚寬；或請錢於京師。……崇寧間，蔡京始變法，俾商人先（至榷貨務）輸錢請鈔，赴產鹽郡授鹽，欲囊括四方之錢，盡入中都，以進羨要寵。鈔法遂廢，商賈不通，邊儲失備。……已賣鈔，未授鹽，復更鈔；已更鈔，鹽未給，復貼輸錢。凡三輸錢，始獲一直之貨。民無貲更鈔，已輸錢悉乾沒，數十萬券一夕廢棄，朝爲豪商，夕儕流丐，有赴水投繯而死者。〔註44〕

由於鹽鈔的一再改換，百姓商人須不斷憑著舊鈔，另外再加輸錢幣以換取新

〔註41〕《宋史》卷182〈食貨下四‧鹽中〉，頁4445。

〔註42〕《宋史》卷179〈食貨一下‧會計〉，頁4362。

〔註43〕參見朱重聖《北宋茶之生產與經營》，頁324～331。

〔註44〕《宋史》卷182〈食貨下四‧鹽中〉，頁4451～4452。

鈔。而大量的錢幣則聚集於京師榷貨務，讓蔡京「進羨要寵」。而換得的新鈔，經常貶值。「自崇寧來鈔法屢更，人不敢信，京師無見錢之積，而給鈔數倍於昔年。鈔至京師，無錢可給，遂至鈔直十而不得一。」〔註45〕使得換得新鈔的商人百姓們家破人亡。即使新鈔法弊端百出，為蔡京主掌榷貨務的魏伯芻還洋洋得意的說道：

> 朝廷所以開闔利柄，馳走商賈，不煩號令，億萬之錢輻湊而至，御府須索，百司支費，歲用之外沛然有餘，則榷鹽之入可謂厚矣。……有一郡而客鈔錢及五十餘萬貫者，處州是也；有一州倉而客人請鹽及四十萬袋者，泰州是也。新法於今纔二年，而所收已及四千萬貫，雖傳記所載「貫朽錢流」者，實未足為今日道也。伏乞以通收四千萬貫之數，宣付史館，以示富國裕民之政。〔註46〕

既然靠著茶鹽之利，使朝廷收入大增，於是蔡京又增設冶鐵監當官。關於冶鐵監當官的增設，政和年間，有臣僚上言：「鹽鐵利均，今鹽筴推行已備，而鐵貨尚未講畫。……請榷諸路鐵，擇其最盛者，可置監設官總之，蓋諸路不越數十處，餘止為鑄鎬之地，屬之都監或監當官兼領。」〔註47〕

為了達到聚斂財賦的目的，蔡京力主恢復新法，加強課利場務監當官的辟舉。「崇寧元年，詔吏部講求元豐本制」，將平準務、在京重課場務、麴院、榷貨務、內外榷茶官，「皆不可罷舉，……諸如此類，仍舊辟舉。」〔註48〕

地方商稅場務的官吏為了迎合上意，對於一般百姓商旅，也百般苛求。宣和三年四月，徽宗下詔：「訪聞比來客人興販斛斗舟船，多是官綱及寺觀等船，截攔河道，非理阻節。州軍縣鎮虛以和糴為名，邀抑不得起發。所至場務，公私騷擾，乞覓錢物。稍有不從，即加搭力勝，收稅過數。當職官吏容縱，監司失於措置。緣此商賈不行，其弊甚大，可立法懲革。」〔註49〕可見當時在河道收稅的官吏，非理攔阻商船，導致商人必須改搭官船或寺觀船隻，以避免騷擾。而地方官吏為增加收入，以「和糴」為名強買商人的米糧；商稅場務因求取賄賂不得，則巧立名目加收「力勝」稅錢，造成商人極大的困擾。

在蔡京的聚斂政策之下，負責執行的監當機構（如榷貨務、坑冶、各地

〔註45〕《宋史》卷182〈食貨下四・鹽中〉，頁4446～4447。
〔註46〕《宋史》卷182〈食貨下四・鹽中〉，頁4452～4453。
〔註47〕《宋史》卷186〈食貨下八・市易〉，頁4529～4530。
〔註48〕《宋史》卷158〈選舉四・銓法上〉，頁3710。
〔註49〕《宋會要輯稿・食貨》17～30b。

商稅務等）造成了百姓相當大的負擔與困擾。但是除此之外，蔡京更在正式的監當機構之外，另外設置聚斂財賦的機構——「應奉司」。《宋史·食貨一下·會計》記載：

> （蔡）京又專用豐亨豫大之說，諛悅帝意，始廣茶利，歲以一百萬緡進御，以京城所主之。其後又有應奉司、御前生活所、營繕所、蘇杭造作局、御前人船所，其名雜出，大率爭以奇侈為功。歲運「花石綱」，一石之費，民間至用三十萬緡。姦吏旁緣，牟利無藝，民不勝弊。用度日繁，左藏庫異時月費緡錢三十六萬，至是，衍為一百二十萬。〔註50〕

宣和三年（1121）閏五月，徽宗下旨設置應奉司，並任命太宰王黼總領。〔註51〕應奉司的任務如下：

> 應緣應奉事務并委官支一色見錢，於出產去處依市價和買，及民間工直則例措畫計置，不得令州縣收買或令應副。内監司守臣及州縣官除所委官及被旨專委外，餘並不得干預。所用般車及兵夫除見管船車人兵并依久例，據實用數差撥兵士外，餘並優立雇直，依民間體例和雇人夫般車般載，不得科抑民間。〔註52〕

意即應奉司委派的應奉官到地方去採購物品時，監司、州縣官員「不得干預」，但應奉官可以「差撥兵士」並且雇用人夫搬運貨物。可以想見應奉官權力之大，調動兵士搬運貨物，可能影響地方治安的維護以及其他地方政務的推行，但地方官員卻不得干預。至於所謂「依市價和買」、「優立雇直」、「不得科抑民間」，能否切實做到，更屬疑問。更嚴重的是應奉官挪用官錢：

> （宣和三年）八月十四日，應奉司奏：契勘諸路應奉官，計置應奉物色，所用本錢合申應奉司自京支降除支外，逐路各有起發上京送納官錢，欲乞令應奉官於諸處應合上京送納官錢内兌便支用，依合起發條限具支用過錢數窠名送納庫分，申應奉司，候到限三日撥還所屬。〔註53〕

應奉官可以「兌便支用」上供官錢，至於應奉司是否「撥還」？也不無疑問。

〔註50〕《宋史》卷179〈食貨一下·會計〉，頁4361。
〔註51〕《宋會要輯稿·職官》4～28a-b。
〔註52〕《宋會要輯稿·職官》4～28b～29a。
〔註53〕《宋會要輯稿·職官》4～29b。

應奉司為了滿足皇帝的享受與需求，大肆採買各種貨物以邀功。宣和六年
（1124），尚書左丞宇文粹中說道：

> 近年諸局務、應奉等司截撥上供，而繁富路分一歲所入，亦不敷額。
> 然創置書局者比職事官之數為多，檢計修造者比實用之物增倍，其
> 他妄耗百出，不可勝數。若非痛行裁減，慮智者無以善其後。〔註54〕

從宇文粹中所言「檢計修造者比實用之物增倍，其他妄耗百出，不可勝數」
一語，可以了解蔡京之聚斂錢財，並不是國家的財政有特殊的需求，而是為
了滿足徽宗的個人享樂而已。

　　徽宗時期，奢靡浪費之事十分常見。徽宗崇寧元年，就有宦官建議用金
箔裝飾宮廷殿宇。當時提舉後苑作修造所（即後苑造作所）的官員奏言：「內
中殿宇修造，合用金箔五十六萬餘斤。」結果徽宗下詔：「用金為箔以飾土木，
一經糜壞，不可復收，甚無謂也。其請支金箔內臣令內侍按治。」〔註55〕奢
侈的作法連徽宗也看不下去了，故下詔懲治建議者。宣和三年正月，徽宗下
詔：「訪聞提舉後苑作生活所以度牒下兩浙、淮南等路，收買紗帛，頗見騷擾，
可立行止絕，更不收買，度牒拘收焚燬。」〔註56〕可見當時後苑造作所為了
滿足皇帝的需求，經費不足就用度牒換取紗帛，大概是強民買賣引起反彈，
徽宗才下令禁止。

　　蔡京為了討好皇帝，增設了應奉司、營繕所、蘇杭造作局、御前人船所
等新的機構，並讓御前生活所（即後苑造作所）等宮中監當機構，提供奢侈
品給皇帝消費享用，這樣聚斂而來的財賦，都被蔡京所大量揮霍。此外，更
興「花石綱」之役以運送奇石至京師，如此揮霍無度的局面，一直到宣和三
年方臘之亂起，徽宗才下令「罷蘇、杭州造作局及御前綱運」、「罷木石彩色
等場務」。〔註57〕

三、新監當政策的推行：以夾錫錢與當十大錢的鑄造為例

　　錢幣的鑄造由鑄錢監負責，向由監當官主其事。宋徽宗時期，在蔡京的
支持之下，開始推行「夾錫錢」與「當十大錢」的鑄造。〔註58〕崇寧二年二

〔註54〕《宋史》卷179〈食貨下一・會計〉，頁4363。
〔註55〕《宋會要輯稿・職官》36～76a。
〔註56〕《宋會要輯稿・職官》36～76a。
〔註57〕《宋史》卷22〈徽宗本紀四〉，頁407。
〔註58〕關於夾錫錢與當十大錢的鑄造，可參閱拙文：〈宋代大錢的形制及其演變〉（收

月，根據馬端臨《文獻通考》的記載：

> 徽宗崇寧二年二月庚午，初令陝西鑄折十銅錢并夾錫錢。左僕射蔡
> 京奏：……今來所鑄（折十）銅錢，除陝西、四川、河東係鐵錢地
> 分，更不得行使外，諸路並準折十行用。其錢唯令陝西鐵錢地分鑄
> 造，卻於銅錢地分行使，貴絕私鑄之患。……又陝西銅錢至重，每
> 一錢當鐵錢三或四。今夾錫鑄造，樣製精好，欲一錢當銅錢二支用。
> 令（陝西轉運副使）許天啓相度依此施行。從之。〔註59〕

由上面這一段文字，我們可以看出當時新造的錢幣，既有「折十銅錢」，又有
「一錢當銅錢二支用」的夾錫錢。

此後夾錫錢與當十銅錢的鑄造持續推廣，在崇寧二年二月初令陝西鑄造
折十銅錢與折二夾錫錢之後，同年五月，徽宗「令舒、睦、衡、鄂錢監用陝
西式鑄折十錢。」〔註60〕十一月癸卯，「初令江、池、饒、建、舒、睦、衡、
鄂八州錢監，依『陝西樣』鑄當十錢。」〔註61〕崇寧三年（1104）正月戊子，
徽宗下詔江、池、饒、建各州：「依陝西當十大錢樣制規模大小輕重，次第改
鑄當十大錢。」〔註62〕又根據《皇宋十朝綱要》的記載：

> （崇寧四年閏二月甲申）置陝西、河北、京西路、江東西路十三監
> 鑄當二夾錫錢。〔註63〕

可見到了崇寧四年，夾錫錢的鑄造已經遍及北宋各地的十三個鑄錢監，當十
銅錢雖然在朝廷的政策推動下大量鑄造，不過，當十銅錢的重量，與它的面
值不符，故逃不過貶值的命運。《文獻通考》記載：

> 當十錢者，其重三錢，加以鑄三錢之費，則製作極精妙，迺得大錢
> 一。是十得息四矣。……大觀三年，魯公（蔡京）既罷，朝議改爲
> 當三，當三則折閱倍焉，雖縣官亦不能鑄矣。而大錢遂廢。〔註64〕

在大觀三年（1109）蔡京罷相之後，將當十大錢貶值爲當三的時間，實際上應

於《大陸雜誌》第103卷第4期，2001年10月），第三節「崇寧大錢與夾錫
錢」，頁37～41。
〔註59〕馬端臨《文獻通考》卷9〈錢幣二〉，頁96中。
〔註60〕《宋史》卷180〈食貨志下二·錢幣〉，頁4387。
〔註61〕李燾撰、黃以周輯補《續資治通鑑長編拾補》（上海：上海古籍出版社影印，
1986年）卷22，頁16b。
〔註62〕《續資治通鑑長編拾補》卷23，頁1a。
〔註63〕《皇宋十朝綱要》（台北：文海出版社影印，1967年）卷16，頁12a。
〔註64〕馬端臨《文獻通考》卷9〈錢幣二〉，頁97上。

為政和元年。〔註65〕當十錢改為當三之後，使得朝廷鑄錢無利可圖，因此「大錢遂廢」。

由上述的記載，我們也可以瞭解，徽宗時代的夾錫錢、當十銅錢的鑄造並不成功。其原因在於中央政策的錯誤，違背當時民間用錢計算重量的習慣，將成色不足的大錢作當十使用，使得幣制大亂，最後以貶值收場。

當我們看到留傳至今的徽宗崇寧當十錢，我們可以發現這些當十錢製作精緻，配合徽宗瘦金體「崇寧通寶」的鐵劃銀勾，使得當十錢更成為錢幣鑄造藝術中的佳作。由此可見當時錢監的監當官，並非不負責任。當十銅錢推行的失敗，是由於中央政策之不當。錢監監當官本身並無決策之權，只是基層的執行者。從夾錫錢與當十錢的例子中，我們可以看到，監當官的地位不高，無法參與決策，因此不易對中央的決策提供建言。監當官體系雖然對宋代的經濟發展有甚大的貢獻，但監當官本身並不參與決策，而是政策的執行者。這就使得監當官無法提供本身的經驗作為決策的參考，從而限制了監當官在經濟上的角色與功能。

第四節　南宋時期監當官體系的變遷

一、南宋時期監當官體系的困難與弊端——以商稅場務的運作為例

（一）朝廷需財孔急，催督嚴峻

南宋時期，由於財政上需財孔急，經常將監當官體系視為增加財政收入的重要來源。例如朝廷經常要求各種監當場務增加課利收入，並將歲額不斷增加。孝宗時，正言葛邲說道：

> 征榷歲增之害，如輦下都稅務，紹興間所趂茶鹽歲以一千三百萬緡為額，乾道六年後增至二千四百萬緡。成都府一務，初額四萬八千緡，今至四十餘萬緡，通四川酒額歲至五百餘萬緡，民力重困。……願明詔有司，茶鹽酒稅比原額已增至一倍者，毋更立新額，官吏不增賞，庶少蘇疲氓。〔註66〕

可見如商稅務、茶鹽、酒務，歲額都不斷增加。又如孝宗淳熙三年六月十日

〔註65〕《宋史》卷20〈徽宗紀二〉載：政和元年五月「戊辰，改當十錢為當三。」頁386。
〔註66〕《宋史》卷385〈葛邲傳〉，頁11827～11828。

時：

> 臣僚言：「諸路漕司有一分五釐錢、二分折酒錢，於酒稅錢內每百貫
> 或取二百、或五十至八十，大郡一歲不下二三萬緡，小者亦不下萬
> 餘緡，各令通判置歷拘收，往往撥入公帑，饋遺親舊。乞封樁以備
> 水旱兵革之費。」戶部勘當：「欲依所請，取諸郡籍歷參校，每歲支
> 用剩數具申朝廷，酌度令認數收管。」從之。〔註67〕

也就是說，南宋酒務有陋規，於酒稅之中還附加了「折酒錢」（每百貫中，取
五十至二百文），朝廷知道後，不是將陋規廢除，而是將之合法化。可見南宋
中央與地方政府為了增加財賦收入，也就顧不得百姓疾苦了。

這種重稅政策一直延續到整個南宋時期。光宗、寧宗以後，據《宋史‧
食貨下八‧商稅》記載：

> 光、寧嗣服，諸郡稅額皆累有放免，然當是時，雖寬大之旨屢頒，
> 關市之征迭放，而貪吏並緣，苛取百出，私立稅場，算及緡錢、斗
> 米、束薪、菜茹之屬，擅用稽察措置，添置專欄收檢。墟市有稅，
> 空舟有稅，以食米為酒米，以衣服為布帛，皆有稅。遇士夫行李則
> 搜囊發篋，目以興販。甚者貧民貿易瑣細于村落，指為漏稅，輒加
> 以罪。空身行旅，亦白取百金。方紆路避之，則攔截叫呼。或有貨
> 物，則抽分給賞，斷罪倍輸，倒囊而歸矣。聞者咨嗟，指為大小法
> 場，與斯民相刃相靡，不啻讎敵，而其弊有不可勝言矣。〔註68〕

可見當時官府濫設稅場，監當官吏剝削百姓，對百姓造成了甚大的痛苦。當
時雖有少數監稅官吏清廉自持，如理宗時的常楙「監江淮茶鹽所蕪湖局，不
受商稅贏。」〔註69〕但這僅是鳳毛麟角，無補於南宋商稅場務對商人橫征暴
歛的局面。

在朝廷的重稅政策之下，對於地方監當官體系的非法行為，則採取了睜
一隻眼、閉一隻眼的態度，例如地方上的私設場務，朝廷雖然要求加以裁撤，
但是稅收卻不准減少。我們可以孝宗乾道九年溫州平陽縣的私設場務為例：

> 溫州平陽縣有私置漁野稅鋪，為豪右買撲，乘時於海岸琶曹小鑊等
> 十餘所置舖。瀕海細民兼受其害。昨來戶部住罷已及三年。今豪民

〔註67〕《宋會要輯稿‧食貨》64～113b～114a。
〔註68〕《宋史》卷186〈食貨下八‧商稅〉，頁4547。
〔註69〕《宋史》卷421〈常楙傳〉，頁12596。

> 詭名又復立價承買。平陽知縣林志，屢乞行廢罷，如不欲虧失名錢，
> 本縣自甘抱認發納。〔註70〕

可見私設場務屢廢屢設的原因，在於朝廷「不欲虧失名錢」。平陽知縣林志為
了將私設場務廢除，甚至情願將減少的課利收入「自甘抱認發納」。又如淳熙
五年時，「兩浙江西湖北申到人戶買撲場務，雖非吏部差官，緣係常平租額，
收到錢皆是起發應副大軍之數。詔且令依舊存留。揚州、高郵軍、盱眙軍亦
以走失常平官錢不便為請，亦許存留。」〔註71〕只要牽涉到朝廷的收入（如
常平租額、常平官錢等等），孝宗也只有網開一面，對這些私設場務採取睜一
隻眼、閉一隻眼的姑息態度了。又如寧宗開禧元年（1205）六月二日廣東提
舉陳杲奏言：

> 廣州、肇慶府、惠州共管墟稅八十三場，皆係鄉村墟市，苛征虐取，
> 甚至米粟亦且收錢，甚為民害。近者台臣奏罷石涕、石津二場，餘
> （八十）一場猶故。臣計漕司每歲墟稅所入通不過二萬三千緡有奇，
> 而三郡之民均受其害。若遽行廢罷，則養兵之費無所措辦。昨降指
> 揮經略司每歲於鹽、舶二司各撥一萬緡入椿積庫以備緩急，乞移此
> 補漕計，將八十一墟悉行廢罷。〔註72〕

同樣是因為擔心「養兵之費無所措辦」，故不能將「苛征虐取」的場務罷廢。
只有等到經費可以從其他地方填補，罷廢場務才有可能實現。

有些私設稅場雖已罷廢，但地方官府卻另有辦法以維持財賦的收入。例
如：淳熙七年三月二十三日，右正言葛邲言：「州郡雖已罷私置稅場，卻增起
稅務則額。如湖北監司，按鄂州稅銀，每兩舊收錢八文，今增作四十八文。」
〔註73〕這是為了將罷廢稅場的稅收，併入現有的稅場之中，故將現有稅場的
徵稅標準大幅提高。

由上可知，由於朝廷需財孔急，對於地方監當官體系的督催甚為急迫嚴
峻，因此地方監官體系為了滿足上供財賦的需求，不得不採取一些巧取豪奪
的手段，以達成朝廷的要求。地方官即使有心改革徵收商稅的弊政，也須以
不使財賦收入減少為前提，改革弊政才有實現的可能。

〔註70〕《宋會要輯稿‧食貨》18～6b。
〔註71〕《宋會要輯稿‧食貨》18～10a。
〔註72〕《宋會要輯稿‧食貨》18～23b～24a。
〔註73〕《宋會要輯稿‧食貨》18～11a。

（二）地方政府財務困難的解決之道——非法徵稅

地方官府除了滿足上供的需求之外，本身的開銷也需要大量的經費，而這些經費的來源也來自監當官體系的收入。高宗時期，官吏奏言監當場務不法情事者也不少。紹興二十一年六月，大理評事莫濛奏言：「比年諸州郡守輒於額外令監官重加征取。又以民間日用油布席紙細微等物置場榷賣，展轉增利。緣此物價翔踴。所得之息止資公庫無名妄用。望令監司常切檢察。」〔註74〕可見當時場務濫收商稅並不全是監當官個人的貪瀆行為，而是由諸州郡守在指使，課利收入也進入各州公使庫，由知州運用。這就牽涉了地方的財政結構問題。地方官府每年須上供大量錢穀，以供軍需及京師之用。如地方財源不足的問題不解決，地方官也只好不擇手段來增加收入。

增設場務，是地方官府增加稅收的方法之一。高宗於紹興二十二年的〈南郊赦〉說道：「州縣私設稅場，節次指揮已令放罷。……其稅場多緣增置專欄，百色侵漁，過數收稅，不上赤歷，非理破用，致物價增長。雖累有約束，尚有未竣去處，可令監司守臣嚴加檢察。」〔註75〕紹興二十五年，高宗在〈南郊赦〉中又說：「私置稅場節次指揮已令廢罷，訪聞州縣尚有依舊存留去處，及於私小路邀截客旅，重疊收稅。可令轉運司契勘，日下改正。」〔註76〕可見高宗雖屢降指揮，要求廢罷私設場務，但私設場務仍然「依舊存留」。紹興二十六年（1156），尚書省奏言：「近年所在稅務，收稅太重，雖屢降指揮裁酌減免，而商賈猶不能行。蓋緣稅場太密，收稅處多。且如自荊南至純州才五百餘里，而稅場之屬荊南者四處；夔州與屬邑雲安、巫山相去各不滿百里，亦有三稅務。如此之類甚多。」其後高宗下詔減併稅場一百三十四處，減罷九處，免稅稅五處。〔註77〕表面上看來，情況似乎稍有改善。

但是，至孝宗時，乾道元年正月，孝宗的赦文仍然說道：「州縣稅務，依法各有合置去處。近來又行私置，邀阻商旅，於民為害。仰日下廢罷。令監司常切覺察。」〔註78〕可見情況實際上並未改善。同年十二月十日，更有上封事者言：「今也，有一務而分之至十數處者，謂之『分額』；一物而征之至

〔註74〕《宋會要輯稿‧食貨》17～40b。

〔註75〕《宋會要輯稿‧食貨》17～41a。

〔註76〕《宋會要輯稿‧食貨》17～42a。

〔註77〕《宋會要輯稿‧食貨》17～42b～43a。

〔註78〕《宋會要輯稿‧食貨》18～2a。

十數次者，謂之『回稅』。」〔註79〕

　　增設商稅場務較適合的地點，是在交通要道之上。例如：紹興年間錢塘江的水陸交通，「衢州至臨安，水陸之所經由，應稅者凡七處，使其每處止於三十而稅一，不爲多矣。比及臨安，於其所販已加二分之費，而負載糧食之用又不在是，是非得三分之息不可爲也。」〔註80〕乾道六年，「五月十八日，戶部尙書曾懷言：奉旨併省自行在（即臨安）至建康沿路徵稅多處，契勘臨安府長安閘、平江府平望、常州望亭、橫林、鎭江府呂城丹徒鎭五處，去前後稅務地因密，乞行減罷。內臨安府除省額歲務外，又於羔亭子、四板橋、龍山兒門、白塔、赤山、九里松等雙置舖，以攔稅爲名，而苛細收取，併乞先罷。」〔註81〕可見臨安至建康一路上商稅場務之多。淳熙十四年（1187）八月，淮西總領趙汝誼言：「沿江稅務，壤地相接，如自池州至建康府止七百餘里，爲場務者有六：曰雁汊、曰池口、曰施團，曰蕪湖，曰采石，曰建康。其間相去不滿五六里者，又重以私稅。商旅挾家貲以求贏，而迺困於公家之征，豈不可憐。」〔註82〕淳熙十五年時，臣僚甚至奏言：「和州於施團稅場之外，又復設『子務』於朴木，邀截民旅，妨奪無爲軍城下商稅。」〔註83〕這是池州到建康的情形。

　　交通要道之外，甚至連偏僻的鄉村、山中的小路，商稅場務也無所不在。例如：淳熙元年九月二十二日，臣僚言：「鄉落有號爲『虛市』者，止是三數日一次市合，初無收稅之法。州郡急於財賦，創爲稅場，令人戶買撲納錢，俾自收稅。」〔註84〕這是州郡爲滿足財賦需求，在「初無收稅之法」的「虛市」設場收稅。又如寧宗嘉定五年（1212）四月有臣僚奏言：

　　　　廣中諸郡無名場務，在在有之，若循之浰頭，梅之梅溪，皆深村小
　　　　路，略通民旅，私立關津，公行收稅，所差罷吏姦胥，略無顧藉。
　　　　緡錢、斗粟、菜茹、束薪，悉令輸稅。空身行旅，白取百金；紆路
　　　　曲徑，指爲透漏。官吏利其所入，悉爲施行，抽分給賞，斷罪倍輸，

〔註79〕《宋會要輯稿・食貨》18～2a。
〔註80〕陳淵《默堂集》（文淵閣四庫全書本，台北：台灣商務印書館影印）卷12〈十二月上殿箚子〉，頁17b～18a。
〔註81〕《宋會要輯稿・食貨》18～4b～5a。
〔註82〕《宋會要輯稿・食貨》18～15b。
〔註83〕《宋會要輯稿・食貨》18～16b。
〔註84〕《宋會要輯稿・食貨》18～8a。

　　　　至有綑載而來，罄囊而歸者。〔註85〕

可見地方官府「利其所入」，用「罷吏姦胥」，在深村小路「私立關津，公行
收稅」。而且「抽分給賞，斷罪倍輸」，官府以利益誘使姦吏搜刮商旅，與分
贓無異，商人只能「罄囊而歸」了。而且，我們由上述可知，這些地方官府
私設的場務，大多無監當官監臨管理，而是由地方上的豪民買撲或用胥吏掌
管，一方面任用考課全無法度，故往往成爲地方上的蠹害；另一方面，這種
作法也代表著地方官府與地方勢力（豪民、胥吏）相結合的情形。

　　雖然朝廷屢次下詔裁撤、住罷私設場務，但是效果有限。例如紹興七年
九月二十日，「訪聞臨江軍管下新塗縣稅場，自住罷之後，依前收稅。已送戶
部取問。」〔註86〕紹興二十九年三月十五日，戶部奏言：「近來商賈不行，蓋
緣稅場太密。已令諸路運司裁酌減併。訪聞已併稅場有依舊差置監、專、拘
攔收稅去處，乞日下住罷。」〔註87〕慶元六年四月八日，「詔建寧府建陽縣後
山，并崇安縣黃亭稅務並住罷，今後不許復置。以守臣傅伯壽言：紹興、淳
熙間已降指揮住罷，後來失於契勘，具申存留，今緣兩務專、攔等人，各係
游手無圖之輩，所差官多係權攝，替罷不常，全無禁約，肆行剋剝，故有是
詔。」〔註88〕嘉定八年二月三日，臣僚言：「遠方墟市之稅，曩嘗禁罷，州縣
仍令鄉民買撲，其苛取反甚於州縣。」〔註89〕可見私設場務的裁撤並不徹底，
許多私設場務在裁撤後仍然繼續存在。

（三）公吏欺瞞舞弊，地方豪民把持

　　南宋時期，由於財政需求不斷增加，因此對於監當場務的依賴更深。地
方政府爲了滿足上供財賦的需求，對於監當官吏非法強徵、濫收商稅、私設
場務的行爲，採取默認、姑息的態度，因此監當機構對百姓剝削與壓迫的情
形越來越嚴重。

　　對於地方稅務機構的非法作爲，紹興十年九月，高宗在〈明堂赦〉文中
即說道：

　　　　訪聞諸路州軍縣鎮稅務，除依法合置專攔外，類皆過數招收，并有

〔註85〕《宋會要輯稿‧食貨》18～24b。
〔註86〕《宋會要輯稿‧食貨》17～36b。
〔註87〕《宋會要輯稿‧食貨》17～46a。
〔註88〕《宋會要輯稿‧食貨》18～22a。
〔註89〕《宋會要輯稿‧食貨》18～27b。

監官親隨之類，通同作弊，倍有掊取。客旅因致暗增物價。可令諸
路提刑司將管下稅務見今冗占人數，日下減放，嚴行禁止，立賞告
捉。仍令知、通常切檢察。〔註90〕

紹興十二年，高宗又在赦文中說：「訪聞監當官、專欄類皆過數掊取，百端欺
隱，至有每月量以分數獻入公帑，交相蒙蔽，無復忌憚。致得錢重物輕，公
私爲害。自今各仰遵守成法，尚敢蹈襲，重行典憲。」〔註91〕紹興十三年〈南
郊赦〉中又說：「近來州縣稅務官吏作弊，又有鎮市稅場，或監官獨員，或止
差暫權去處，抑勒額外，過數掊取，以至客人偷經私捷小路，卻致暗失課
入。……轉運司按劾以聞。」〔註92〕紹興十九年十一月〈南郊赦〉又說：「比
年以來，州縣稅務率多違法額外增置公吏、欄頭，邀阻客人，致商賈不行，
百物踊貴，細民艱食。……仰諸路漕臣不時巡按檢點，將違戾去處舉致以聞。
如漕司失舉，令提刑司互按。」〔註93〕紹興二十五年〈南郊赦〉仍然說道：「訪
聞州縣場務利於所入，以致士夫舉子路費，搜囊倒篋，不問多寡，一切拘攔，
收稅甚爲苛密。可令監司郡守嚴行禁止。」〔註94〕高宗雖明知商稅場務弊端
嚴重，但僅僅在各種赦文宣示整頓商稅場務之意，類似於道德勸說，並無太
多實際的作爲。紹興二十二年（1152）軍器監丞黃然奏言：「沿江一帶稅務比
年以來額外招收欄頭，私置草歷，非理邀阻，欺隱作弊。商旅患之，號蘄之
蘄陽、江之湖口、池之雁汊稅務爲『大小法場』。咸謂利歸公家十無二三，而
爲官吏所竊取者過半矣。」〔註95〕州郡需求於上，官吏貪瀆於下，這是南宋
商稅場務敗壞的主要原因。

孝宗淳熙五年（1178）四月，有臣僚奏言池州雁汊等商稅場務的弊端：

池州雁汊、黃州、鄂州稅場之弊：一、舟船實無之物，立爲名件，
抑令納稅，謂之「虛喝」。一人欄頭，妻女直入船內搜檢，謂之「女
欄頭」。一、所收商稅，專責見錢，商旅無所從得，苛留日久，即以
物貨低價準折，謂之「所納」。一、巡欄之人，各持弓箭槍刀之屬，
將客旅攔截彈射，或至格鬥殺傷。一、稅務依條自有纂節，欄頭多

〔註90〕《宋會要輯稿‧食貨》17～37a-b。
〔註91〕《宋會要輯稿‧食貨》17～37b。
〔註92〕《宋會要輯稿‧食貨》17～38a。
〔註93〕《宋會要輯稿‧食貨》17～40a。
〔註94〕《宋會要輯稿‧食貨》17～42a。
〔註95〕《宋會要輯稿‧食貨》17～40b～41a。

用小船，離稅務十餘里外，邀截客旅搜檢，小商物貨爲之一空，稅

錢並不入官，掩爲己有。〔註96〕

可見稅場吏人幾與盜匪無異。

此外，在淳熙十一年（1184）五月，黃州發生因爲商稅場務苛留商船而導致商船遇風沈沒的事件。據淮西總領趙汝誼奏言：

黃州稅務，正臨赤壁湍險之處。每遇舟船到岸，百端阻節，動至五

七日稽留。江面闊遠，風濤不測，前後積聚官私舟船，不可勝計。

近有客人顏清等，因拘攔看稅，間忽一夜風浪大起，壞船十隻，沈

失鹽二千餘袋。又打碎其他大小船五十餘隻，老小不知數目。……

近年爲守臣者，惟務多掊，以資妄費，阻過行旅，至使無辜之人，

只因拘留徵稅，橫罹覆溺。〔註97〕

黃州稅務之所以苛留商船，是因爲黃州知州「惟務多掊，以資妄費」，仍然是爲了解決地方財政不足的問題。在南宋財政結構無法調整，收支無法改善的情形下，朝廷對於地方官府濫收商稅，實也無力加以強力查禁。商旅在這種情形下，只能忍受商稅場務的橫征暴歛了。

地方勢力（豪民胥吏）控制私設場務，造成種種弊端，也是南宋地方商稅徵收的重大弊端。南宋朝廷也並非不知其弊端，故亦經常下令裁撤這些私設場務。例如乾道九年（1173），「十一月二十三日，詔太平州、池州、寧國府、饒州、廣德軍五州軍去處稅場並罷，以江東運司申課利微細，皆是大姓豪戶買撲，邀截民旅故也。」〔註98〕淳熙二年七月十七日，「詔省滁州清流縣白塔鎮稅務，以本州言月得二十千，徒以擾民故也。」〔註99〕淳熙十二年七月二日，「詔省荊門軍浰河、武寧、黃泥三處稅場，以前權知荊門軍陸冼言三處稅額，共不過二十七貫三百三十三文，而豪民買撲，擾民爲甚故也。」〔註100〕淳熙十六年閏五月，又下詔：「恭州三縣管下雙石、安仁、石英、藍溪、董伏、含谷、多昆、雙溪八市，泥埧、木洞新興二鎮，十處稅場盡行住罷。以守臣宋南彊言皆是鄉村豪民買撲，拘收稅錢，徒以擾民故也。」〔註101〕紹熙三年三月十二日，「詔雅

〔註96〕《宋會要輯稿・食貨》18～9a-b。
〔註97〕《宋會要輯稿・食貨》18～12a-b。
〔註98〕《宋會要輯稿・食貨》18～7a。
〔註99〕《宋會要輯稿・食貨》18～8a。
〔註100〕《宋會要輯稿・食貨》18～13b。
〔註101〕《宋會要輯稿・食貨》18～18b。

州三縣管下始陽、金沙兩鎮，思經、鋪車、領靈、關丑鎮稅場盡行住罷。以本州言，皆係豪民買撲，重爲民害故也。」〔註102〕可見商稅場務被豪民買撲的情形相當普遍，地方官府在上供需求的壓力之下，必須增設商稅場務，但又無足夠的人手來管理，因此只能仰賴地方豪民的買撲。但是如此一來，原本代表政府執行公權力收稅的監當場務，卻變成了地方豪民爲了增加自己財賦的生財工具。中央政府與地方官對此大概也無可奈何。私設場務成爲地方豪強鞏固地方勢力、聚斂錢財的「合法」（至少是地方官府許可的）且有效的管道。

二、政治體制對監當官體系的影響

北宋時期，由於王安石變法所產生的新舊黨爭，使得當權者（王安石、元祐時的舊黨、徽宗時的蔡京）大量用貶爲監當官的方式，將朝中的反對者加以整肅。到了南宋時期，朝廷之中權臣專權擅政的問題仍然十分嚴重。從秦檜、韓侂胄、史彌遠乃至賈似道，權臣掌握了朝中大權，對附己者則不次拔擢，對反對者則加以貶逐。將官吏貶爲監當官，也是這些權臣的手段之一。例如，高宗初即位，以黃潛善、汪伯彥爲相，御史馬伸「以劾潛善、伯彥得罪，謫監濮州酒稅。」〔註103〕又如同知樞密院事富直柔，與他薦舉的右司諫韓璜，因直柔「嘗短呂頤浩於上前，頤浩與秦檜皆忌之，由是二人皆罷。璜責監漵州酒稅。」〔註104〕

除了中央仍然將政治上的異己者貶爲監當官，作爲整肅官僚的手段之外，在中央與地方的關係上，本文第一章第三節中，曾經說明宋代最初設置監當官的用意，在於集權中央，收回藩鎮手中的特權由中央派官管理，並且防止三司任用吏人管理場務而衍生弊端。不過到了南宋時期，地方政府的權力卻日益膨脹。南宋高宗建炎初年，當時「諸道郡縣殘破之餘，官吏解散，諸司誘人填闕，皆先領職而後奏給付身。於是州郡守將，皆假軍興之名，換易官屬。……欄吏補監稅，民被其害。」〔註105〕紹興二年，當時大臣已指出：「比年帥守、監司辟官，攙奪部注，朝廷不能奪，銓曹不能違，又多畀以添差不釐務之闕，……一務之中，監當六七員。」〔註106〕可見南宋初建之際，

〔註102〕《宋會要輯稿・食貨》18～19b。
〔註103〕《宋史》卷473〈姦臣三・黃潛善〉，頁13744。
〔註104〕《宋史》卷375〈富直柔傳〉，頁11618。
〔註105〕《宋史》卷160〈選舉六・保任〉，頁3755。
〔註106〕《宋史》卷160〈選舉六・保任〉，頁3755。

地方帥守（安撫使）、監司（轉運使）用人權力過重的問題已經出現。

帥守、監司以下，各府、州為籌措錢財以應付上供的需求，往往不擇手段，濫設場務。紹興四年四月十二日，江南西路轉運司即奏言：

> 漕計之實，惟仰酒稅課利資助支遣。比年以來，州郡多以應軍期為名，更不請降朝廷處分，一面擅置比較酒務、回易庫，將漕計錢物取撥充本；又於諸城門增置稅務，其逐處所收課息，並不分隸諸司。是致所在軍期稅務往往增羨，舊務例皆虧欠。其諸城門稅正與軍期酒務事體一同。欲下諸路，除帥司措置贍軍及諸州已得專降指揮許置場務外，其餘不係朝廷指揮州郡，自行創置比較酒務并回易庫及添置逐門收稅去處，應干官物及合趁課額並并入漕計，本州不得擅便曆收置。仍乞令轉運司將己巳年前收置錢物委官驅磨。〔註107〕

朝廷雖有心裁廢州郡的私設場務，但若上供、軍期的錢物不能減少，則地方官除了私設場務之外，又有何方法應付龐大的需索呢？根據學者包偉民先生在〈從宋代的財政實踐看中國傳統中央集權體制的特徵〉一文中指出：宋代地方的財政自主權日益擴大，南宋時尤其顯著，這種現象表現在三方面，其一，州郡掌握了一定的增賦加稅的權力，南宋地方官府為了彌補財政赤字，百端巧取，雜賦橫生，在上者卻無以禁之。其次，中央政府除徵調財賦外，對各地州郡實際歲收歲支之數已難以知曉，中央所關心者無非上供財賦能否足額，地方官府加賦增員，悉所不問。其三，由於上供的需求不能缺少，地方各級政府形成層層欺壓的關係，縣所承擔的徵斂負擔責任最重，南宋後期縣級政府在財政上的自主性也日益增加，有些地區甚至形成了縣級財政預算，亦即「縣計」。〔註108〕在中央只關心上供是否足額，對於地方官府作為的監督較為放鬆的情形下，使得地方官府濫設場務以抒解財政壓力的結果將無法避免。

在帥守、監司之上，高宗紹興年間，又於全國各地設置了淮東、淮西、湖廣、四川四個總領所，各路轉運司上供朝廷的財賦，多由淮東、淮西、湖廣、四川四個總領所掌理，將上供財賦的大部分直接供應沿邊駐屯各軍。形成了兩浙財賦上供行在（杭州），江東供淮東，江西供淮西，荊湖供鄂州、岳

〔註107〕《宋會要輯稿·食貨》20～15b～16a。

〔註108〕參見包偉民〈從宋代的財政實踐看中國傳統中央集權體制的特徵〉，收於楊渭生主編《徐規教授從事教學科研工作五十週年紀念文集》（杭州：杭州大學出版社，1995年10月），頁225～226。

州，四川自給自足的局面。四個總領所之下各有其監當機構。「淮東、西有分差糧料院、審計司、榷貨務、都茶場、御前封樁甲仗庫、大軍倉、大軍庫、贍軍酒庫、市易抵當庫、惠民藥局。湖廣有給納場、分差糧料院、審計院、御前封樁甲仗庫、大軍倉庫、贍軍酒庫。四川有分差糧料院、審計院、大軍倉庫、撥發船運官、贍藥庫、糴買場。」〔註109〕四個總領所之中，四川總領所的情形較爲特殊，「四川總領所自建炎以後專利權，不從中覆。」〔註110〕「東南三總領皆仰朝廷科撥，獨四川總領專制利源，即有軍興，朝廷亦不問。」〔註111〕可見，中央對四川地區財賦的控制權日漸放鬆。包偉民先生指出了南宋時期的這種特殊現象：一方面是中央對地方的財政徵調層層加碼，持續增長；另一方面，則是地方各級財政機構的獨立性不斷增強。〔註112〕

　　由於南宋四川總領所權力的膨脹，四川地區與監當官體系有關的政策也由四川總領所專斷。嘉定當五錢的鑄造即其一例。〔註113〕所謂嘉定當五鐵錢，根據李心傳《建炎以來朝野雜記》記載：

　　　　嘉定元年十一月庚子，四川初行當五大錢。時陳逢孺總領財賦，患四川錢引增多，乃即利州鑄大錢，以權其弊。三年夏，制置大使司欲盡收舊錢引，乃又鑄於邛州焉。利州紹興監錢以「聖宋重寶」爲文，背鑄「利一」二字又篆「五」字；邛州惠民監錢以「嘉定重寶」四字爲文，背鑄「西貳」二字，又篆「五」字。兩監共鑄三十萬貫，其料例並同當三錢。時議者恐其利厚，盜鑄者多。而總領所方患引直之低，則曰：「縱有盜鑄，錢輕則引重，是吾欲也。」〔註114〕

可見當五錢的鑄造，是四川總領陳逢孺所規劃，中央政府並未直接參與。而當時的「議者」已經瞭解當五大錢鑄造後可能產生的弊端。不過，由於當時四川錢引貶值嚴重，而總領使陳逢孺認爲若大錢因盜鑄盛行而貶值，則會導

〔註109〕《宋史》卷167〈職官七‧總領〉，頁3959。
〔註110〕李心傳《建炎以來朝野雜記》甲集，卷17〈淮東西湖廣總領所〉，頁13b。
〔註111〕李心傳《建炎以來朝野雜記》甲集，卷11〈總領諸路財賦〉，頁12a。
〔註112〕包偉民《宋代地方財政史研究》（上海：上海古籍出版社，2001年7月），頁163。
〔註113〕關於嘉定當五錢的鑄造，參見拙文：〈宋代大錢的形制及其演變〉（收入《大陸雜誌》103卷第4期，2001年10月），第四節「南宋大錢的演變」，頁41～42。
〔註114〕李心傳《建炎以來朝野雜記》乙集卷十七〈財賦‧四川行當五大錢事始〉，頁13b～14a。

致「錢輕則引重」，錢引貶值的問題自然改善了。其實這種說法相當有問題，比較可能會產生的結果是錢輕引也輕，最後變成物價騰貴，加重一般百姓的負擔。劉森在〈南宋嘉定鐵錢初探〉一文中，曾根據出土實物，對各種不同面值的嘉定鐵錢，作了詳細的分析。嘉定當三錢的直徑，大約在 2.9 到 3.5 公分左右，重量大約在 9 到 13 公克左右。而嘉定當五錢，直徑也大約在 3.1 到 3.5 公分左右，重量也在 9 到 13 公克左右。由此可見，嘉定折三與折五鐵錢的大小與重量幾乎相似。可見百姓在使用當三與當五鐵錢時，的確會遇到混淆不可辨的困擾，或者將當五鐵錢直接當作當三錢使用，造成當五錢貶值。從嘉定當五鐵錢的鑄造，我們可以看出南宋時期，四川總領所已經可以自行決定相關財經政策，反映了南宋中央在四川的財經權力，確有所削弱。

　　從以上的討論中，我們可以看到，宋代的中央與地方上的監當官體系是有著促進全國財賦流通的積極作用。但是在王安石「理財」與蔡京「聚斂」的過程中，監當機構身為基層執行機構，也必須執行一些影響百姓權益的政策，因而加重了百姓的負擔。但是到了南宋時期，一方面由於上供需求的增加，使得地方增設場務，加重商民的負擔。而中央政府對此卻採取睜一隻眼、閉一隻眼的態度，無法採取有效的政策改革此弊端，也無法對全國的財政收支重新規劃。結果導致私設場務的不斷擴張，私設場務由豪民買撲的結果，也導致地方勢力得到了有效的利益收入來源，因此更有利於豪民兼併土地，武斷鄉曲。此外，中央監督地方的效果減弱，加上決策權力也遭到四川總領所分割，在在影響了監當體制的正常運作。

　　南宋時期對於場務始終無法有效的管理，使得百姓無法免於沈重的負擔，其根本原因，大概就是一個「錢」字。劉子健先生指出：理財的重要性在南宋一代，從中興起，始終沒變。在高宗死後，士大夫批評他「無休養之功」。孝宗死後，也有類似的評論，說他「無富庶之政」。近代學者研究南宋財政，結論是「重稅政策」。原因在於如果稅不重，政府收入就不夠，就無法維持一長期穩定的局面。因為朝廷一方面要用財力來養活士大夫官僚；另一方面又要招安盜賊為兵，而招安政策非有財力來支持不可。〔註115〕

　　由於朝廷有財政的需求，所以對於地方官吏非法斂財的作為，也就睜一隻眼、閉一隻眼了。劉子健將這種政治態度稱之為「包容政治」。劉子健先生

〔註115〕劉子健〈背海立國與半壁山河的長期穩定〉，收入氏著《兩宋史研究彙編》，頁 32～34。

指出：這種包容式的行政，其實就是從皇帝開始做起。宋高宗自己就一貫主張對於官僚輕罰，以後君主也大半如此。遇見小問題，就下一道命令，但官僚也知道，這並不必須嚴格遵守。有人再提，又來一道命令，重行申嚴。越是三令五申，越是反映行政效率低，不能令出如山，嚴辦嚴罰。皇帝既然也官僚化，官吏更不會彼此監督。〔註116〕善乎劉子健先生之言，從監當官體系在宋代各個時期所遭遇的問題，我們可以看出宋代政治與經濟變化的一端。

第五節　宋代監當官的社會形象

中國在春秋戰國之時，儒、墨二家並稱為顯學。到了漢武帝「獨尊儒術」之後，儒家的價值觀念與道德規範更為當時的中國社會所推重與遵循。因此，儒家的價值觀念，長久以來深入人心；孔子之言，被視為金科玉律。《論語》所記孔子之言：「君子喻於義，小人喻於利。」「君子懷刑，小人懷惠。」「君子謀道不謀食，憂道不憂貧。」「士志於道而恥惡衣惡食者，未足與議也。」這些聖人之言將君子與小人的區別，界定在「義利之辨」。

孔子之後有孟子，《孟子》一書開宗明義，便是孟子告訴梁惠王：「王，何必曰利？亦有仁義而已矣，」「上下交征利，而國危矣。」〔註117〕同樣告訴我們，聖君之道，在於重義而輕利。孟子又說：「今之事君者，曰：我能為君辟土地、充府庫。今之所謂良臣，古之所謂民賊也。君不鄉道，不志於仁，而求富之，是富桀也。」〔註118〕也就是說，對於為臣子者，如果不志於仁而汲汲牟利，孟子將這種人視為「民賊」。

宋朝建立以後，由於儒學復興，儒家的價值觀念有更進一步的發展，儒家的意識型態也逐步強化，重視「義利之辨」成為士大夫的道德規範。近代學者宋晞在〈宋代士大對商人的態度〉一文中，及指出宋代的士大夫大多具有「輕利、賤商」的觀念。宋氏並舉出數例，如蔡襄《忠惠集》卷十五〈廢貪贓〉云：「臣自少入仕，於今三十年矣。當時仕宦之人，靡有節行者，皆以營利為恥。」〔註119〕宋氏又引《宋文鑑》卷六十一所載游酢論士風，亦謂：「天

〔註116〕劉子健〈包容政治的特點〉，收入氏著《兩宋史研究彙編》，頁66～67。
〔註117〕《孟子‧梁惠王上》（朱熹集注本，台北：藝文印書館影印，民國69年五月五版），頁1a。
〔註118〕《孟子‧告子下》，頁11a。
〔註119〕參見宋晞〈宋代士大夫對商人的態度〉（《宋史研究集》第二輯，台北：國立

下之患，莫大於士大夫無恥，士大夫無恥，則見利而已。」〔註120〕又如王安石《臨川集》卷九十四〈吳處士墓誌銘〉亦謂：「或勸之謀利。曰：吾貧久矣，人以我為憂，而我以是為樂。……士而貧，多於工商而富也。」〔註121〕

　　儒家學者若要言「利」，只能由「天下之大利」的角度來談，才能免於輿論的指責。李覯即是一個例子。李覯在〈原文〉一文中說道：

> 利可言乎？曰：人非利不生，曷為不可言？欲可言乎？曰：欲者人之情，曷為不可言？言而不以禮，是貪與淫，罪矣。不貪不淫而曰不可言，無乃賊人之生，反人之情，世俗之不喜儒以此。孟子謂「何必曰利」，激也。焉有仁義而不利者乎？其書數稱湯武以七十里、百里而王天下，利豈小哉？〔註122〕

李覯說：「利，曷為不可言？」看似叛經離道，但其求利之道，仍是「仁義」，故曰：「焉有仁義而不利者乎？」「湯武以七十里、百里而王天下，利豈小哉？」可見李覯所謂之「利」，是指天下之大利，而非聚斂錢財之私利。這種言利之法，表面談利而其實仍是以儒家的仁義為依歸。

　　王安石則較李覯更進一步，在政策上以富國強兵為目標，展開變法運動。但是由於變法的內容過於強調「興利」，以致王安石也遭受了儒家士大夫、官員的猛烈抨擊。司馬光批評王安石：

> 自古聖賢所以治國者，不過使百官各稱其職，委任而責成功也。其所以養民者，不過輕租稅、薄賦斂已逋責也。介甫以此為腐儒之常談，不足為，思得古人所未嘗為者而為之。於是財利不以委三司而自治之，更立「制置三司條例司」，聚文章之士及曉財利之人，使之講利。孔子曰：「君子喻於義，小人喻於利。」樊須請學稼，孔子猶鄙之，以為不如禮義信，況講商賈之末利乎？使彼誠君子邪？則固不能言利；彼誠小人邪？則惟民是虐，以飫上之欲，又可從乎？〔註123〕

同時又有文彥博反對王安石「重利」的作法，文彥博說道：

編譯館，1964 年），頁 201。

〔註120〕參見宋晞〈宋代士大夫對商人的態度〉（《宋史研究集》第二輯），頁 204。

〔註121〕王安石《臨川集》卷 94〈吳處士墓誌銘〉，頁 596。並參見宋晞〈宋代士大夫對商人的態度〉（《宋史研究集》第二輯），頁 206。

〔註122〕李覯《李覯集》，卷 29〈原文〉，頁 326。

〔註123〕司馬光〈與王介甫書〉，收入《司馬文正集》（台北：台灣中華書局，1987 年台三版）卷十，頁 3a。

今乃官做賈區，公取牙利，古所謂理財正辭者，豈若是之瑣屑乎？
《周官》泉府斂市之不售、貨之滯於民用，以待不時，而買者各從
其故價，亦不如是之規利也。凡衣冠之家，網利於市，搢紳清議，
眾所不容。豈有堂堂大國，皇皇求利，而不為物論所非者乎？〔註124〕

文彥博不但批評王安石「皇皇求利」，更說出「衣冠之家，網利於市，搢紳清
議，眾所不容」之語，更可見當時的士大夫之家，必須嚴格遵守儒家「義利
之辨」的意識型態。又如呂誨，也反對王安石「重利」的作法，呂誨說道：

舊法無弊，新法未安。主議者不究利害，自未知信，欲下民悅從，
不亦難乎？豈特妄作以生事，其實賈怨於天下也。孟子所謂國君欲
利吾國，大夫欲利吾家，士庶人欲利吾身，是「上下交征利，而國
危矣。」必圖治，在仁義而已。董仲舒曰：「皇皇求仁義，而惟恐不
足者，君子也。皇皇求財利，而惟恐不足者，小人也。未有仁而忘
其親者，未有義而不愛其君者。」小人見利忘義，焉有愛君之心哉？
〔註125〕

搬出的仍然是孟子「何必曰利」的那一套大理論來勸誡神宗，責備王安石。
此外，與王安石同時的還有程顥、程頤兄弟，也反對言利：

君子未嘗不欲利，但專以利為心則有害。惟仁義則不求利而未嘗不
利也。當是之時，天下之人，為利是求，而不復知有仁義。故孟子
言仁義而不言利。所以拔本塞源而救其弊，此聖賢之心也。〔註126〕

可見當時士大夫在儒家思想的意識型態下，無法接受「言利」的觀念。因此
他們與主張興利的王安石之間，不僅是官場上的衝突摩擦，更是思想上的攻
防戰。

南宋時，朱熹作《四書集註》，也在註解中強調：

仁義根於人心之固有，天理之公也；利心生於物我之相形，人欲之
私也。循天理，則不求利而自無不利。殉人欲，則求利未得而害已
隨之。所謂毫釐之差，千里之繆。此孟子之書所以造端託始之深意，
學者所宜精察而明辨也。〔註127〕

〔註124〕文彥博〈言市易奏，之二〉，收於《全宋文》第 15 冊，頁 556。
〔註125〕呂誨〈論新法奏〉，收於《全宋文》第 24 冊，頁 501。
〔註126〕朱熹《四書集注・孟子章句・梁惠王上》，頁 2a-b。
〔註127〕朱熹《四書集注・孟子章句・梁惠王上》，頁 2a。

朱熹從「存天理，去人欲」的角度，反對言利。重義輕利的儒家思想，仍然還是士大夫社會的主流價值觀。

在這種根深蒂固的社會價值觀之下，宋代士大夫對於官營場務中講求課利的監當官，大多採取輕視、鄙夷的態度。舉例言之，仁宗天聖四年七月時，陝西轉運司見百姓向官設酒務購買酒糟釀醋，獲利甚豐，因此向三司請求設置醋坊，將醋納入官賣。當時宰相王曾說道：「榷酤之法，起自前代，已是曲取民利。蓋以軍國贍用，經費至廣，未能除去。今復醞醋，尤更瑣細。欲只令永興軍、秦、坊州召人買撲酤賣，并其餘州軍並不得官置醋坊。」〔註128〕王曾已將酒務視為「曲取民利」，是由於國家財政需求的原因而存在；對於醋坊的設置，自然更為反對。由此我們可以看出宋代大多數士大夫對於理財的監當官，是採取消極、抑制的態度。

而在宋代士大夫所撰寫的文集、筆記之中，有許多記載都反映了宋代士大夫對監當官一職的輕蔑。例如日本學者幸徹曾引用《雞肋集》卷十一〈贈送澶州監酒稅劉銓殿直〉之詩曰：

> 頓丘淇水雄朔方，官收榷算資公藏，晨起百販羅庭堂，望門逆鼻聞椒漿，惜哉劉子氣方剛，莪冠凜凜頎而楊，丈夫有志固難量，短袖不足供倡佯。〔註129〕

認為「晨起百販羅庭堂，望門逆鼻聞椒漿」的監當官，不應該使有志於天下的大丈夫倡佯於其中，故為要擔任監當官的劉銓感到「惜哉」。此外，宋晞先生也引用王禹偁《小畜集》卷六〈揚州寒食贈屯田張員外、成均吳博士、同年殿省柳丞〉之詩曰：「屯田布素交，屈此關市征。」〔註130〕認為讓屯田員外郎張某擔任「關市之征」的監當官，是委屈人才的作法。《小畜集》卷十二〈送晁監丞赴婺州關市之役〉又有詩云：「關征市賦糜俊賢，誰愛此官為吏隱。」〔註131〕認為從事「關征市賦」的監當官，就好像小吏在官場中隱沒不可見一般，無法有所作為。又如蘇過《斜川集》卷四〈謝薦舉狀〉曰：「自念征商至

〔註128〕《宋會要輯稿‧食貨》20～7a。

〔註129〕參見幸徹〈北宋時代に於ける監當官の地位〉（《東洋史學》26 輯，1963 年10 月），頁 65。

〔註130〕參見宋晞〈北宋商稅在國計中的地位與監稅官〉（收於宋晞《宋史研究論叢》第一輯，台北：中國文化大學出版部，1979 年再版），頁 70～71。

〔註131〕參見宋晞〈北宋商稅在國計中的地位與監稅官〉（收於宋晞《宋史研究論叢》第一輯），頁 71。

賤」，〔註132〕對徵收商稅的監當官職務的評價是「至賤」。

除了在詩文中發發牢騷之外，更有官員上書皇帝，痛陳監當場務剝削百姓，有傷君王之聖德。仁宗時的夏竦曾有〈平筦榷奏〉一文，說道：

> 國家富有，微稅充牣府藏。雖君王之心，務推寬大，而聚斂之臣，競爲苛細。刻取羨餘，不知紀極。至于海濱之民，食無鹽滋；山居之人，飮無茶味。若有負販，必與吏共。是網密于平民，而法寬于姦猾。榷酤之制，近年尤急。或增見在之課，或追已亡之額。或明下詔條，公相劃奪。所入至微，而爭端鋒起，州縣之獄，自此滋豐。竊爲陛下惜之。夫筦榷不可廢，可以平其法。法不必急，急則民望于上；亦不必緩，緩則利歸于下。在任廉平之官，使喻朝廷之意。
> 削除冗制，務存大體，上不虛國，下不迫民，則政在其中矣。〔註133〕

夏竦其人，當其在慶曆三年罷樞密使、貶知亳州，曾爲范仲淹一派的蔡襄譏爲「眾邪並退」，石介更作〈慶曆聖德詩〉，譏竦爲「大奸之去，如距斯脫」。〔註134〕可見夏竦在儒家士大夫的心中，並無太高的地位。但即使「奸邪」如夏竦者也強調「義利之辨」，反對「刻取羨餘」。可見儒家重義輕利的觀念在當時已深入人心，牢不可拔。監當官以課利爲重的工作方式，自然成爲眾人指責的焦點。

士大夫們由儒家「重義輕利」的觀念出發，對負責理財的監當官多加輕蔑，這是可以理解的。不過，監當官本身形象之低落，也可以由監當官的制度來考量。首先，監當官一職，有文官，有武官，品類不一，參差不齊。南宋嘉定五年九月，有臣僚奏言：

> 行在酒所以贍軍激賞爲名，合都城內外，列爲十有七庫，事煩責重，專在監官得人。曩歲多注文臣，近來庫官除四員注差文臣外，其餘皆右選也。考其出身，往往非盡由科目世家，或自軍伍奮身，或從胥吏出職，其間有不顧廉恥者，有不知文墨。則上無以趣辦國課，下無以檢柅吏姦。照得列庫監官，其有雙員者，縱不能盡差文臣，而以一文一武相須並任，不惟增重其官，而左選士流希望陞改，有

〔註132〕參見宋晞〈北宋商稅在國計中的地位與監稅官〉（收於宋晞《宋史研究論叢》第一輯），頁71。

〔註133〕夏竦〈平筦榷奏〉，收於《全宋文》第9冊，頁67～68。

〔註134〕陳邦瞻：《宋史紀事本末》（台北：三民書局，民國62年4月再版），卷29〈慶曆黨議〉，頁192～193。

所顧藉，必能盡瘁乃職。欲望下三省詳酌施行。〔註135〕

這種說法當然有士大夫的偏見，認為胥吏「不顧廉恥」、武臣「不知文墨」。不過，監當官的出身來自四面八方，的確有品類不一，程度不齊的情形。

其次，監當官多作為年邁武官養老之地。南宋慶元六年三月，監登聞檢院吳英雋奏言：

> 諸路州軍多以諸軍揀汰養老不釐務使臣，差管發賣酒醋、監門、河渡之類。其間多有曾立戰功之人，無力待次，率就養老，以贍其家。朝廷立此窠闕，以優其老。今州郡不能體察，多與釐務使臣混同差使。兼其平日捨金鼓之外，素所不習，既不善委屈於人，又不能規為措置，多為吏輩肆欺。或有折欠，悉以俸資陪備，捫心飲恨，無路自明。由是觀之，所謂優之者，乃害之人也。乞下諸路州軍，今後不得差養老不釐務使臣管賣酒醋及監門、河渡之類，如或違戾，當職官吏重寘典憲。專委提點刑獄司、總領所覺察奏聞。〔註136〕

監當官中充斥著許多養老的武官，自然讓一般官吏與百姓，不將監當職務視為清流士大夫應為之事，監當官的形象自然大受影響。

許多監當官掌管場務的財計收入，其工作就是與錢為伍。因此也是最容易產生貪污、虧空等流弊的地方。南宋慶元五年（1199）四月，有臣僚奏言：

> 場務監官趁集課額，乃職分之常事。設有不辦，或遇譴罰，亦法禁之當然。身所自為，彼將安咨？今乃有前政拖下欠數，必欲後官抱認補填。程督移催，急於星火，卑官小吏，惟命是從。前日之額未填，後來之數已闕，因仍展轉，虧欠愈深。或問俸錢，或索印紙，間有追呼受辱，質貸備償。罹此非辜，誠可憐憫。乞戒敕州郡：自今場務監官或有虧欠課額，即合將本人任內所虧分數申嚴批書，以為殿罰。不得抑令後政抱認，以貽場務小官久遠之患。〔註137〕

可見監當官牽連到各種貪污、虧空的罪名，這種情形並不少見。當然這種情形也會影響到監當官的形象。

當然，國家的政策也會直接影響到監當官的形象。宋代對監當官要求課額，有羨餘則賞，有虧欠則罰。因此監當官必須千方百計達成課額的目標，

〔註135〕《宋會要輯稿·職官》48～143b～144a。
〔註136〕《宋會要輯稿·職官》48～141a-b。
〔註137〕《宋會要輯稿·職官》48～141a。

不得已時強民買賣、強民攤派的情形就難以避免了。王安石、蔡京的若干政策（如市易務）被指爲斂財者，也是由監當官負責執行。監當官自然被人視爲斂財的爪牙了。南宋時的《燕翼貽謀錄》一書曾記載：

> 新法既行，（酒酤）悉歸於公上，散青苗錢於設廳，而置酒肆於譙門，民持錢而出者，誘之使飲，十費其二三矣。又恐其不顧也，則命娼女坐肆作樂以蠱惑之。小民無知，爭競鬥毆，官不能禁，則又差兵官列枷杖以彈壓之，名曰：「設法賣酒」。此「設法」之名所由始也。太宗之愛民，寧損上以益下，新法惟剝下（以）奉上，而且誘民爲惡，陷民於罪，豈爲民父母之意乎？今官賣酒用妓樂如故，無復彈壓之制，而「設法」之名不改，州縣間無一肯釐正之者，何耶？〔註138〕

該書抨擊推行新法的官員，在官府門口設酒肆，誘使百姓將借貸的「青苗錢」用來買酒。酒肆更利用娼妓坐檯，招徠百姓。如果說該書作者生於南宋，將北宋之覆亡歸咎於王安石，所以其記載也可能有過度渲染之處，不過看看該書所說「今官賣酒用妓樂如故」，可知南宋時期的酒務仍然如此。該書作者還對「州縣間無一肯釐正之者」感到奇怪。其實，在課利要求的壓力下，監當官只能怪招百出，以求增加收入。至於道德規範，也就顧不得了。酒務監當官的這種行徑，雖然有其不得已的理由，但是看在士大夫、百姓的眼中，監當官是何形象？答案可想而知。在本章第四節中，也提到南宋時各級官府想盡辦法增加財政收入，監當官只好將商稅場務變成「大小法場」。以上種種情形，非監當官本身一人之過，還牽涉到宋代財政的結構與政策。但是在宋代當時，監當官的形象還是首當其衝，成了不良政策下的祭品。

〔註138〕《燕翼貽謀錄》卷三，頁23。

結　論

　　所謂監當官，係指宋代在中央或地方所設置的基層官僚體系，負責從事財賦的收支管理、官營商業的經營、以及其他專門性事務的監督。宋代監當官體系的設置，最初的目的是爲了要改革唐末五代以來的種種弊端。宋太祖一方面從藩鎮手中收回利權，將地方的監當場務交由京朝官來管理；另一方面則將三司吏人所管理的監當機構，也改由中央任命的朝廷官員來掌管。這種作法一方面代表著削弱藩鎮權力，集權於中央；一方面也避免中央機構的過於專擅。由此可見，宋初中央與地方監當官體系的設置，是帶有強烈的「集權於中央」的政治目的。

　　在監當官體系普遍設置之後，中央與地方監當機構對於宋代的財政收支，是相當重要的基層管理者。一般說來，地方監當官除了少數（如作院、監堰、牧監、買馬務、糧料院、造船場等）具有特殊的功能，爲財賦的支出機構之外，大多爲財賦的生產與收入者，監督各種稅賦的徵收，從事專賣與商業經營，甚至直接從事財賦的生產（如錢監鑄錢、坑冶生產金銀等貴金屬）。北宋時期的商稅收入，呈現不斷增加的趨勢：由太宗至道時的 400 萬貫，仁宗皇祐年間的 786 萬餘貫，至神宗熙寧十年已達 874 萬餘貫，商稅場務近兩千處。酒務的收入也是呈現不斷增長的趨勢：太宗至道年間爲銅錢 121 萬餘貫、鐵錢 156 萬餘貫，至眞宗天禧年間增爲銅錢 779 萬餘貫、鐵錢 135 萬餘貫，仁宗皇祐年間更增加至 1498 萬餘貫。神宗元豐時，金產量爲一萬餘兩、銀產量爲 21 萬五千餘兩，銅產量爲 1046 萬五千餘斤。可見地方監當官爲宋朝政府增加了許多的收入，滿足了宋代冗官、冗兵、冗費的巨大開支，使得宋代日益龐大冗濫官僚體系得以正常運作。

　　而中央的監當機構，則一方面接收地方監當機構的上供，一方面又從事皇室與百官所需房舍器用的生產與製造，並爲皇室與百官提供各種的消費與服務，是以財賦的支出爲主。官吏軍士在得到俸祿與賞賜之後，又會利用這些財富進行消費，使財富流轉回民間百姓的手中。如此一來，宋代的全國性的財賦流通與循環即告成立，這種流通與循環能夠促進宋代的經濟與商業發展。在資本主義興起以前的農業經濟時代，沒有財力雄厚、富可敵國的大商人進行商業投資，因此政府利用監當官體系來調控財政收支，促進財富的轉移與流通，以達到刺激經濟的發展、促進商業繁榮的目的。這是宋代監當官體系的價值所在。

　　對於如此龐大的基層監當官體系，宋代的監當官需受到上級層層的監督與節制。在中央，有三司（戶部）等機構決定政策與重要人事，如歲額、監當機構的編制、以及重要場務監當官的薦舉。監當官員則由審官院、流內銓、三班院（元豐改制後爲吏部四選）進行任用。實際監督者元豐改制前有各種提舉、提轄、提點官（如提點倉草場所、提舉諸司庫務），以及左右騏驥院、三司提舉司等機構；元豐改制後改爲九寺諸監，南宋時則多爲六部直接管轄，對基層監當機構進行督導與管理。在地方，基層的監當官則要受到路以上、路、府州軍監、縣各級地方政府的監督與考核。

　　不過，宋代對監當官體系的管理也非全無缺點。最大的缺點就是對監當官的考核與獎懲，係以課利的多寡爲依據，因此造成監當官爲得到獎賞，不擇手段剝削百姓的情事不斷發生。南宋時，這種剝削百姓的問題更爲嚴重，地方官府爲了滿足上供的需求，大量增設各種場務，並且用地方豪強來買撲場務。這種作法使得地方豪強的勢力日益坐大，兼併之風當不可免，最後反而不利於政府對百姓的直接人身統治。此外，宋代對監當官的任用，常以貶降者充任監當官，王安石、蔡京之後，將反對者點爲監當官成爲鬥爭政敵的手段之一。

　　北宋時期，監當官體系透過掌握全國財賦的收入與支出，促進了全國性的經濟流通，使得商業日益繁榮。但是到了南宋時期，由於淮東、淮西、湖廣、四川四個總領所，截留了大部分的上供財賦以資軍需，減低了全國性財賦流通的效果。加上地方官府爲滿足上供的需求，利用種種手段增設場務、剝削商旅，使得百姓視商稅場務爲「大小法場」。以上種種情況，都反映了南宋的整體經濟環境不如北宋時期。

　　此外，南宋時期，中央政府中的戶部，其主要財源「左藏庫」已非上供財賦的全部，宰相亦自有「左藏南庫」、「左藏封樁庫」的財賦可以調配運用，使得戶部對財政事務的決策權日漸縮小。地方上則有四川總領所分割中央的決策權，這些情形都反映了南宋時期，中央政府只關心上供財賦是否足額，對地方監當官體系的監督與管理，卻逐漸失去了有效控制的能力。宋初監當官體系設置的用意：中央集權，至南宋時已難以做到了。

　　總體來說，宋代的監當官體系對北宋的經濟發展與南宋的苟延殘喘，都提供了相當大的助益，爲兩宋政府取得了相當多的財賦收入。監當官體系的作用雖然如此重要，但是在儒家「重義輕利」的觀念之下，監當官在宋代仍得不到應有的尊重。以士大夫爲首的宋代社會，仍將監當官視爲聚斂錢財的「必要之惡」。而且，監當官員流品複雜，除一般的文武官員外，還包括年老退休的軍吏，以及因各種原因被貶官者。因此，儘管監當官體系對宋代政府的運作扮演了十分重要的角色，但宋代士大夫（甚至包括百姓）對監當官卻是採取輕視的態度。

　　最後要加以說明的是，宋代的監當官體系並非完全獨立自主的財政官僚體系，監當官並非擁有財政上的專業，並且長期在監當官體系中任職。監當官離任之後，文臣多擔任知縣、通判、知州等親民官，武臣多擔任都監、監押等軍職，與財政體系脫離了直接關係。由於缺乏專業化的發展，監當官的日常作爲，也就不脫收入支出、管帳收帳等現實事務。監當官體系畢竟只是行政官僚體系中的一環，而非專業的財政團隊；監當官所經手的巨大財賦，是用於官員軍隊的俸祿以及國家的種種開支，而非將利潤用於投資與擴充生產。雖然本文肯定監當官體系對宋代的經濟發展有所貢獻，但因受監當官體制本身性質的限圍，及外在政經社會大環境的制約，監當官體系畢竟不能讓宋代社會與經濟產生根本性的轉型與變革。

徵引書目

一、文獻與史料

1. 王溥《五代會要》，台北：九思出版社，民國 67 年台一版。

2. 王銍《默記》，標點本，北京：中華書局，1981 年。

3. 王栐《燕翼貽謀錄》，標點本，北京：中華書局，1981 年。

4. 王安石《王臨川全集》，台北：世界書局，民國 50 年。

5. 司馬遷《史記》，宋慶元黃善夫刊本（百衲本），台北：台灣商務印書館影印，民國 70 年台五版。

6. 司馬光《司馬文正集》，台北：台灣中華書局，1987 年台 3 版。

7. 朱熹《四書集註》，吳縣吳志忠刊本，台北：藝文印書館影印，民國 69 年 5 版。

8. 杜預《春秋經傳集解》，相台岳氏本，台北：新興書局影印，1979 年 8 月。

9. 谷應泰《明史紀事本末》，台北：三民書局，民國 45 年。

10. 吳自牧《夢粱錄》，《學津討原》本，台北：新文豐出版公司影印。

11. 李心傳《建炎以來繫年要錄》，標點本，北京：中華書局，1988 年。

12. 李心傳《建炎以來朝野雜記》，清光緒七年函海叢書本，台北：宏業書局影印，民國 61 年。

13. 李攸《宋朝事實》，台北：文海出版社影印，民國 56 年台初版。

14. 李隆基（唐玄宗）敕修《大唐六典》，日本廣池本，西安：三秦出版社影印，1991 年 6 月。

15. 李燾《續資治通鑑長編》，清光緒浙江書局本，上海古籍出版社影印，1985 年。

16. 李燾撰、黃以周輯補《續資治通鑑長編拾補》，上海古籍出版社影印，1986

年。

17. 李壂《皇宋十朝綱要》，台北：文海出版社影印，1967 年。

18. 李覯《李覯集》，台北：漢京文化，民國 72 年。

19. 杜大珪《名臣碑傳琬琰集》，台北：文海出版社影印，民國 58 年。

20. 林駧《新箋決科古今源流至論》，明末翻刻元圓沙書院本，台北：新興書局影印，民國 59 年新一版。

21. 洪邁《容齋隨筆》，台北：台灣商務印書館，民國 68 年台一版。

22. 馬端臨《文獻通考》，清光緒浙江刊本縮印本，台北：台灣商務印書館影印，1987 年台一版。

23. 孫逢吉《職官分紀》，文淵閣四庫全書本，北京：中華書局影印，1988 年。

24. 徐松（輯）《宋會要輯稿》，北京：中華書局影印，1957 年初版。

25. 許慎撰、段玉裁註《說文解字注》經韻樓藏本，台北：藝文印書館影印，1979 年 6 月五版。

26. 章如愚《山堂先生群書考索》，明劉洪慎獨齋本，北京：中華書局影印，1992 年。

27. 陸心源《唐文拾遺》，上海古籍出版社影印，1990 年。

28. 陳淵《默堂集》，文淵閣四庫全書本，台北：台灣商務印書館影印。

29. 脫脫《宋史》，標點本，北京：中華書局，1985 年新一版。

30. 程俱《北山集》，文淵閣四庫全書本，台北：台灣商務印書館影印。

31. 楊仲良《資治通鑑長編紀事本末》，清光緒十九年廣雅書局本，台北：文海出版社影印。

32. 葉夢得《石林燕語》，標點本，北京：中華書局，1984 年。

33. 曾棗莊、劉琳主編《全宋文》，成都：巴蜀書社，1988 年起陸續出版。

34. 董誥等編《全唐文》，清嘉慶揚州官刻本縮印本，上海古籍出版社，1990 年。

35. 張方平《張方平集》，標點本，鄭州：中州古籍出版社，2000 年 10 月。

36. 趙翼《廿二史箚記》，台北：世界書局，1986 年 10 月 9 版。

37. 劉昫等修《舊唐書》，宋紹興刊本（百衲本），台北：台灣商務印書館影印，民國 70 年台五版。

38. 劉摯《忠肅集》，文淵閣四庫全書本，台北：台灣商務印書館影印。

39. 潛說友纂修、汪遠孫校補《咸淳臨安志》，清道光十年重刊本，台北：成文出版社影印，民國 59 年 3 月。

40. 歐陽修《歐陽文忠全集》，四部備要本，台北：台灣中華書局，民國 75 年台 3 版。

41. 歐陽修《歸田錄》，標點本，北京：中華書局，1981 年。

42. 歐陽修、宋祁《新唐書》，標點本，北京：中華書局，1975 年初版。

43. 謝維新《古今合璧事類備要》，明嘉靖丙辰刻本，台北：新興書局影印，1971 年。

44. 魏收《魏書》，宋蜀大字本（百衲本），台北：台灣商務印書館影印，民國 70 年台五版。

45. 薛居正《舊五代史》，大典有注本（百衲本），台北：台灣商務印書館影印，民國 70 年台五版。

46. 不著撰人《元豐官制》（不分卷），台北：文海出版社影印。

47. 不著撰人《慶元條法事類》，北京：中國書店，1990 年。

二、專　著

1. 包偉民《南宋地方財政史研究》，上海：上海古籍出版社，2001 年 7 月。

2. 朱重聖《北宋茶之生產與經營》台北：台灣學生書局，民國 74 年 12 月初版。

3. 宋晞《宋史研究論叢》第一輯，台北：中國文化研究所，1979 再版。

4. 汪聖鐸《兩宋財政史》，北京：中華書局，1995。

5. 車迎新主編《宋代貨幣研究》，北京：中國金融出版社，1995。

6. 林天蔚《宋史試析》，台北：台灣商務，民國 67 年 6 月初版。

7. 林天蔚《宋代史事質疑》，台北：台灣商務，民國 76 年 10 月初版。

8. 牧野修二（日）《元代勾當官體系の研究》，東京：大明堂，昭和 54 年。

9. 苗書梅《宋代官員選任和管理制度》，開封：河南大學出版社，1996。

10. 高聰明《宋代貨幣與貨幣流通研究》，保定：河北大學出版社，2000 年 1 月。

11. 梁庚堯《宋代社會經濟史論集》，台北：允晨文化，民 86。

12. 程民生、龔留柱主編《歷史文化論叢》，開封：河南大學出版社，2000 年 3 月。

13. 黃敏枝《宋代佛教社會經濟史論集》，台北：台灣學生書局，民國 78 年 5 月。

14. 黃純豔《宋代茶法研究》，昆明：雲南大學出版社，2002。

15. 雷家聖《北宋前期文官考銓制度之研究》，台中：國立中興大學碩士論文，民 88 年 5 月。

16. 趙雨樂《唐宋變革期軍政制度史研究（一）：三班官制之演變》，台北：文史哲，1993。

17. 趙雨樂《唐宋變革期之軍政制度——官僚機構與等級之編成》,台北:文史哲,1994。

18. 趙效宣《宋代驛站制度》,台北:聯經,民國 72 年。

19. 漆俠、喬幼梅《遼夏金經濟史》,保定:河北大學出版社,1998 年 3 月 2 版。

20. 劉子健《兩宋史研究彙編》,台北:聯經,民 76 年。

21. 劉森《中國鐵錢》,北京:中華書局,1996。

22. 劉俊文主編《日本學者研究中國史論著選譯:第五卷五代宋元》,北京:中華書局,1993。

23. 劉俊文主編《日本中青年學者論中國史:宋元明清卷》,上海古籍出版社,1995。

24. 鄧小南《宋代文官選任制度諸層面》,石家莊:河北教育出版社,1993。

25. 錢穆《中國歷代政治得失》,台北:東大,1989 年 7 版。

26. 戴裔煊《宋代鈔鹽制度研究》,台北:華世,民國 71 年。

27. 嚴耕望《唐史研究叢稿》,香港:新亞研究所,1969。

28. 龔延明《宋代官制辭典》,北京:中華書局,1997。

29. Eisenstadt 著,閻步克譯《帝國的政治體系》,貴陽:貴州人民出版社,1992。

三、論 文

1. 王曾瑜〈南宋的新鐵錢區及淮會與湖會〉,收於車迎新主編《宋代貨幣研究》。

2. 友永植(日)〈唐・五代三班使臣考〉,《宋代の社會と文化》(宋代史研究會研究報告第一集),東京:汲古書院,昭和 58 年 6 月。

3. 日野開三郎(日)〈五代鎮將考〉,《日本學者研究中國史論著選譯:第五卷五代宋元》,頁 72～104。

4. 包偉民〈從宋代的財政實踐看中國傳統中央集權體制的特徵〉,收於楊渭生主編《徐規教授從事教學科研工作五十週年紀念文集》,杭州:杭州大學出版社,1995 年 10 月。

5. 宋晞〈宋代商稅網〉,《宋史研究論叢》第一輯,頁 30～64。

6. 宋晞〈北宋商稅在國計中的地位與監稅官〉,同上,頁 65～72。

7. 宋晞〈宋代士大夫對商人的態度〉,收於宋史座談會編《宋史研究集》第 2 輯,台北:國立編譯館,民國 53 年。

8. 杜建錄〈宋夏商業貿易初探〉,收於《寧夏社會科學》1988 年第 3 期。

9. 金中樞〈宋初嚴懲贓吏〉,收於宋史座談會編《宋史研究集》第 22 輯,台北:國立編譯館,民國 81 年。

10. 幸徹（日）〈北宋時代に於ける監當官の地位〉，收於《東洋史學》第 26 輯，1963 年 10 月，頁 46～70。

11. 幸徹（日）〈北宋時代の官營場務における監當官について〉，收於《東方學》第 27 輯，1964 年 2 月，頁 78～90。

12. 幸徹（日）〈北宋時代の盛時に於ける監當官の配置狀態について〉，收於《東洋史研究》第 23 卷 2 號，1964 年 9 月，頁 166～190。

13. 苗書梅〈宋代監當官初探〉，程民生、龔留柱主編《歷史文化論叢》，頁 621～645。

14. 苗書梅〈墓誌銘在宋代官制研究中的價值──以北宋元豐改制以前的監當官爲例〉，「宋代墓誌史料的文本分析與實證運用國際學術研討會」發表論文，台北：東吳大學，2003 年 10 月 18、19 日。

15. 宮澤知之（日）〈北宋的財政與貨幣經濟〉，《日本中青年學者論中國史：宋元明清卷》，頁 75～135。

16. 梁庚堯〈南宋廣南的鹽政〉，收於《大陸雜誌》第 88 卷第 1、2、3 期，民國 83 年 1、2、3 月。

17. 梁庚堯〈南宋福建的鹽政〉，收於《國立台灣大學歷史學報》第 17 期，民國 81 年 12 月。

18. 梁庚堯〈南宋四川的引鹽法〉，收於《台大歷史學報》第 20 期，民國 85 年 11 月。

19. 梁庚堯〈市易法述〉，《宋代社會經濟史論集》，上冊。

20. 梁庚堯〈南宋的市鎮〉，同上，下冊。

21. 陳高華〈北宋商稅補缺〉，《中國史研究》1987 年 4 期。

22. 雷家聖〈宋代大錢的形制及其演變〉，《大陸雜誌》103 卷 4 期，2001 年 10 月。

23. 劉子健〈試論宋代行政難題〉，《兩宋史研究彙編》，台北：聯經，民 76 年。

24. 劉子健〈背海立國與半壁山河的長期穩定〉，同上。

25. 劉子健〈包容政治的特點〉，同上。

26. 劉森〈南宋嘉定鐵錢初探〉，收於車迎新主編《宋代貨幣研究》。

27. 嚴耕望〈論唐代尚書省之職權與地位〉，《唐史研究叢稿》，頁 1～101。

28. 嚴耕望〈唐代府州僚佐考〉，同上，頁 103～176。

29. 嚴耕望〈唐代方鎮使府僚佐考〉，同上，頁 177～236。